中国石油督查实践项目选编

2019

中国石油天然气集团有限公司办公厅　编

石油工业出版社

图书在版编目（CIP）数据

中国石油督查实践项目选编. 2019 / 中国石油天然气集团有限公司办公厅编. —北京：石油工业出版社，2019.11

ISBN 978-7-5183-3762-0

Ⅰ. ①中… Ⅱ. ①中… Ⅲ. ①石油企业—监督管理—中国—文集 Ⅳ. ①F426.22-53

中国版本图书馆CIP数据核字（2019）第271409号

中国石油督查实践项目选编 2019

ZHONGGUO SHIYOU DUCHA SHIJIAN XIANGMU XUANBIAN 2019

出版发行：石油工业出版社

（北京市朝阳区安华里二区 1 号楼 100011）

网　址：http：//www.petropub.com

编辑部：（010）64523591　图书营销中心：（010）64523731

经　销：全国新华书店

印　刷：北京晨旭印刷厂

2019年11月第1版　2019年11月第1次印刷

787×1092毫米　开本：1/16　印张：25.25

字数：400千字

定价：298.00元

（如出现印装质量问题，我社图书营销中心负责调换）

《中国石油督查实践项目选编》
编　委　会

《中国石油督查实践项目选编》编辑部

序言

PREFACE

督促检查工作是推动重大决策和各项工作部署落实的重要手段，是促进决策完善的重要途径，是改进工作作风、密切联系职工群众的重要渠道。党的十八大以来，以习近平同志为核心的党中央把抓落实摆在治国理政更加突出的位置，印发《关于加强新形势下党的督促检查工作的意见》，深刻回答了“为什么要开展督查工作、开展什么样的督查工作、怎样开展好督查工作”的重大问题。中国石油天然气集团有限公司（简称中国石油）党组将督促检查作为国有企业重大政治责任，坚决贯彻落实习近平新时代中国特色社会主义思想和党的十九大精神，以实际行动践行“两个维护”。近年来，中国石油总部各部门、各专业公司、各企事业单位结合工作实际，持续健全督查体系，创新督查方式，有力推动重大决策部署落实，形成一批典型经验做法。

为加强督查业务交流，中国石油办公厅首次组织开展督查实践征文活动。总部部门、专业公司、企事业单位积极响应，围绕针对重大决策、重要事项、重大工程、重点问题开展的集中督查、专项督查和针对一事一案开展的微督查撰写案例，以及围绕督查工作目的意义、体制机制、方式方法和成果运用等理论研究撰写论文，共报送征文 99 篇。经认真评选，评出入选征文 81 篇。

我们将入选征文汇集出版，并邀请总部及企事业单位有关部门负责同志，对 30 篇一、二等奖获奖征文进行了点评，以供督查工作人员学习借鉴。在此，对国务院国资委办公厅给予的指导，对各单位撰写点评和征文的同志致以衷心的感谢！

督促检查工作责任重大、使命光荣、任务繁重。祝愿督查系统的同志们不忘初心奋力行，撸起袖子加油干，持续加强和改进督促检查工作，进一步增强科学性、针对性和时效性，为推动党中央决策部署落地生根作出新的更大的贡献。

目　录
CONTENTS

典型案例

实践探索

目　录
CONTENTS

典型案例

实践探索

经验分享

中国石油督查实践项目选编

—— 2019 ——

典型案例

最后的百米冲刺

——剥离企业办社会职能工作督办案例

丁元杰　刘　煜　陈成才

（中国石油天然气集团有限公司矿区服务工作部）

一、背景情况

剥离企业办社会职能是党中央国务院部署的关于国有企业改革的重大决策。2015 年 9 月，《中共中央、国务院关于深化国有企业改革的指导意见》明确提出，要加快剥离企业办社会职能和解决历史遗留问题。2016 年 3 月，国务院下发《加快剥离国有企业办社会职能和解决历史遗留问题工作方案》，要求“三供一业”、医疗和教育、市政和社区分离移交 2018 年底前基本完成。

从集团公司情况看，剥离移交工作任务非常繁重，“三供一业”、医疗分别约占央企总量的四分之一，市政设施约占一半，社区管理职能约占五分之一，职教和幼教约占三分之一。存量业务总规模在央企中位列第一。同时，集团公司矿区多分布在东北和经济欠发达的西北地区，社会依托差，地方政府接收市政社区及教育医疗等业务财力不足。此外，还存在富余人员多、安置困难等问题。

面对重重困难，集团公司党组高度重视剥离企业办社会职能工作，将剥离企业办社会职能列为每年深化改革重点工作任务，加强组织领导，统筹部署推进，积极督察查办。通过上下齐心协力，奋力攻坚克难，集团公司剥离企业办社会职能工作取得重大成果。到 2018 年底，“三供一业”分离移交正式协议签订率达到 100%，实质性移交完成率达到 87%；市政设施和社区管理移交完成率分别达到 59% 和 47%；医疗机构分类改革完成率达到 69.7%。成绩来之不易，但市政设施和社区管理、医疗业务与国务院国资委的要求相比还有差距。

二、任务来源

2019 年 2 月 12 日，国务院国资委企业改革局向集团公司发来督办函指出，截至 2018 年底，集团公司剥离企业办社会职能工作未达到进度要求，医疗机构改革进度 69.7%，市政和社区管理分离移交 57.6%，低于年度目标。如果在 2019 年 3 月底前医疗机构、市政设施和社区管理分离移交进度仍未达到 70%，在 2018 年度考核时将予以扣分。

考核扣分不仅影响集团公司全体员工的实际利益，更为重要的是将严重影响集团公司的形象。集团公司党组领导对此高度重视，要求提高政治站位，严格按要求完成剥离企业办社会职能工作任务，3 月底前完成 70%，保证不能考核扣分。

贯彻集团公司领导的指示精神，为加快最后冲刺，完成 70% 分离移交任务，矿区服务工作部迅速启动开展了剥离企业办社会职能工作专项督查，工作目标就是 2019 年 3 月底前全面完成国务院国资委的进度要求。

三、问题分析

集团公司 2018 年剥离企业办社会职能未能完成任务目标，涉及 11 个单位，其中主要集中在大庆油田、新疆油田、吉林油田、华北油田 4 个单位。

移交难难在两个问题：一是钱从哪里来。市政设施和社区管理都是公共服务，需要投入运行费用。与“三供一业”移交不同的是，国家对市政设施和社区管理没有明确的维修改造和运行费用补贴支持政策。集团公司为支持移交工作，对市政设施和社区管理出台了一次性维修改造费用及三年过渡期运行费用递减的政策，三年后运行费用全部由政府承担。当前有的地方经济形势不好，驻地政府财政已经困难重重，再养一个吃饭的孩子确有困难。因此，政府对此有顾虑。二是人往哪里去。按照人随业务走的要求，政府接收市政、社区及公立医院，需要解决所接收的业务相应公务员及事业单位人员编制问题，而省级政府批准人员编制的难度很大，移交业务人员的稳定也存在一定风险。基于以上两个难题，导致驻地政府接收市政设施和社区管理以及公立医院业务的积极性不高。

具体到每个地区、每个单位又各有各的困难。大庆油田企业办社会负担较重，市政设施、职业教育、公交、医疗业务体量大、运行费用高，为帮助解决大庆油田的困难，国务院国资委将大庆油田列为独立工矿区剥离企业办社会职能的试点单位。集团公司会同黑龙江省政府专门向国务院国资委、财政部申请政策支持，但因涉及的费用额度太大，难以找到合适的解决方案，导致工作陷于停滞。新疆油田的市政设施业务早已移交政府管理，但资产没有移交，新疆油田每年要承担市政设施的运行费用及折旧，按照新的移交政策，要完成资产移交，并落实运行费用三年递减政策，三年后新疆油田不再承担运行费用，显然这与政府的希望落差很大。华北油田是唯一一家总部机关位于县级市的企业，油田矿区市政和社区的规模比任丘市的规模还要大，用任丘市地方政府官员的话说，相当于接了一座城市。政府还没有做好接收和运行华北油田这个城市的准备。吉林油田市政和社区的规模也相当大。

四、督办措施

围绕国务院国资委的督办任务，集团公司上下齐心、多措并举，打响了一场攻坚战。

一是高位推动。2019 年 2 月 15 日，春节刚过，集团公司主要领导会见来访的吉林省委、省政府主要领导，以及松原市领导，专门就吉林油田市政设施和社区管理的移交问题交换了意见，省市领导表态坚决接收。1 月 22 日至 25 日集团公司领导赴黑龙江省石油石化企业调研，期间会见了黑龙江省委、省人大主要领导，以及大庆市委、市政府主要领导，就大庆油田市政设施、教育、医疗等企业办社会职能移交交换了意见。2 月 25 日，集团公司领导会见河北省政府领导，就华北油田市政设施和社区管理移交工作交换了意见。3 月 15 日，集团公司领导陪同黑龙江省政府领导到大庆油田，重点调研大庆油田剥离企业办社会职能工作。企地高层领导直接对话协调、取得共识，为推进移交工作创造了良好的氛围。

二是科学部署。2019 年 3 月 11 日，集团公司副总经理刘宏斌主持召开办公会议，研究部署剥离移交工作最后冲刺。会议要求，由矿区服务工作部负责，加强跟踪督办，协调解决困难问题，确保落实 3 月底医疗市政和社区移交完成率达到 70%。具体分三个层次进行督办：第一，传递压力。向 11 家未完成年度任务目标的企事业单位下发督办函，传达国务院国资委的督办精神及集团公司的工作要求，进一步传递紧迫感、责任感。第二，现场协调。3 月 12 日、14 日，矿区服务工作部总经理刘自强先后到大庆油田、新疆油田开展调研指导，在大庆期间与市委市政府及大庆油田领导面对面商讨解决问题的办法和措施。第三，驻企督办。3 月 18 日，矿区服务工作部派 4 人分别到大庆油田、新疆油田、华北油田、吉林油田 4 家单位进行现场协调服务，全力冲刺最后一周。

三是突破难点。大庆油田是重中之重、难中之难，大庆油田的任务完不成，集团公司整体工作目标就实现不了。之前大庆油田的思路是把公交、市政、教育、医疗等业务一起打包与政府协商移交，但由于盘子过大、负担过重，向中央申请的财政支持政策又没有到位，导致政府不敢决策、不敢接手，结果造成交得了的和交不了的业务都没进行。针对这种情况，矿区服务工作部领导建议大庆油田移交工作遵循“四个分开”，即：剥离工作和中央财政支持政策是否到位要分开；分离移交项目要分开，力争市政和公交业务移交政府 3 月底前完成，医院和高校移交 6 月底完成；运行费用和改造费用要分开；资产和业务的移交与费用问题要分开。

四是现场督导。矿区服务工作部派出 4 人分别到大庆油田、新疆油田、华北油田、吉林油田进行现场督导，督促指导各单位加强与政府沟通协调，加快推进工作，进行了一场与时间的赛跑。以华北油田为例，市政和社区移交涉及河北省3个地区、8个县市，如果没有省里统一的安排和部署，3月底前要签订正式移交协议是不可能的。定于2019年3月21日由河北省召开的专题协调会议迟迟确定不下来，华北油田领导心急如焚。矿区服务工作部督办人员始终督促华北油田加强与省政府协调，并及时将新疆油田、大庆油田、吉林油田与政府协商和签订协议的进展及时向河北省政府反馈。终于，直至20日晚9时，河北省政府通知21日下午召开专题会议协调华北油田市政设施和社区管理移交工作。21日，华北油田主要领导带队赴省政府汇报。会上，省领导坚定地要求，各县市要积极支持配合华北油田市政和社区移交工作，新疆、黑龙江、吉林都已经签订协议并取得重大进展，河北省不能落后。22日，华北油田按照省专题协调会议要求，对分离移交工作进行了安排，加强与各县市的对接联系。24日下午，沧州市召开专题会议，安排落实移交工作。25日，任丘市召开常务会议，就具体接收任丘矿区市政和社区进行研究。26日，华北油田正式签订移交协议。吉林油田经过与松原市的紧张商谈后，也于27日顺利签订正式移交协议。

至此，大庆油田、新疆油田、吉林油田、华北油田4个单位市政设施和社区管理移交协议全部签订，3月底完成70%的目标顺利实现。

五、工作体会

一是要提高政治站位，敢于担当作为。剥离企业办社会职能是党和国家的重大决策，对于提高企业核心竞争力、保障和改善四百万石油职工家属的民生福祉具有重大意义。从集团公司党组领导到矿区服务工作部始终坚定地统一思想认识，提高政治站位，自觉将这项工作作为检验自身增强“四个意识”、坚定“四个自信”、做到“两个维护”的标尺。尽管任务繁重、时间紧迫、困难重重，但推进的决心毫不动摇，始终发扬“钉钉子”的精神，一锤一锤接着敲，确保任务圆满完成。

二是要切实帮助解决实际困难。督办不是简单的发号施令，而是要主动帮助出主意、谋思路、拿方案，有效解决矛盾和问题。不仅要解决好集团公司内部各企事业单位的困难，还要尽可能回应驻地政府的关切。比如：为解决大庆油田剥离办社会职能的问题，集团公司专门成立大庆油田剥离企业办社会职能服务保障工作组，与企业面对面商讨问题解决方案，尽可能给予帮助解决。吉林油田居民供水业务移交后，市政供水需要改造，政府对此非常重视，为此集团公司在政策许可范围内最大限度予以支持帮助政府解决问题，政府在市政和社区的移交中也积极支持和配合吉林油田。

三是要充分发挥企业的主观能动性。企业是剥离移交工作的关键，直接面对政府，直接承担移交任务，也直接决定工作进展与成效。为充分调动企业的主观能动性，总部层面采取了一系列措施，比如：宣讲形势任务、定期通报进展、派人驻企督办、制定考核指标等，取得了比较好的效果。吉林油田抓住吉林省、松原市领导与集团公司主要领导会见的契机，将剥离企业办社会职能作为会议议题，并紧紧抓住高层达成共识的有利时机，加快推进移交工作。

四是要出台必要的激励约束举措。在集团公司人事部的支持下，2018 年度企业领导人员绩效考核指标将剥离企业办社会职能工作纳入其中，作为一项加分项指标进行考核，分值为 3 分。考核激励的力度相当大，引起相关企业的高度重视，一定程度上充分调动了各企事业单位的主动性、积极性。集团公司财务部明确了移交设施一次性维修改造和三年过渡期费用政策，有效解决了相关费用来源问题，大大提高了地方政府接收的积极性。

·“督”家观点·

最后的百米冲刺

剥离企业办社会职能是党中央、国务院决策部署的重大工作。集团公司企业办社会存量在央企中位列第一，其中市政设施占一半，且多分布在欠发达地区。面对困难，集团公司高位推动、科学部署、重点突破，加强现场督导，上下齐心协力，攻坚克难。截至2018年底，“三供一业”实质移交完成率87%；市政设施移交完成率达59%；医疗机构分类改革完成率达到69.7%，剥离企业办社会职能工作取得重大成果。

——中国石油天然气集团有限公司改革与企业管理部

企业管理二处处长　冯淑萍

威远页岩气产量目标督查案例

徐　迪　朱　杰　刘思辰

（中国石油集团川庆钻探工程有限公司）

2018 年，为确保完成威远页岩气风险合作区产量任务，中国石油集团川庆钻探工程有限公司（以下简称川庆钻探公司）组织开展页岩气产量目标专项督查督办，通过强化责任落实，细化工作措施，落实考核激励，严格控制工作进度和时间节点，实现了快速上产，达到了预期效果。

一、任务来源

2017 年 11 月 29 日，集团公司川渝页岩气前线指挥部 2017 年第三次生产推进会下达川庆钻探公司 2018 年页岩气产量任务为 10 亿立方米。2018 年 10 月 19 日，集团公司页岩气业务发展领导小组负责人，在成都主持召开川渝页岩气前线指挥部 2018 年 10 月生产推进会，会议将川庆钻探公司 2018 年页岩气产量任务调整为 8.5 亿立方米。

二、背景情况

2018 年，习近平总书记作出大力提升国内勘探开发力度的重要批示，集团公司部署推进国内勘探与生产加快发展规划，从地质储量和开发潜力看，页岩气已经成为国内加快上产最现实的油气资源，且经过多年发展，技术体系成熟配套、开发模式逐步完善，已经具备了加快上产、效益发展的条件。因此，川庆钻探公司按照集团公司页岩气前线指挥部下达的产量目标，将打好页岩气效益开发攻坚战作为重要战略部署之一，制定了详细的工作措施，如何抓好推进落实，是实现全年产量目标的关键。

三、针对问题

为全面落实习近平总书记大力提升国内勘探开发力度的重要指示批示精神，按照集团公司推进国内勘探与生产加快发展规划，特别是川南页岩气产建部署，从5月底页岩气产量看，生产进度相对滞后，要完成年度产量和冬季保供目标，形势严峻、任务艰巨。年度产量和冬季保供目标的完成，不仅关系到川庆钻探公司整体利益，更事关川南页岩气发展目标和集团公司上产保供任务的完成。因此，川庆钻探公司将实现页岩气产量目标作为重要任务之一，进行重点督查督办。

四、方案策划

根据页岩气生产现状，川庆钻探公司总经理办公室（党委办公室）按照公司领导要求，于2018年6月下发《关于对确保完成威远页岩气产量目标进行督查督办的通知》。

一是重申完成产量目标任务的重要意义，要求各处室、单位提高思想认识，增强危机意识，始终把威远页岩气风险合作区工作列入优先级，全力给予支持和保障，要统筹协调安排，强化过程管控，举全公司之力推动各项工作踏上计划进度。

二是系统计划2018年6—12月生产计划及控制节点，编制威远页岩气2018年产能建设及产量总体运行计划表、钻前工程运行计划表、钻井工程运行计划表、储层改造工程运行计划表、老井产量计划表、新井产量计划表和挖潜计划表等7张计划表随通知一并下发，明确了每口井、每项工作的进度节点，以及节点中各处室、单位的责任领导。

三是切实落实责任，将各项工作的进度节点完成情况、页岩气年度产量等与相关处室、单位主要领导、分管领导及班子的绩效考核挂钩，明确节点滞后或提前一天的扣减或奖励标准，严格奖惩兑现。

五、工作措施

（一）领导带头抓好推进落实

川庆钻探公司主要领导先后20余次带队深入现场调研，对重点工作重点部署，重大问题亲自过问，重要环节亲自协调。常务副总经理针对威远区块前期产量落后的问题，组织20余次产量分析会，逐井制定并调整进度目标，根据进度偏差细化落实针对性措施，实时跟踪执行情况。

（二）上下联动强化动态管控

参建单位将每日工作目标和产量目标细化到单井，每天对比分析进度节点差异，川庆钻探公司业务处室根据掌握的工作情况，及时优化调整工作措施，实施“异常预警”管控机制，在任务节点前一周根据进度情况进行预警，严控进度节点。建立产量分析周会制度，定期通报计划偏差情况，对进度明显滞后的，深入查找分析原因，及时制定保障措施，有效解决工作推进过程中存在的问题。

（三）业务主导加强督查指导

川庆钻探公司业务处室成立页岩气产量现场保障组，保产期间每日轮流到生产现场值班，统筹协调各参建单位，及时研究解决存在的问题。定期对保障页岩气产量目标实现的工作措施落实情况进行督查，编制页岩气产量周报28期，分页岩气生产情况、产能建设进展、存在的问题三个部分，对地质工程设计、钻前工程、钻完井、储层改造、地面建设等周计划进行对比分析，按照领导的批示要求，协调业务处室继续开展跟踪督查，并及时收集上报重点工作推进情况。2018年底，川庆钻探公司对产量目标实现情况进行了考核，根据考核结果，对页岩气项目经理部、参建单位及相关业务处室进行了奖励，通过正向激励进一步激发工作积极性。

六、取得成效

2018年，威远页岩气风险合作区生产天然气8.53亿立方米，峰值日产574万立方米，圆满完成产量目标任务，川庆钻探公司的一些做法和经验受到集团公司领导和专家的好评，并在页岩气示范区得到推广。

一是开发模式日趋成熟。按照“立足完成当年、提前实施明年、统筹安排后年”的思路，明确了有利建产区，按照进度推进三维地震资料解释和评价井施工，为评价地质资源、探明地质储量申报提供可靠依据，也为实现2019年产量目标、今后持续稳定上产奠定了坚实基础。以提高单井产量和单井最终可采储量（EUR）为核心，坚持“选好区、打准层、压好井”，采取延长水平段、密集切割并提高加砂强度等措施，2018年平均单井测试日产量同比提高58.2%。

二是配套技术不断完善。始终坚持地质优先，强化三维地震精细解释和储层“甜点”分析，精准刻画断层、裂缝走势，确保布井无地质失误，加快培育高产井。固化旋转导向+伽马能谱录井+元素录井技术，细化设计及方案，强化“导前技术分析、关键节点把关、难点循环决策”，2018年完钻井优质储层钻遇率达97.4%。

三是生产组织高效有序。明确内部管理界面，严格施工组织保障，统筹计划产建任务，严格控制工作进度和时间节点，认真落实各项生产保障措施，探索钻压同步、钻采同步、钻压采同步等作业模式，全年完钻井钻井周期同比缩短

10.9%，压裂时效同比提高 20.5%。积极协调做好高峰期压裂设备准备，试验双机组压裂、免破袋储供砂设备、页岩气发电 + 电动压裂泵，提高作业效率，大幅缩短建产周期。紧密跟踪钻前、钻井、压裂、测试、地面建设动态，统筹提前安排，实现各项工序无缝对接，缩短作业前准备时间，钻前工程和新开钻井数量均超计划完成，管线全部提前具备投产条件，实现多产快输。

七、经验体会

督查督办工作是推动工作落实的重要抓手，要通过构建“实事求是、上下联动、闭环管理”的督查督办机制，推动各项重点部署精准落地、见到实效。

一是要坚持实事求是。督查督办工作要从实际出发，准确掌握公司决策层的工作思路和决策意图，把握工作的重点和难点，明确督查督办工作的目标任务；要突出问题导向，科学制定督查督办方案，细化分解工作任务，第一时间把上级要求、领导安排事项部署下去；要及时了解承办部门的工作动态，敏锐地捕捉新信息，掌握新动态，弄清新变化，及时调整督查方向，客观全面地报告督查督办情况。

二是要坚持上下联动。督查督办工作要抓好责任落实，首要的是强化组织领导，业务分管领导牵头制定督查督办方案，明确责任部门和单位，并制定针对性管控措施；要突出公司、业务部门、二级单位三个层级，建立分级督查督办机制，理清各层级的工作职责，形成“公司管总、部门主导、基层推动”的大督查机制，凝聚督查督办整体合力；机关职能部门既要做好服务保障，更要抓好组织协调和督促指导，要明确参建单位责任划分，避免内部推诿扯皮，充分发挥公司一体化能力优势，高质量、高效率推进公司工作部署。

三是要坚持闭环管理。督查督办工作必须有始有终，要抓好关键环节，根据督查督办事项，建立以周、月、季度为节点的过程管控机制，加强对重点事项落实情况的阶段性检查；要注重考核指导，坚持奖惩并重，对相关业务处室和单位进行严格考核，将阶段性检查结果和整体目标实现情况，作为年度考核评先的重要依据；要做到持续改进，加强对督查督办工作的总结分析，深刻吸取正反两方面的经验，不断优化完善督查督办制度和管理流程，促进督查督办质量和效率稳步提升。

“督”家观点

威远页岩气产量目标督查案例

本案例围绕着威远页岩气风险合作区产量目标的专项督察督办，以领导带头、上下联动、业务主导为抓手强化了责任分工，为全面落实习近平总书记大力提升国内勘探开发力度的重要指示批示精神和集团公司加快推进国内勘探与生产发展规划部署，充分发挥了督查督办的作用，是一篇经典案例。

——中国石油天然气股份有限公司勘探开发研究院

办公室（党委办公室）主任　张　宇

督查“五抓法”托起“烯”望之星

——兰州石化公司乙烯厂聚烯烃医用料开发督查实践案例

龚真直　李文斌　魏　阳　张满胜　李莹莹

（中国石油天然气股份有限公司兰州石化分公司）

一、任务来源

2014年，集团公司立项聚烯烃新产品研究开发与工业应用重大科技专项，向中国石油天然气股份有限公司兰州石化分公司（以下简称兰州石化公司）下达《中国石油天然气股份有限公司科学研究与技术开发项目计划任务书》，提出了“三年内开发出性能符合医用输液袋、输液瓶、注射器聚丙烯专用树脂的工业化产品3万吨，形成医用聚丙烯系列专用树脂工业化生产技术”的任务目标。

对此，兰州石化公司积极落实集团公司创新发展战略，树立“人无我有、人有我优，人优我特、人特我强”的产品开发理念，形成“医用料、车用料、电缆料、透明料、铬系料”五大特色聚烯烃产品格局，建成国内首个医用聚烯烃树脂产业化基地，打破中国医用聚烯烃材料受到进口料垄断的局面。

二、案例背景

在我国，制药企业对医用聚乙烯、聚丙烯原料每年需求量达10万吨以上，但医用树脂原料却全部依赖进口，国内市场均被国外公司的产品所占据，中国石油在此领域未有市场份额，国内没有一家药包材生产企业。开发医用聚烯烃树脂既是兰州石化公司增效创效的有效途径，更是填补国内行业空白、防止国外组织垄断的重要举措，开发创新迫在眉睫。

2014 年，兰州石化公司乙烯厂依托集团公司聚烯烃产品重大科技专项，开始“跨界”医药行业，着手开发医用聚烯烃树脂。2014 年 9 月，完成医用聚烯烃树脂性能研究、产品配方和质量标准；2015 年投入中试试生产和国内部分医药企业定制化生产；2016 年，LD26D、RP260 相继通过中国食品药品检定研究院医用聚烯烃毒理学安全性评估研究实验和国家食品药品管理总局认证，开创了兰州石化公司医用聚烯烃树脂工业化大生产的新篇章。

三、现状问题

聚烯烃医用料产品安全性能要求苛刻，生产工艺要求严格，亟待解决以下问题。一是医用树脂研发人才有待加强。兰州石化公司高分子领域专家相对匮乏，部分专业技术人员知识结构具有局限性，对居于前沿的聚烯烃新技术、新工艺、新材料、新成果学习和掌握不足。二是科技创新产学研合作实际效果有待深化。兰州石化公司在“产、销、研、学”一体化协作方面的体制机制还未建立，自主创新和科技成果转化能力不强，科研院所对生产厂的科研需求缺乏认知，工厂对科研院所的科研能力和科技实用性也常抱有疑虑。三是医用树脂相关标准有待建立。在国内医用聚烯烃树脂生产领域，没有完善的产品标准、检验方法标准、生产及注册管理体系，产品安全性评价标准处于空白。

四、方案策划

2014 年，兰州石化公司成立了由主要领导挂帅的聚烯烃医用料开发生产领导小组，组建了以公司、乙烯厂两级办公室系统为责任主体的督查督办团队，负责开发领导小组计划、任务、目标落实的全过程督查督办。

五、主要措施

抓好督办任务，靠实主责主业。紧盯聚烯烃医用料开发生产四个团队重点任务，加大督查督办力度，督促以生产技术处为责任主体的技术支持团队，负责总体生产方案编制；以销售部为责任主体的市场营销团队，负责市场调研和产品对标信息反馈；以质检部为责任主体的质量攻关团队，负责质量标准制定、产品质量检验和配合国家食品药品管理总局安全性验收认证；以乙烯厂和研究中心为责任主体的研发生产团队，负责产品配方、性能研究、中试试生产和工业化大生产。从计划执行和责任落实两方面入手，定期进行情况通报和评价考核，促进项目各项工作落地靠实。

抓准目标要求，督促工作落实。严格对照《医用料洁净区厂房改造方案》《无菌包装设备系统改造方案》《“产销研学”一体化协作机制》《专业协调碰头会机制》《“一品一策”专项生产机制》等五项督办重点，挂牌推进重点事项，先后对28项具体工作进行专项督查，提出意见建议24条，解决生产难题13项，并在定期组织召开的医用料专题协调例会上通报，进一步压实了各层级工作责任，形成了“日有具体任务，周有问题攻关，月度推进有方向，季度总结有目标”的工作模式，保证了靶心目标的不偏离。

抓住督查重点，推行清单管理。认真梳理制约医用料生产产品物性要求、安全性要求、产品标准和规范等3个方面42项重点事项，实行“清单式”管理、销号式督查。开展“一表四制”式督办，即：建立《聚烯烃医用料生产督查督办表》，实行交办制，定期召开专医用料生产协调会，交有关责任单位具体办理；实行台账制，制定工作目标、完成时限、责任单位、督查专人和通报节点等六项督办要素，按节点压茬推进；实行销号制，责任单位在规定时限内完成交办的任务后，可提出销号申请；实行通报制，对督查中发现的问题进行通报，对问题解剖和量化，以“钉钉子”的精神抓落实、强推进。

抓紧协调配合，凝聚工作合力。积极统筹协调专业科室和生产车间以及研发与销售单位，通过联系协调、沟通催办，建立了高效的生产厂、科研单位、高校、销售单位“四位一体”常态合作开发模式，深入开展跨学科、跨部门技术交流，生产技术人员全方位渗透到前期技术调研、市场信息收集、工艺路线方案制定、新产品生产实施等环节，充分掌握科研单位对前沿市场的分析、销售单位反馈的产品市场情况、高校对产品的微观结构分析等信息资源，有的放矢地指导装置生产，为优质高效完成开发生产任务提供了智力支持和资源保障。2015 年，针对客户反馈及需求，成立了医用料 RP260 质量攻关督导组，对产品物理性能改善、完善 RP260 转产和生产操作过程进行督办立项，协调研究院开展中试装置实验，督促完善了工艺检查操作卡、旋转阀操作卡等 15 项标准规范，成功将 RP260 产品熔点由 149℃降低至 147℃，满足了客户需求。

抓实督查效果，强化评价考核。建立了“建账、督办、抽查、反馈”四个方面全程跟踪式督查机制。在国内首套无菌包装设备系统改造工作中，督查组深入改造装置现场，了解改造施工情况，调研存在问题，督办施工进展、蹲点破解难题，针对危险作业票办理时间过长，挤占有效作业时间等突出问题，责令下发督办通知书，明确提出优化措施和整改期限，确保聚烯烃医用料技术改造高效完成，满足医用料包装洁净标准。建立督办考评机制，对督办事项措施不力、行动迟缓甚至屡督不改的责任单位进行通报批评，对责任人进行约谈问责；把督查结果纳入绩效考核，对落实不力的“中梗阻”现象严格追责问责；对于经验典型、特色工作，及时总结推广，对科研开发业绩突出的个人，授予科技标兵、技术革新能手称号，营造出“追求创新、注重科研、推动企业高质量发展”的浓厚氛围。

六、取得成效

打破了中国医用聚烯烃材料被进口料垄断的局面。2016 年，LD26D、RP260 相继通过中国食品药品检定研究院医用聚烯烃毒理学安全性评估研究实验和国家食品药品管理总局专家组评审，生产出高品质系列医用 PP 产品，填补国内空白，满足药包材需求，打破了医用聚烯烃材料被进口料垄断的局面。

在药包材领域保障了国家战略安全。在开发生产过程中，制定了医用聚烯烃原料标准、聚烯烃类药品包装容器标准及其相关检验方法标准，建立了国内首套医用聚烯烃产品生产、包装、储存及运输标准及规范，保障了国民用药安全，推进了中国医用聚烯烃产业链的发展。

建成国内首个医用聚烯烃树脂产业化基地。自 2014 年以来，兰州石化公司乙烯厂规模化生产出高品质系列医用 PP 产品 3 个牌号聚烯烃医用料 7 万多吨；2016 年到 2017 年，聚烯烃医用料产量增长了 76%，2017 年到 2018 年聚烯烃医用料产量增长了 100%，2018 年产量达 32324 吨，成功实现工业化生产。

托起了兰州石化公司稳健发展的新“烯”望。兰州石化公司乙烯厂生产的医用聚烯烃材料在科伦药业、山东晨欣、贵州天地、石家庄四药、华润双鹤等大型药企全面替代进口产品实现规模化使用，市场占用率达到 32.3%，累计增效 9400 万元，为兰州石化公司落实集团公司创新发展战略、实现转型升级和高质量发展提供了支撑。

七、工作体会

做好督查督办必须强化顶层设计。兰州石化公司推行的“定标准、建机制、抓考核”工作方法，运用到各项工作取得了显著的效果。在督查工作中，按照“定建抓”工作方法，做好顶层设计，完善工作机制；按照“任务分解、立项交办、跟踪督查、按期催办、结果通报、约谈问责”等程序督查督办，使工作形成闭环。建立报告通报机制，做到查摆问题实事求是，分析情况客观真实，提出建议切实可行，强化督查工作的指导性。建立考核问责机制，健全考核工作标准，对工作落实情况定性定量考核打分，结果纳入绩效评估、干部考察的重要内容，切实压实各层级工作职责，有效解决了督什么、怎么督、谁来督的问题。

做好督查督办必须紧盯关键环节。明晰督查工作重点，要防止督查变“都查”，督查项目过多、督查频次过滥，会给基层带来较重的负担，效果也不理想，并有可能助长新的形式主义和官僚主义。办公室系统要发挥牵头抓总作用，突出重大决策部署、重要领导指示批示精神、重点会议议定事项、突发性事件和舆情事件的处理处置等方面开展督查，统筹整合督查力量，形成督查合力，强化督查实效。

做好督查督办必须注重督办实效。要运用好督查督办有效工具，将工作的着力点聚焦在管理薄弱点和生产运行的瓶颈处，调动广泛资源、凝聚各方力量，对症下药、突破梗阻、强力推进工作。对涉及面广、专业性政策性较强的工作，有针对性地开展“组团式”联合督查，精准出击，克服“雷声大雨点小”的漂浮作风，以“钉钉子”的精神抓督办，不达目标绝不收兵，发挥专业部门、科室优势，攻克破解生产难题，补齐管理短板，实现在重点上“哪壶不开提哪壶”，在成效上“提了哪壶开哪壶”。

“督”家观点

督查“五抓法”托起“烯”望之星

该案例聚焦“医用聚乙烯开发”专项督查，突出“督办任务、目标要求、督查重点、协调配合、督查效果”五个抓手，以“定标准、建机制、抓考核”为工作主线，构建起“立项交办、督办落实、结果通报、约谈问责”闭环管理机制，充分发挥了督查抓落实促发展的利器作用。

——中国石油天然气股份有限公司华北油田分公司
办公室（党委办公室）主任　王海涛

专项督查“解冻”历史遗留网建项目

史修竹

（中国石油天然气股份有限公司辽宁销售分公司）

中国石油天然气股份有限公司辽宁销售分公司（以下简称辽宁销售公司）高度重视督查工作，坚持讲政治、顾大局，从实际出发，把督查工作作为贯彻落实上级要求部署、推动辽宁销售公司中心工作、解决重点难点问题的有力抓手，通过督查督办信息化平台建设，打通督查信息反馈渠道，提升督查效率，推动各项工作不断取得新进展。

2017 年以来，辽宁销售公司将历史遗留网建项目清理工作列为专项督查重要内容，通过明确责任分工、上下通力协作、创新督查手段、加大考核激励等措施，紧盯目标，攻坚克难，3 年累计清理投运历史遗留网建项目 7 个，盘活固定资产 2.4 亿元。成功“解冻”停滞 6 年之久的沈阳南塔街加油站项目，为辽宁销售公司盘活存量资产、优化网络布局提供了有力支持，为督查督办工作的有效开展积累了宝贵经验。

一、精准立项，聚焦历史遗留问题

开展督查首先要解决督什么。除落实上级要求部署和推动经营管理重点工作外，辽宁销售公司领导班子立足发展实际，提出发展既要向前看，也要回头看。向前看是明确发展方向，绘制发展蓝图，回头看是解决遗留问题，破除发展障碍。

辽宁销售公司作为一家有着60多年历史的老企业，经历了多次体制机制变迁，在经营规模不断壮大的同时，也积累了一些难以解决的困难和问题。只有解决好这些困难和问题，才能轻装上阵加快发展，否则实现高质量发展目标将遥遥无期。在各类遗留问题中，网络开发建设方面的问题最为迫切。众所周知，加油站网络是销售企业的生命线，也是成品油市场竞争的主阵地。但近年来，随着成品油市场逐步放开，社会经营单位快速崛起，网络开发成本大幅攀升，加油站网络开发方面的竞争愈演愈烈。在新项目开发难度加大、投资成本激增的现实条件下，深挖存量资产创效潜力，让“尘封”项目重新启动，无疑是低成本拓展网络的最佳选择。“十三五”以来，辽宁销售公司持续强化网络开发“生命工程”地位，大力推进加油站网络开发建设。一手抓新项目开发，一手抓历史遗留项目清理，积极盘活存量资产，优化加油站网络整体布局。

2017年初，辽宁销售公司开展在建加油站项目清理工作，将沈阳南塔街加油站、大连后盐长城加油站、营口滨海大道加油站等3座长期未投运项目列为专项督查项目。在这3座加油站中，南塔街加油站情况最为复杂。

南塔街加油站是一座迁建站，2012年11月确定选址并批复立项，因土地面积狭小，难以既满足加油站基本功能及与政府约定的建设一处公共卫生间，又满足城市规划法规退线要求，导致规划审批长期陷入停滞状态。同时由于加油站项目长期没有进展，地块周边陆续规划建设了柏翠园小区等高档商品住宅，而小区居民对加油站规划存在抵触情绪，多次到信访部门上访，高峰期一天内在“民心网”收到投诉29件，使项目推进难度进一步加大。

正是由于南塔街加油站停滞时间长、情况复杂、投运难度大，辽宁销售公司领导班子将这个项目作为专项督查重点项目，要求责任单位和牵头部门不找理由，不讲条件，不留退路，排除万难，一办到底。

二、落实责任，强力推进取得实效

自沈阳南塔街加油站项目立项以来，辽宁销售公司从专项督查和专业线督办两个层面，加大督查督办工作力度。一是落实责任，明确分工。建立以辽宁销售公司党政主要领导为督查工作第一责任人、办公室为专项督查牵头部门、规划计划处为专业线督办牵头部门、分公司经理为项目负责人的责任分工体系。实行岗位负责制，无论哪名同志调到相应岗位，都必须履职尽责接续开展攻坚工作，强化"新官理旧账"的责任意识和担当精神，避免因干部调整和岗位人员变动，使项目再次陷入停滞。二是咬定期限，全力攻坚。项目立项后，辽宁销售公司党政主要领导主持召开专题协调会，详细了解项目的历史背景及推进受阻的原因，结合当前工作进展提出攻坚目标，全力确保2018年底前实现南塔街加油站项目投运，并以此为节点倒排时间进度。三是运用信息化手段，实施线上线下双向督查。线上由项目负责人定期反馈工作进度和需要协调解决的问题，线下由督办牵头部门组织协调会，解决问题，推进工作。每一项工作进度通过信息系统第一时间呈现在辽宁销售公司党政主要领导、专业线分管领导、督查牵头部门和专业线督办牵头部门办公系统主界面上，实现工作进度全程可跟踪、可查询、可追溯。四是强化考核激励，落实专项奖励。在《网络开发建设考核奖惩办法》的基础上，制定了对停滞时间超过5年项目投运给予10万元专项奖励的激励政策，充分调动网络开发人员的积极性。

专项督查实施以来，省市两级公司积极协调地方政府，拜访市、区政府以及规划、建设、安监、消防、服务业等委办局30余次，积极推动规划审批。网络开发人员主动耐心与小区代表沟通，走家入户做好宣传解释工作，为柏翠园小区居民办理柏翠园专属加油卡，给予持卡加油0.3元/升的优惠政策，最终打消了周边居民的顾虑，赢得了百姓支持。2018年8月26日，南塔街加油站开业营运，投运当天实现销量26吨，停滞6年的网络开发项目终于成功"解冻"。

从督查立项，到项目投运，历时20个月，线上反馈工作进度56次，线下召开专题协调会6次，在省市公司共同努力下，南塔街加油站项目如期投运，为沈阳市区加油站网络再添一个重要战略布点。

三、以点带面，网建项目多点开花

南塔街加油站的成功投运，给省市公司网络开发人员带来极大信心，也为督查督办工作积累了宝贵经验。2017年初确定的3个专项督查项目，除南塔街加油站项目外，大连后盐长城加油站、营口滨海大道加油站均在当年实现投运。2017年以后，辽宁销售公司又陆续将一些与地方政府协调难度较大的加油站迁建、还建项目纳入专项督查，网络开发建设步伐进一步加快，新项目多点开花，“尘封”已久的历史遗留项目也逐一落地。“十三五”以来，辽宁销售公司累计开发加油站129座，新增年零售能力60.8万吨，为建设高质量销售网络打下坚实基础。

一分部署，九分落实。辽宁销售公司通过深入开展督查工作，有力推动了集团公司党组重大决策部署的落实落地，保证了辽宁销售公司中心工作的有序开展，破解了困扰和阻碍高质量发展的重点难点问题，并形成四点重要启示：一是督查工作要强化政治意识、大局意识和责任意识，突出问题导向，抓住主要矛盾，以“钉钉子”精神狠抓工作落实，切实发挥好督查抓落实、促发展的“利器”作用。二是督查工作要明确重点，点面结合，不是项目越多越好，次数越多越好，而是要以真正解决问题为目的，精准发力，一督到底，确保件件有着落，事事有回音。三是督查工作要注重实效，力戒繁文缛节，不做表面文章。运用信息化手段可以有效提升督查效率，减轻基层写材料、做汇报的工作量，提高信息反馈的时效性。四是督查工作要加强协调联动，督查人员要增强分析问题、解决问题的能力，积极协调相关单位和部门形成合力，推动项目尽快落地。

·“督”家观点·

专项督查“解冻”历史遗留网建项目

该案例聚焦历史遗留问题专项督查，坚持问题导向，立足发展实际，强化责任担当，为盘活存量资产、优化网络布局提供了有力支持，取得了纲举目张、破一利万的督察效果，其工作经验具有启发性和借鉴意义。

——中国石油天然气股份有限公司湖南销售分公司

总经理（党委）办公室主任　李　鹏

实行联合督导　强化服务协调
助力打赢重点工程建设攻坚战

李靖宇　史　扬　刘宏宇　廖　晖　张丽梅

（中国石油管道局工程有限公司）

2017年9月，中国石油管道局工程有限公司（以下简称管道局）承建的陕京四线、中靖联络线、抚锦线、中俄东线实验段二期、云南成品油管道（昆明支线）等8项重点工程进入施工关键期，必须在10月底或年底前完工，时间紧、任务重、难度大。这些工程都属于关系国计民生的政治工程，倍受各级领导和社会公众关注，迫切需要加强组织协调，密切沟通信息，凝聚各方力量打赢这场攻坚战。

当时，在项目推进过程中存在诸多问题，一是重点工程集中上马，参建单位资源储备不足，练兵不充分，提速慢；二是部分项目管理团队为临时组建，部分人员经验不足，磨合不够，影响工作实效；三是征地协调困难重重，主材配件供应滞后，停工窝工严重；四是设计变更调整多，影响施工进度；五是工程项目管理链条长、流程不顺，管道局机关层面服务管控协调不到位。

针对以上问题，管道局办公室（党委办公室）主动担当，一方面发挥"督"的职能，把这些工程列为重点督办项目，加大督查力度；一方面发挥"办"的优势，牵头组织信息收集，协调推动问题解决，以实际行动推进工程建设。主要采取了以下措施。

一、成立督查机构，加强组织协调

这8项重点工程既有管道局管理的大型EPC项目，也有各单位自行管理的中型项目；既有线路、站场、盾构、大开挖穿越等常规管道施工，也有管径1422毫米X80钢级大口径管道建设工艺试验。项目分布在东北、西南、中原等多个区域，位于黑龙江、辽宁、内蒙古、陕西、河南、云南等省份和自治区，管控难度大，专业领域多，问题矛盾突出。针对这种情况，管道局将这些工程升级管理，列为局机关重点推动项目。办公室作为局机关的综合协调部门，按照管道局整体部署，积极作为，牵头承担起这些重点工程的协调督办。为加强督办力量，从组织协调入手，建立联合督查机构。一是充分发挥基层同志了解情况、职能部门熟悉业务的优势，以管道局办公室（党委办公室）为主体，会同经营管理部、国内事业部成立联合督查组，明确6名同志负责专项督查。二是要求参建单位、项目部、机组和局相关部室指定专人参与联合督查，及时报送信息、沟通情况、协调问题、推动解决。三是要求参建单位安排相关领导带队，成立督导组一线督战。各级督查人员保持密切沟通，形成工作联动，构建起纵向上从机关、专业公司、项目部、机组一贯到底，横向上各业务部门无缝衔接的联合督查体系，有效凝聚起各方力量，强化了对重点工程的有力协调推动。

二、建立工作机制，强力高频推动

为有效辅助领导决策，促进工程建设信息及时传递，专项督查组建立起“日报告、周通报”工作机制。“日报告”主要反映项目焊接、连头、检测、下沟、回填等关键环节的进度、偏差和剩余量，以及资源配置、征地外协、问题处理等情况，每天晚上报送当天的数据，督查组第二天7点半之前完成工程日报的编制，呈送领导和业务部门。“周通报”主要反映一周重点工程的综合进度和存在的主要问题，在每周领导班子工作例会上进行通报，提请领导和各部门给予关注，协调解决问题。9月5日至11月12日，联合督查组的同志共编制日报62份，例会通报9次，通过采取持续跟进、反复督查等方法，不断传递工作压力，压实工作责任。在这种高频压力下，参建单位充分动员起来，增派施工资源，加大协调力度；项目部开展劳动竞赛，掀起大干高潮；科技中心、研究院等科研部门派人常驻一线，及时解决技术问题，形成层层抓落实的良好局面。

三、突出问题导向，集中攻克难关

督查人员在督导工程进度的同时，注重扑下身子摸实情，设身处地帮助一线解决问题，认真做好服务、组织和协调工作。为跟进节点目标落实，督查组将项目阶段性目标和需要协调的难点问题纳入督办台账，坚持做到问题不解决不放手，目标不实现不松懈。具体工作中，通过工程日报、调研报告、呈批件等形式，及时向领导和相关部门反映情况、提出建议，通过领导批示或指示，借势推动工作。对一些基层单位自身无法解决的、机关层面难以协调的梗阻问题，督查组及时向领导报告，召开专题会议或组织现场办公实地解决。例如，督查组发现陕京四线现场协调力度不够、资源不足、进度上不去，管道局派出一名领导班子成员两次驻现场督战，参建单位领导班子成员靠前指挥，强力协调各方资源增援，确保陕京四线如期具备投产条件。抚锦线由于补偿款不到位导致阻工严重，施工不能继续，督查组及时进行汇报，协调财务部门从资金上给予大力支持，提前支付外协赔偿费用，帮助项目渡过难关。云南成品油管道（昆明支线）由于水源地改线手续审批烦琐，路由迟迟无法确定，造成工期极为紧张，在督查组的建议下，管道局领导出面拜访业主、协调各方关系，推动审批加快完成，确保工程按期完工。

四、督查成效明显，积累宝贵经验

两个多月的联合督查工作取得明显成效，一是凝聚了各方力量，有力推动工程建设。管道局先后组织协调会 8 次，管道局领导现场办公 5 次，蹲点督导 2 次，拜访相关业主 4 次，协调解决大小矛盾和历史遗留问题 20 余件，确保了工程进度和质量安全。其中，陕京四线、中靖联络线、云南成品油管道（昆明支线）等如期具备投产条件，锦郑成品油管道 4 标段率先实现贯通，抚锦线制约工程进度的大凌河穿越被成功攻克，中俄东线试验段（二期）具备进场条件的作业段按期完工，中俄东线过境段黑龙江盾构隧道胜利贯通。二是联合督查推动了工程管理体制机制的完善。针对工程项目管理体制链条长、流程不畅等问题，管道局深化改革调整，设立工程与信息部和项目管理中心，建立起以项目为导向的体制机制，强化了管道局层面对工程建设项目的宏观管理和协调服务，为后续工程的顺利实施提供了有力保障。三是督查工作得到了充分理解和高度认可。通过两个多月的督查实践，各单位、各部门对督查工作的重要性有了新的认识，提高了完成工作的自觉性、主动性，工作效率进一步提升。四是积累了经验、锻炼了队伍。督查人员在这次服务工程项目的督查实践中，不仅自身能力得到充分锻炼，还形成了一套有效的工作方法，对督查工作有了更深的认识：凝聚各方力量，形成工作合力是推进督查的基础；完善制度，健全机制是科学、规范开展督查的保障；围绕中心，突出重点，破解难题是提升督查价值的关键；立足服务，注重协调，既强化"督"的力度，又提升"办"的温度，是确保督查效果的法宝；拓宽思路，创新方法，是提高督查效率的手段。

督查督办是推动工作落实、服务领导决策的重要手段，也是需要常抓不懈的系统工作，既需要持之以恒、也需要不断解放思想、探索新的方式方法。在今后的工作中，管道局办公室（党委办公室）将在集团公司办公厅的指导下，按照管道局整体部署，结合实际，创新思路，真抓实干，进一步提高督办质量，提升督办价值，为企业发展做出更大的贡献。

“督”家观点

实行联合督导　强化服务协调　助力打赢重点工程建设攻坚战

该案例以目标为引领、以问题为导向，对涉及国计民生的多项重点工程实行联合督导，顶层设计完备，过程管控强力，服务协调到位，既突出了领导同志的重视程度，也体现了自上而下、层层落实的执行力和众志成城、协同作战的凝聚力，成功构建了“大督查”的工作格局，确保了重点工程如期完成，具有很高的推广价值。

——中国石油集团长城钻探工程有限公司

办公室（党委办公室）主任　纪宏博

严督实查助推“三措”项目建设提速见效

——“硝酸装置库存扩容及汽车装车货位改造”专项督办案例

何重阳　赵革文

（中国石油天然气股份有限公司兰州石化分公司）

“硝酸装置库存扩容及汽车装车货位改造”项目是中国石油天然气股份有限公司兰州石化分公司化肥厂2017年年初确定的紧急技措项目。由于诸多因素影响，项目建设进展缓慢，“紧急”技措成了主管部门抓不紧、相关部门都不管的小事了。为了加快项目进度，确保早日竣工投入使用，化肥厂办公室根据厂主要领导的要求，将该项目纳入重点工作督查事项进行专项调查分析和持续滚动督办，助推项目按时保质完成既定的目标任务。

一、任务来源

2018年5月，针对“硝酸装置库存扩容及汽车装车货位改造项目建设进度缓慢”这一问题，由办公室牵头，将该问题纳入分厂重点工作督查，开展全过程跟踪督办，同时作为一则督办案例，认真查找和剖析存在的问题及原因，提出管理建议，以强有力的督查倒逼责任落实，确保项目高效推进、按期完成。

二、背景情况

近年来，由于市场低迷，硝酸装置产品销售状况不佳，而且产品库容量小，常因火车槽车到厂不及时，出库不畅，装置被迫减负荷运行或停工，导致能耗、物耗偏高，成本难以下降，因此亟须通过增加装置库存容量，同时改造汽车装车货位，提高产品出库效率，保障装置长周期运行。为此，化肥厂将此项目纳入2017年紧急技措项目。该项目主要由增加装置库存容量、旧汽车装车鹤位抬高改造、新增汽车装车鹤位等三部分构成。2017年2月6日上报了项目建议书，提交公司审核批准；2017年2月9日按照费用化项目进入委托设计；2017年2月13日开始进入现场对接、初步设计、项目评审、工程概算、方案编制、材料采购等工作流程。

三、针对问题

由于工程预算超出最初概算，经协商，决定取消项目中的“库存扩容”部分。按照制度规定，项目变更需重新进入工程设计、方案编制、材料采购等流程，至2017年12月底才转入施工阶段。在此期间，考虑到产品出库的实际困难和生产需要，本着“急事急办、特事特办”的原则，化肥厂主管领导、专业科室主动与设计和施工单位沟通协商，同意先行对“旧汽车装车鹤位抬高”进行改造施工，以解产品出库的燃眉之急。项目于2017年2月17日开始施工，通过采取利用旧件、备件材料从内部库存中协调解决等办法，仅8天的时间完成施工并投用。至此，该项目仅剩“新增汽车装车鹤位”一项未完。但是，“新增汽车装车鹤位”项目从2017年2月13日开始现场对接，历时17个月未完成，使该项目一直无法竣工。因此，办公室针对项目进展缓慢、管理职责不清等问题开展了督办。

四、方案策划

为确保督办工作取得实效，办公室依据《化肥厂“三措”项目管理实施细则》，采取查阅有关项目资料、查看工作记录和会议纪要、与相关领导访谈、与相关管理人员沟通交流等手段，梳理出该项目在实施过程中存在的问题以及产生问题的原因，通过后续的持续滚动督办落实，实现了项目销项闭环。

五、工作措施

（一）查资料，详细了解项目整体情况

通过查阅资料，“新增汽车装车鹤位”项目从现场对接到完成施工图设计，耗时30周；施工单位从2017年10月开始，直到2018年4月下旬才完成预算编制，耗时25周；从2017年10月初开始，直到2018年3月22日才下达材料计划，耗时20周。从2018年4月下旬提报采购计划开始，截至2018年6月底，包括材质为00Cr19Ni10的管径108毫米 ×5毫米不锈钢管50米、管径57毫米 ×4毫米不锈钢管3米、管径76毫米 ×4毫米不锈钢管1米和相关管件在内的施工材料采购依然没完成。通过查阅项目原始资料，发现项目在变更设计、施工预算、材料提报等几个环节耗时较长，效率不高，造成了项目进度缓慢。为此，在督查中，要求主管科室按照“小件材料日追踪、大件材料周对接”的原则，全过程盯住未到货材料的采购进度，并在厂综合管理调度会、专业工作例会上通报进展情况，加快推进材料采购，保证材料及时到位，满足施工需要。

（二）看记录，全面了解责任落实情况

办公室查阅了2017年2月以来召开的“三措”项目会议、生产和设备专业例会记录和纪要，经统计，生产系统共召开会议11次（含“三措”项目会议），其中涉及本项目的仅有2次；机动系统共召开会议17次，其中提及本项目及相关内容的仅有2次；专门针对本项目召开的会议只有2次，且会议纪要简单，缺乏实质性内容，不具备指导和督促作用。由此看来，该项目由“紧急”变成了“缓慢”，把项目交给了设计、预算、材料等部门按部就班地进行。对此，要求生产技术科牵头，每月定期组织召开“三措”项目工作例会，通报项目进展情况，

协调解决存在的问题。同时主管科室每周提报项目进度，办公室将主管科室反馈的承办信息汇总呈报给厂领导班子成员，承办科室按照职责分工，在每周一的“早调会”上逐一汇报项目进展、沟通协调和跟踪落实情况，厂主管领导对各部门承办情况进行讲评，提出下一步要求，最后由厂主要领导针对总体情况做出详细要求，倒逼各部门履职尽责。

（三）做访谈，了解项目日常推进情况

办公室在掌握项目的基本概况和进展情况后，与相关领导、管理人员开展面对面访谈。在访谈中发现，基层车间主动担当作为的意识不足，沟通协调能力有所欠缺，习惯性地把“三措”项目当成“副业”，主体责任落实不到位，强调客观因素多，主动解决问题比较少，尤其是在施工力量组织、材料备件跟踪、生产工艺配合等方面存在不到位的现象，这在一定程度上影响了项目的整体推进。为解决部分人员作风建设方面存在的问题，提高各级人员主动为、有作为的意识，结合厂党委“六抓六强化”为主的作风建设年活动，突出解决履职担当不够、管理效能低下，在对内对外的沟通协调、自下而上的请示汇报以及科室之间的协同配合等方面存在的问题。通过查问题、找原因、定措施、抓整改、建机制，力促作风转变，营造良好氛围。与此同时，要求各责任科室和属地单位，每天按照工作标准要求，做好周计划、日统计、周总结，直至项目竣工投入使用。

（四）对标准，查找管理制度执行情况

对照《化肥厂“三措”项目管理实施细则》，所有工程项目，包括应急项目和费用化项目都应按照项目管理的要求，定期研究、协调、沟通和追踪。然而在该项目管理过程中，各相关小组都没有按照制度规定的要求落实责任，在一定程度上完全依靠项目主管领导来督促，主管领导精力忙不过来的时候，没有过问，项目推进就处在“自由滑翔”状态，这也是导致该项目在实施过程中一些环节耗时较长、工作效率不高的重要因素之一。对此，要求由生产技术科牵头，针对制

度在实际运行过程中出现的新情况、新问题，根据管理需要，进一步修订完善了《化肥厂“三措”项目管理实施细则》。细化专业科室和基层车间项目管理标准，明确各级人员工作职责，固化好经验和好做法，堵塞了各环节管理漏洞，切实用制度管人、管事、管标准，提高制度的针对性和可操作性。

（五）厘责任，梳理项目职责落实情况

尽管《化肥厂“三措”项目管理实施细则》明确规定了专业科室在项目实施中的管理职责和工作标准，但在实际工作中存在着“单打独斗”“各自为阵”以及“项目界面交接不清，职责分工落实不清”的情况，与公司处室、设计和施工单位的沟通联系不主动、不及时，特别是主管科室牵头拿总、基层单位主体负责的项目管理职责落实不到位，导致项目管理存在漏洞，进度缓慢、工期滞后。为进一步强化职责落实，在督查中，办公室充分运用工作标准这一有力工具，要求专业科室对厂主要领导、主管领导在调度会、专业例会上强调的有关项目管理要求及阶段性、临时性重点工作纳入管理人员每周工作标准执行卡，制定明确的工作计划、整改措施和完成时间节点。通过办公室连续性、有针对性地抽查验证和结果评价，切实解决“项目管理与专业管理不同步”“工作标准执行同日常专业管理不相容”的现象，促进各级人员落实责任，推动项目有序进展。

六、取得成效

（1）推进了项目早日竣工。依据以上工作措施，查清了项目在实施过程中造成进展缓慢原因，理清了各级人员在项目管理中的职责。经历 5 个月的滚动督办后，该项目于 2018 年 12 月 21 日竣工验收，投入生产使用。

（2）建立了“三措”项目专业管理规范。化肥厂在对其他“三措”项目开展调查后，发现在实施过程中同样存在类似问题。为此，运用“定建抓”的管理方法，建立了“三措”项目管理标准，创新性地提出了以“五点、四段、十二单”

为主要内容的“三措”项目“节点法”专业管理规范，即将项目实施的全过程划分为“立项、成立项目部、开工会、竣工验收、运行投产”5个关键点，以5个关键点为界限，形成了“项目前期筹备、施工准备、项目实施、投用后评价”4个阶段，制定了项目管理中12个角色岗位的责任清单。通过严格把控项目的节点，理顺了管理脉络，划清了管理职责，促进了项目提速增效。

七、经验体会

领导重视是抓实督查工作的关键。化肥厂始终高度重视督查工作在推进落实中的“利剑”作用。在新形势下如何消除落实梗阻、提高工作执行力、实现“三精”目标，化肥厂主要领导带头，创新督查机制，构建了年度重点工作年督办、厂领导批示指示和会议确定的重大事项月督办、周重点工作周督办、专业根据需要随时督办的“大督办”工作格局。领导的重视，为高标准推进督办工作给予了坚强的组织保证。

实事求是是抓好督查工作的基础。无论是督办单位还是承办单位，要清醒地认识到督查工作不是在找碴，反馈不是在告状，目的就是为了推动工作落实。督查过程中，既要坚持实事求是，让督办事项落地有声，体现督查督办工作的严肃性和权威性。同时，还要把问题考虑细致、周全，多考虑基层的实际困难，发挥好服务指导作用。督查工作不是简单的发号施令，既要敢于指出问题，也要主动帮助解决问题，调动基层单位的工作积极性。

联动配合是抓牢督查工作的保障。督查工作涉及面广、牵扯部门多，在督办工作部署和承办过程中发生一些意见分歧是正常的，但是如果处理不当，就会影响部门团结、降低工作效率。因此，督办过程中要加强统筹协调，建立以“办公室牵头抓总、部门分工负责、各方共同参与”的督查工作格局，形成抓落实、强执行的工作合力。当有矛盾分歧时，办公室要充分发挥沟通协调作用，帮助承办部门认清矛盾产生的根源，达到沟通信息、化解矛盾的目的。

“督”家观点

严督实查助推“三措”项目建设提速见效

在督查督办过程中，办公室既是督办项目牵头抓总的“领航员”，又是沟通协调的“润滑剂”。该案例从解决阻碍项目推进的“堵点”入手，针对项目由“紧急”到“缓慢”的根源所在，抓住关键环节，划分工作阶段，明确岗位责任，实现项目销项闭环，以“严”的手段、“实”的措施推动项目尽早竣工。与此同时，在督查督办过程中融入对工作的思考，推动了“三措”项目管理标准的完善，使其他类似项目管理有规可循，其经验体会值得借鉴。

——中国石油天然气股份有限公司辽宁销售分公司

办公室副主任　张凤春

提高政治站位　狠抓精准督查
高质量助力加油站防渗改造任务完成

任海永　张　伟　王丽萍　胡　静

（中国石油天然气股份有限公司山西销售分公司）

2018年，中国石油天然气股份有限公司山西销售分公司（以下简称山西销售公司）认真履行央企三大责任，提高政治站位，强化顶层设计，推进管理创新，狠抓精准督查，发扬“钉钉子”精神，举全公司之力打赢了一场加油站“防渗改造攻坚战”，充分展示了中国石油负责任的企业形象，提升了品牌影响力，得到山西省各级政府的充分肯定和好评。

一、任务背景来源

2015年，国务院下发了《国务院关于印发水污染防治行动计划的通知》（国发〔2015〕17号），2016年，山西省环境保护厅等五部门联合下文要求限期完成加油站防渗改造工作（晋环水〔2016〕12号），2017年12月29日，山西省水污染防治工作领导小组办公室印发《山西省加油站地下油罐防渗改造推进工作方案》（晋水防办发〔2017〕39号），对全省加油站防渗改造工作进行了总体部署。山西销售公司作为驻晋中央企业，为积极推进生态文明建设和促进地方经济可持续发展，经山西销售公司党委研究决定，将加油站防渗改造工作作为2018年重大政治任务和“一把手工程”，举全公司之力打一场“防渗改造攻坚战”，要求总经理办公室对加油站防渗改造工作重点督查、挂牌督办，每周汇报工作进展，确保加油站防渗改造工作圆满完成。

二、督查重点问题

马克思曾说过，一个行动胜过一打纲领。习近平总书记指出，一分部署，九分落实。如何将山西销售公司党委的重大决策部署落地实施、见到“行动”、变为结果，总经理办公室按照公司党委要求，经过反复论证，总体上坚持“纲领”和“行动”相统一、科学推进和安全质量保障相统一、督促检查和严格验收相统一的原则，确定对防渗改造工作的重点问题开展精准督查：一是督查防渗改造重大工程总体方案和实施计划的制定，确保从源头上保证科学的顶层设计；二是督查防渗改造工作的科学实施，及时汇总突出问题、关键环节并向领导汇报；三是督查安全、质量和技术措施落实，确保防渗改造工作又好又快完成；四是督查项目验收，确保改造一座成一座、座座高质量，真正做到一张蓝图绘到底，坚决完成加油站防渗改造的重大政治任务。

三、总体方案策划

督查工作需要坚持“钉钉子”精神。习近平总书记反复强调，钉钉子往往不是一锤子就能钉好的，而是要一锤一锤接着敲，直到把钉子钉实钉牢，钉牢一颗再打下一颗，不断钉下去，必然大有成效。根据加油站防渗改造督查重点问题，山西销售公司总经理办公室制定了 2018 年加油站防渗改造督查方案，进行了立项、交办工作，明确了督查目标、原则、措施、流程、时限和权责，设立了办公室专业线上下一体的督查机构并专人负责，采用视频监控等技术手段开展督查工作，确保督查任务顺利实施、防渗改造工作按期完成。

四、重点工作举措

习近平总书记强调，工作要“抓实、再抓实”。督查工作本质上就是把领导决策部署又好又快地落到实处，需要结合加油站防渗改造实际，盯牢责任主体，抓紧领导干部“关键少数”，通过“三个狠抓”的精准督查推动重大决策、科学目标和工作蓝图变为现实。

（一）狠抓源头督查

坚持从源头介入，做好顶层设计督查。第一，督查施工思路。山西销售公司结合销售市场规律和主要竞争对手改造实施进度，明确提出 4—7 月防渗改造集中实施和 8—10 月经营“百日汽油增量”等主题工作，以短期减少淡季经营绩效的策略，提高防渗改造工作效率，后期再全力以赴通过经营旺季提量增效，明确了经营与改造工作的时间和主次逻辑关系。各地市公司、专业线有的放矢，基本达到了“鱼与熊掌兼得”的目的。第二，督查施工计划。按照 15 年罐龄优先改造与确定的实施原则，兼顾改造与经营工作，业务处室、分公司统筹编制改造计划和时间表，做到总体协调、分步实施、过程把控。这样就把山西销售公司党委决策部署从施工源头到计划制定都落到实处，保证了方向不偏、规划合理。

（二）狠抓跟踪督查

坚持过程把控，抓好关键环节督查。第一，实施动态跟踪，督查每周施工进展情况，在公司周生产经营协调会上通报。比如，针对加油站防渗改造时间紧、任务重的局面，重点督查招标选商情况，山西销售公司通过整体谋划，在符合国家招标管理制度的前提下，防渗改造项目按照地市、相邻县区划分标段进行公开招标，共划分成 97 个标段，分 13 批进行招标，有效缩短招标选商时间。第二，督查专员参与工程专业例会，了解工程进展情况。山西销售公司每周六上午召开防渗改造工作推进视频会，分项目与地市公司对接安全、质量、进度情况及施工中存在的问题，分析原因并落实解决方案，总经理办公室督查人员不定期参加工作例会，做到督查心中有数、胸有成竹。第三，实施视频督查，及时了解现场施工情况。面对加油站防渗改造施工现场面广、点多、工程管理人员不足的现状，山西销售依据施工现场监督需求，对在建承包商推行 PDA 视频终端信息监控，实现了施工现场安全、质量、进度、项目管理人员在岗情况的动态对话监督，督查人员也应用这一技术手段，抽查防渗改造具体施工情况，将督查工作深入施工现场。

（三）狠抓调研督查

领导调研督查，既是发现问题的过程，又是解决问题的过程。山西销售公司主要领导高度关注防渗改造工作，接到总经理办公室和工程管理处多次汇报后，先后到临汾、忻州等地市公司进行调研并现场办公，解决防渗改造中出现的具体问题，要求防渗改造任务必须以上限工期为目标，在细化防渗改造 15 个环节的基础上，编制防渗改造施工进度模板，对关键环节的用工数量、机械台班数量及用时进行细化，确保改造施工高质量完成。同时，要求地市公司专人与供应商对接，紧盯甲供设备供货情况，采取提前两个月提交订货、利用协同办公系统提高订货效率，以保证甲供设备及时到货和施工顺利进行。总经理办公室负责同志和督查人员跟随公司领导调研，既抓好领导决策的贯彻执行，又把现场督查工作推向深入。

五、取得显著成效

（一）圆满完成 2018 年防渗改造任务

2018 年，山西销售公司共大规模完成 213 座加油站防渗改造任务，累计完成 425 座加油站防渗改造任务，总体进度达到 95%，改造项目均通过当地政府环保部门验收，整体进度位居集团公司销售板块前列，比主要竞争对手提前一年完成大规模防渗改造任务，改造经验先后在销售板块进行了两次交流介绍。

（二）实现经营效益和防渗改造“鱼与熊掌兼得”

2018 年成品油销量同比增长 4.8%，山西销售公司“处僵治困”任务圆满完成。同时，坚持“一站一案”防渗改造，一大批长期困扰加油站的安全、环保类问题得到彻底解决，加油站得到质的提升，整体形象焕然一新。

（三）积累了重大工程督查经验

锤炼了专兼职督查队伍，形成了一整套督查措施和方案，使督查工作更加专业化、规范化和精准化，为更好地开展督查工作提供了新经验。

六、几点经验体会

通过开展加油站防渗改造督查工作，并认真总结以往督查工作经验，有以下三点体会。

（一）督查工作要围绕中心开展

2018 年防渗改造工程是山西销售公司的重大政治任务和“一把手工程”，必须和生产经营这一中心工作协调开展、相互促进，督查工作必须为这一大局服务，把握好督查工作方向和主题，坚持源头督查、跟踪督查和调研督查，着眼于解决实际问题，保证山西销售公司党委重大决策部署的顺利实施。

（二）督查工作要注重实效

在督查过程中，山西销售公司总经理办公室坚持实事求是、注重实效，发现问题及时沟通交流，向领导反映问题用事实说话，解决问题用实法、办实事、见实效，杜绝弄虚作假和形式主义、官僚主义。

（三）督查工作要坚持守正创新

在实际督查中，山西销售公司总经理办公室坚持“督而不监”“督而不乱”“督而不责”（即督促而不监督、督促而不乱讲、督促而不追责）和“查有实据”“查有实用”“查有实需”（即查问题有依据、查原因有效用、查结果有需要）的“三不三实”原则，确保督查工作有严格的制度和程序。同时，采取创新手段，采用视频、会议督查等有效手段，确保了督查工作的精准性和实效性。

“督”家观点

提高政治站位　狠抓精准督查　高质量助力加油站防渗改造任务完成

该文结构完整、层次清晰，紧紧围绕“加油站防渗改造”这一重点难点问题，充分发扬“钉钉子”精神，坚持“三个统一”，通过“三个狠抓”有力推动重大决策部署落地，实现督查工作更加专业化、规范化和精准化。

——中国石油天然气股份有限公司湖南销售分公司
总经理（党委）办公室主任　李　鹏

五个方面精准发力　两大难题迎刃而解

——肯尼亚地热开发一体化项目督查案例

冯　光　任　晶　何佳琦

（中国石油集团长城钻探工程有限公司）

2016—2018年，中国石油集团长城钻探工程有限公司（以下简称长城钻探公司）肯尼亚地热开发一体化项目进入二期研发阶段。较一期相比，参与研发单位、涉及科研领域、协调解决问题均大幅度增加，督查工作的重要性与日俱增。为应对这一情况，长城钻探公司创新督查机制、深挖内部潜力、强化监察措施，着力解决肯尼亚项目部一线和国内工程技术研究院两地督查中存在的工作量大、人手不足的问题，突出督查时效性、明确问题指向性、提高站位全局性、体现工作细微性，以高质量督查工作为项目整体运行保驾护航。

肯尼亚高温地热资源蕴藏丰富，品质优良，开发程度低，其境内东非大裂谷从南到北分布着16个地热潜力区块，总蕴藏量7000～10000兆瓦。为尽快推进地热资源的开发利用，2013年8月19日，肯尼亚总统肯雅塔对中国进行国事访问期间，与习近平总书记共同见证了集团公司与肯尼亚能源部签署的《关于促进肯尼亚地热开发和发电的谅解备忘录》；2017年5月19日，《肯尼亚地热开发一体化项目框架协议》被列入“一带一路”国际合作高峰论坛成果清单；“26口井”和“80口井”两个地热井项目被联合国前秘书长潘基文誉为国际“南南合作”的典范；2018年5月30日，集团公司与中核集团签署地热资源综合开发利用战略合作框架协议，长城钻探公司与中国核能电力股份有限公司签署地热资源综合开发利用合作协议。

长城钻探公司作为中国石油在海外唯一从事高温地热钻井服务的专业化公

司，高度重视本次科研项目的顺利开展。为防止出现各研发单位重视程度不够、沟通交流迟滞、准备工作不足等问题，长城钻探公司提前谋划，靠前组织，通过一系列行之有效的措施充分发挥督查机制作用，确保各环节衔接顺畅，及时填补漏洞，防止工作脱节。

一、压实各级责任，着力解决“质”的问题

2017 年初，结合长城钻探公司年终工作会议部署，将肯尼亚地热开发一体化项目列入年度重点工作任务，成立了以长城钻探公司主管领导负主责，工程技术研究院和肯尼亚项目部两个单位各负其责的工作组，针对该项目系统编制重点工作任务分解表，制定具体工作计划和措施，明确时间节点，将责任落实到岗位、细化到人头，确保项目按期高质量完成。全年组织召开专题审查会、项目推进会、领导办公会 7 次，为督查工作开展创造了条件。

二、畅通沟通渠道，着力解决“远”的问题

针对肯尼亚距离远、有时差等因素，从细微处着手，创新方式方法，建立了两地督查机制，“微督查”见到“大实效”。对工程技术研究院，采取电话问询督办、定期邮件督查、不定期现场调研的方式，实时了解项目技术层面阶段进展情况；对肯尼亚项目部现场，一是合理拓宽沟通渠道，在电话、邮件的基础上，利用视频、微信、QQ 等便捷沟通工具，保证遇有突发情况，能够第一时间联系到人，第一时间掌握一手资料，第一时间向领导汇报情况；二是与肯尼亚项目部项目长保持沟通，及时确认回国时间及工作安排，形成回国即向主管领导面对面汇报的工作机制；三是把握主要领导肯尼亚现场调研时机，提前准备地热开发一体化项目材料，确保主要领导掌握项目实际情况。

三、创新督查机制，着力解决“少”的问题

面对工作量大、人手不足的局面，长城钻探公司跳出固有督查模式，设立两地兼职督查人员，开辟“空中”交流渠道，对重要事项形成双向督查机制。一方面，办公室将领导重要指示精神传达至项目组时，兼职督查员可直接参与督查工作，确保领导部署工作落实到位；另一方面，兼职督查员将工作进展形成专项材料，再由办公室形成汇报材料呈领导阅示，及时解决工作中需要协调解决的问题。通过这一督查机制，确保重要进程不停滞、重大事项不脱节。2017 年，兼职督查员共开展现场督查 20 余次，上报材料 15 份。

四、多项措施互补，着力解决“大”的问题

中办、国办、国资委、集团公司均对该项目高度重视，提出了督查工作要求。长城钻探公司办公室积极落实上级部门工作要求，对重点关注事项，结合领导工作例会、总经理办公会议、领导办公会议上相关议定事项和重要工作部署，采取督办工作通知单的方式，形成具体督办事项，下发到相关主责单位，将“大问题”转化为“小事项”。2017 年，累计下发督办工作通知单 3 份，形成督办通报 2 期。

五、多重核实确认，着力解决“细”的问题

对于项目中重要名称、重要数字、重大时间节点，办公室采取“一项三查”的督查模式，即在收到项目上报重要资料后，通过对标历史资料、电话连线项目确认、报送主管领导审核三道程序，确保资料准确性、完整性。对于资料表述模糊、时间节点不清的情况，及时连线项目进行再次校准。2017 年，整理汇总地热开发项目材料 7 份，对 25 项数据、文字等信息进行核实确认，确保报送至领导

手中的材料准确无误。

通过上述措施，肯尼亚地热开发一体化项目取得了良好成绩，整体技术达到国际先进水平。2014—2017 年，长城钻探公司在肯尼亚的作业，得到了甲方和肯尼亚政府的充分认可，完成了地热发电一体化项目可行性研究报告，顺利通过集团公司批复。

该项目的顺利实施，不仅全面落实了两国元首达成的重要共识，助力了中肯、中非关系发展，提升了肯尼亚基础设施水平，改善了民生，更使集团公司在可再生清洁能源开发领域拥有了话语权，提升了世界一流综合性国际能源公司形象。

成绩来之不易，过程更为艰辛。在本次督查工作开始前，一直有两个问题困扰着督查人员，一是督查人员少，两地督查工作量过大；二是项目距离远，沟通调研均存在一定程度的阻碍。针对这“一少一远”的情况，长城钻探公司认真梳理督查工作流程，创新督查工作制度，形成了一套具有参考价值的“长城经验”，正应用于现阶段各项督查工作当中。

提高站位是提质提速的基础。长城钻探公司始终高度重视督查制度的“天眼”作用，自上而下，凝心聚力、推动工作。本次任务从压实责任入手，各级领导班子均制定了主要领导负总责、分管领导负主责的督查监管机制，为督查工作营造了良好的工作氛围，为督查工作的顺利开展提供了坚实保障。

沟通顺畅是由近及远的前提。督查工作中经常出现两地督查甚至像本次工作中跨国督查的现象，距离远、调研难、沟通不畅是督查过程中不可避免的情况。在政策允许、保证效果的前提下，合理利用方法工具，适时创新督查手段，对解决此类问题具有极大的促进作用。

灵活运用是事半功倍的窍门。面对督查人员较少的实际情况，如果将担子压在固定督查人员身上，既增加了工作量，也可能影响项目的执行效果。合理利用各方人力资源，在督查一线添上一双“眼睛”、一只“耳朵”，能有效增强前后方联动能力，方便快捷地了解项目实时进展。

善于分解是以小化大的关键。在一项督查任务中，经常会有一项或者多项“重点难点”，看似无从下手，难于上青天，但只要善于分析，有“庖丁解牛”的精神，从阶段、部门、影响程度、处理难易上分解归类，制定详细任务分解表，明确责任部门、反馈时间，对解决类似的“大”问题十分有益。

回访核查是信息准确的秘诀。李克强总理在主持召开新一届国务院第一次全体会议时强调：“各级都要加大督查力度，没有做到的要问责，不能当无所作为的‘太平官’”。可见督查工作的性质决定有的时候这项工作并不“太平”，很多情况下督查人员对所督查项目相关的专业知识并不熟悉，对于重要信息如果不进行必要的复查，势必难以保证资料的准确性。反复的校准核对，能够确保将第一手准确资料上报领导，起到良好的上传下达作用。

“督”家观点

五个方面精准发力　两大难题迎刃而解

该案例针对海外项目距离远、有时差、人手少等特点，创新督查机制，充分利用信息化手段，开辟“空中”交流渠道，形成责任到人、上下互通、左右互联、多方联动的督查机制，实现了项目开发与督查工作同部署同落实。该案例督查经验对海外项目督查工作的开展具有较强的借鉴意义。

——中国石油天然气集团有限公司人事部

综合处处长　白广田

流转矿权区块对接和勘探部署专项督查案例

王海涛　陈　勇　卢居安　张新峰

（中国石油天然气股份有限公司华北油田分公司）

2017 年 7 月，集团公司启动首批内部矿权流转工作。其中，将长庆油田所属的鄂尔多斯盆地外围巴彦浩特、吉锦等 1.1 万平方千米的探矿权流转给华北油田。为落实集团公司矿权改革部署和华北油田主要领导要求，办公室坚持问题导向，组织开展了专项督查活动，督促各相关责任部门、单位协调联动，加快推进流转矿权区块对接和勘探部署工作，推动新矿权区块勘探取得重大突破。

一、主要做法

（一）明确督查重点，做好先期谋划

内部矿权流转在集团公司尚属首次，暂无成熟经验可借鉴。为此，办公室前期进行了充分的调研分析，并与相关部门结合，将流转矿权区块的工作对接和勘探部署作为督促检查重点，明确了目标任务和时间节点。围绕督查重点和阶段目标，办公室坚持主动介入、及早谋划，从督查内容、督查方法、结果运用等方面入手，整体统筹工作运行，及时请示公司领导，加快推进实施节奏，做到与公司决策部署同频共振。

（二）严格任务分解，压实责任链条

根据矿权流转工作的主要内容和工作重点，按照职能匹配的原则进行任务分

解，确定由公司分管副总经理牵头、勘探事业部负责、对外合作部配合，并明确具体目标任务、工作标准和时限要求，以《督办通知书》的形式下发至责任部门。在此基础上，协调建立了逐级负责机制。管理层面，勘探事业部牵头落实、公司办公室督导，统筹协调推进。执行层面，巴彦勘探项目部（分公司）落实推进，勘探事业部协调督导，从而形成一级抓一级，层层抓落实的责任链条。

（三）定期督导落实，全程跟踪推进

坚持从督查、推进、跟踪、回访等环节跟进管控，推动解决实际问题。一周一交流。通过电话督查、书面督查、工作约谈等方式，每周与相关责任部门沟通交流，及时掌握与长庆油田的资料交接进度、科研支撑渠道、勘探部署研究等具体事项的推进情况，牢牢把握工作主动权。一旬一督查。每旬督导落实工作推进，收集、汇总工作进展情况和存在问题，有针对性地提出下步建议，及时向公司领导汇报。尤其是在前期与长庆油田全面对接，实现地质资料、科研力量共享等方面，由于预案充分、措施到位，各项工作推进较为顺利。一月一通报。每月汇总、分析工作进展，在公司领导班子例会上向班子全体成员、相关责任部门通报情况，集体研究问题、商讨对策，较好地解决了诸如矿权方案优化、勘探方案部署、井位优选等重点问题，进一步推进决策落实。

（四）建立协同机制，形成督办合力

切实履行办公室在督促落实工作上的牵头抓总职能，强化各相关部门的工作协同，形成纵横联动、密切配合、齐抓共管的工作格局。请示公司领导、协调相关部门多次开展调研督查，现场听取工作汇报和问题建议，现场沟通解决方案，全力推进决策落实。组织开展油地关系协调，与巴彦淖尔市、阿拉善盟地方政府举行高层会晤，积极履行央企社会责任，助力地方经济建设。发挥舆论监督和推动作用，协调公司党委宣传部、新闻中心，利用报刊、电视、网络等新闻媒体，组织开展系列专题报道和评价，营造抓落实的良好氛围。

二、工作成效

（一）提前完成工作对接和勘探部署，掌握了工作主动权

2017 年 10 月，完成巴彦河套区块地质资料和勘探方案对接。11 月，完成首轮勘探方案部署。2018 年 1 月，与长庆油田签订矿权流转协议。2018 年 11 月，巴彦河套项目获得集团公司投资 1.5 亿元。从协调工作对接到有序推进勘探部署，华北油田用时一年高效完成矿权流转工作，为实现新区块勘探突破奠定坚实基础。

（二）油气勘探取得重大突破，实现新矿权区块快速高效勘探

通过整体部署、精心实施、督促推进，巴彦河套盆地完钻探井 21 口，在潜山和碎屑岩两大领域取得勘探突破。吉兰泰潜山部署钻探 8 口井，4 口获工业油流，压裂后可整体开发动用；吉华 2 区块部署钻探 7 口井，4 口井获高产油流，其中吉华 8X 井实现“双 300”（油层厚度 300 米、日产油 300 立方米），夯实了吉华 2 背斜富集油藏基础。巴彦河套盆地 2018 年上交预测储量 1.16 亿吨，2019 年初步测算，新增探明储量 2300 万吨、控制储量 2000 万吨，被集团公司誉为“中石油新盆地高效勘探典范”。

三、经验体会

（一）协调推动是基础

巴彦河套矿权流转工作之所以短时期内取得较大成果，主要是统筹协调方方面面、共同发力推进的结果。公司领导亲自部署、亲自协调、亲自督查，调研了解存在的问题，提出明确的改进意见。各部门、各单位高度重视、积极参与，对实现新矿权区块的勘探突破起到了重要推动作用。

（二）健全机制是保障

在巴彦河套矿权流转对接过程中，通过调研督查、联合督查的方式，查找问题症结和原因，为领导决策提供有价值的对策建议。通过完善报告制度、通报制度，压缩传递链条，快速反馈情况，推动决策落实。督查机制的健全完善，进一步提高了督促检查工作实效。

（三）解决问题是关键

督促检查工作是推动决策部署落地见效的方法和手段。实践证明，在督促检查中只有坚持问题导向，深入基层和现场，了解真实情况，抓实抓准问题，面对面听取意见建议，取得实实在在的效果，才能有权威性和执行力。

·“督”家观点·

流转矿权区块对接和勘探部署专项督查案例

本案例选取“内部矿权流转”这一改革新事物，通过提前介入、及早谋划，加快实施节奏，做到督查与决策部署同频共振。具体工作过程中，紧扣目标、突出重点，分解任务、压实责任，上下联动、内外协同，环环相扣、形成合力，构建起“发现问题、解决问题、完善决策、推动落实”全过程跟踪督导推进的闭环机制，有效提升决策执行力，助推目标任务圆满完成。

——中国石油天然气集团有限公司矿区服务工作部

综合处处长　丁元杰

创新督查工作模式 深化“三项制度”改革

韩 鑫

（中国石油集团西部钻探工程有限公司）

一、任务来源

2018 年 8 月 31 日，集团公司印发《深化人事劳动分配制度改革实施方案》，明确了总体要求和具体任务。同年 12 月 26 日，中油油服印发《人事劳动分配制度改革行动计划》，要求各成员企业按照行动计划要求，制订行动方案，确定计划进度。中国石油集团西部钻探工程有限公司（以下简称西部钻探工程公司）按照集团公司和中油油服要求，开展了深化“三项制度”改革专项督查。

二、背景情况

深化“三项制度”改革是集团公司全面深化改革的重要举措，也是创新人力资源管理、服务发展战略的重要任务。根据集团公司和中油油服总体安排，西部钻探工程公司制定了《“三项制度”改革试点工作方案》，承担生产组织模式创新、收入能增能减、员工能进能出、机械化和信息化建设等四个方面的五个专项试点工作。

三、针对问题

近年来，西部钻探工程公司在推进“三项制度”改革方面取得了一些成效，但仍存在三个方面问题。

（1）人力资源管理体制僵化。在人事、劳动和分配制度上，缺乏深入的改革与创新，现代人力资源管理的框架尚未形成。完全市场化用工机制还未完全建立，员工国有身份与干部身份意识浓、行政管理色彩重，内部岗位设置不科学，流动渠道不够畅通，仍然存在能进不能出、人浮于事的情况，管理层级多、管理效率较低，全员劳动生产率不高。

（2）员工队伍结构性失衡。在人员整体性富余的情况下，结构性缺员问题依然突出，对人才存量管理没有做到“量体裁衣”。骨干人才大量流失，重复性操作人员富余与高端人才紧缺的矛盾短期内难以缓解，制约西部钻探工程公司核心竞争力提升。

（3）激励约束机制不健全。绩效考核和薪酬分配激励约束不到位，平均主义和“大锅饭”等问题突出。关键岗位、高素质紧缺人才的薪酬低于市场化水平，劳动力市场供应充裕的通用岗位、辅助岗位员工的薪酬却高于市场化水平，不能适应市场化经济发展的要求。薪酬结构相对复杂，差距主要体现在职级和职称上，在工作技能和素质方面体现较小。

四、方案策划

为加快推动“三项制度”改革，确保各项措施落到实处，西部钻探工程公司坚持问题导向、目标导向，深入分析当前问题，在专项督查的基础上，结合五个专项试点工作，针对一事一案开展重点事项督查，强化工作考核和效果评价，实现了闭环管理。

（1）强化顶层设计。成立“三项制度”改革领导小组，由主要领导担任组长，研究审定配套政策和专项试点工作方案。成立生产组织模式创新、机械化和信息化、组织机构及人力资源优化、薪酬分配制度改革四个推进小组，形成工作推进运行表，组织项目实施。办公室根据整体进度情况，统筹开展重点事项督查。

（2）明确督查事项。办公室按照“三项制度”运行表中的 9 类 31 项工作，结合主要领导在月度生产经营例会、周工作例会、总经理办公会等会议上提出的相关要求，整理形成《重点事项任务单》43 份，明确分管领导、责任部门和办结期限，每月下发《督查通知书》，督促责任部门加快工作进度。

（3）精细过程管控。办公室根据时间表和路线图，实施动态跟踪和阶段性督查，及时掌握工作进展情况，并下发《督查简报》进行通报。对于情况复杂、办结期限较长的重大事项，主要领导定期召开总经理常务工作会，听取承办部门专题汇报，集中研究制定措施，以过程受控保障结果受控。

（4）严格工作考核。将督查工作纳入机关部门业绩考核，权重为 10%；事项办结后由西部钻探工程公司主要领导进行满意度评价，满意加 1 分、基本满意不加分、不满意扣 5 分。对于不满意事项，承办部门须提交整改报告，并重新立项办理；基本满意事项，承办部门须提出下步改进提升措施。目前，43 项重点督查事项到期已办结 39 项，其中领导满意 30 项、基本满意 9 项。

五、工作措施

西部钻探工程公司各责任部门按照《督查通知书》要求，结合“三项制度”改革明确的五个专项试点工作，制定了具体工作措施。

（1）生产组织模式创新方面。大力推进以钻井为主导的“一体化”总承包，推行“现场监管 + 技术服务 + 低端业务外包”的总包外包模式。探索工厂化钻井平台“一队双机”“一队多机”，在平台井推广应用钻机平移装置和配套的运移装置，着力提升施工作业效率。建立专业化服务队伍，承担钻机拆搬安、检维修、完井现场清理等作业，释放钻井队人力资源。

（2）收入能增能减方面。根据集团公司部署，研究制定管理办法，规范提高基层一线关键艰苦岗位上岗津贴、夜班津贴。加大对基层队长、现场工程师等一线关键岗位人员绩效奖金倾斜力度，提高绩效奖金标准，确保2019年一线关键岗位年度绩效奖金水平达到西部钻探工程公司平均水平1.8倍以上，2020年达到2倍以上。

（3）员工能进能出方面。结合业务结构调整，明确组织机构精简、富余人员分流安置渠道及配套措施，同时开展人力资源优化配置、全面定员、管理机构压减、富余人员显性化等工作，确保二三级机构总体压缩5%以上，管理人员压缩10%以上，富余人员显性化调剂比例15%以上。

（4）机械化和信息化建设方面。推广实施钻机电动化、自动化改造和配置，试验“直驱绞车、直驱顶驱、双层振动筛、压裂集中供油装置”等项目，提高机械化水平。深化远程技术支持中心（RTOC）应用，通过5000米以上深井、重点风险探井、储气库井及重点区块开发井等日常监控，确保钻井周期下浮10%。

六、取得成效

业务结构持续优化。推进专业化公司建设，完成定向井、工程院、钻井液、地质研究、物资、海外等业务专业化重组整合，主营业务收入规模年均增长20%以上。坚决退出门卫、保洁、绿化等无效业务，开展物资供应、钻前施工、运输等低端低效业务外包，将冗员集中转岗培训，从事钻井、技术服务、安全监理等一线岗位，共转岗607人。

员工队伍更加精干。推进机关职能优化，压减机关处室、附属单位各2个；完成机关“大科室”改革，科室压减达47%；精简三级机构，减少基层管理人员600余人。建立用工总量跟踪考核机制，推进人员“五定”，配套减员工资奖励政策，用工总量下降近15%。建立“管理＋技术＋关键操作岗位”自有用工、其他岗位外包的模式，与人力资源公司签订战略合作协议，新增社会化用工3000余人，解决了一线缺员矛盾。2018 年人均主营业务收入 120 万元以上，在中油油服排名第一。

薪酬分配更加合理。创新考核激励机制，突出收入、利润、市场占有率、应收账款四项考核要素，建立机关个性化考核机制，激发了各级干事创业主动性。专项增资 2 亿多元，提高基层一线、关键岗位和艰苦地区待遇，增发冬季作业补贴，89 名一线关键岗位市场化用工与合同化员工待遇并轨，一线员工人均年收入增长 2.5 万元，有效稳定了技术骨干队伍。

七、经验体会

充分认清督查工作的重要性。督查工作是实现科学决策和确保决策落实的关键环节，开展督查是一个重要的领导环节和领导方法，是办公室的重要职责和发挥参谋助手作用的重要途径，是提升企业执行力的重要手段，也是推动作风转变、政令畅通的必然要求。

督查工作要围绕中心、突出重点。本案例围绕“三项制度”改革中心，突出五个专项试点工作重点，在过程中结合公司主要领导的新要求，开展实时立项，确保了整体工作按照既定目标运行。领导小组牵头抓总，办公室协调各方，责任部门分工合作，为提高执行力和工作效率提供了有力保障。

督查工作要创新方法、注重实效。本案例采取“专项督查 + 日常督查”的创新模式，既抓全局又抓细节，在事项办结后及时开展主要领导满意度评价，将考核结果纳入责任部门季度、年度业绩考核，打造了精品督查工程。此外，通过开展到期未办结事项和领导不满意事项专项治理，狠刹“上有政策、下有对策”之风，树立了督查权威，实现了持续改进。

·"督"家观点·

创新督查工作模式　深化"三项制度"改革

该案例着眼人事劳动分配制度改革重点，聚焦生产组织模式创新、收入能增能减、员工能进能出等五项试点工作，加强顶层设计，细化任务分解和过程管控，创新性引入主要领导满意度评价机制，有效强化督查权威，通过专项督查与日常督查相结合，有力推进工作开展，取得突出成绩，达成既定目标。

——中国石油集团川庆钻探工程有限公司

总经理办公室（党委办公室）主任　卢尚勇

求真务实　一抓到底
确保各项决策部署落地生根

高建平

（中国石油运输有限公司）

2018 年，按照新疆维吾尔自治区党委工作部署及新疆阿尔塔什水利枢纽工程移民搬迁工作要求，中国石油运输有限公司（以下简称运输公司）驻新疆克孜勒苏柯尔克孜自治州阿克陶县库斯拉甫乡“访民情、惠民生、聚民心”（简称“访惠聚”）驻村工作队在各级党委、政府的统一领导下，强化工作落实，高效组织实施，历时 1 个月，分 24 批次圆满完成库斯拉甫乡 1161 户 4280 人整体搬迁至喀什市泽普县大亚斯墩—桐安乡的工作任务。

一、任务来源及基本情况

（一）“访惠聚”驻村工作情况

按照新疆维吾尔自治区党委“访惠聚”活动的整体部署，2017 年以来运输公司抽调 12 人组建“访惠聚”驻村工作队，入驻克孜勒苏柯尔克孜自治州阿克陶县库斯拉甫乡宗塔什村、英阿瓦提村，并派出 2 名扶贫第一书记入驻阿克其格村、科克鲁克村开展驻村扶贫工作。

（二）库斯拉甫乡基本情况

库斯拉甫乡位于西昆仑山区，叶尔羌河谷地，三面环山，自然环境恶劣，交通不便，为深度贫困乡。所辖 4 个行政自然村全部为深度贫困村，村民大多散居于山坡及河畔，贫困人口占比达 72.75%。全乡有维吾尔、柯尔克孜两个民族，其中维吾尔族占 89.2%。2011 年，国家投资建设“新疆三峡工程”——阿尔塔什水利枢纽工程。因工程整体规划，库斯拉甫乡需整体异地搬迁至喀什市泽普县大亚斯墩—桐安乡。

（三）工作任务及有关要求

做好移民搬迁，确保阿尔塔什水利枢纽工程顺利施工，将惠及新疆南部的克孜勒苏柯尔克孜自治州、喀什地区和和田地区各族人民的生产、生活、建设与发展，也将带动库斯拉甫乡 1161 余户 4280 名村民脱贫致富，对新疆打赢脱贫攻坚战具有十分重要的现实意义。新疆维吾尔自治区各级党委、政府高度重视，要求运输公司党委切实履行央企责任，加强督促协调，强化工作执行，全力配合地方政府，确保搬迁任务圆满完成。

二、面临的困难及问题

此次移民搬迁为异地搬迁，部分村民存在不愿搬、不想搬的思想，且对搬迁后的生产生活存在后顾之忧，不稳定因素较多。搬迁涉及人员多、生产生活物资多、搬迁距离远（约 130 千米），且多为崎岖山路，不安全因素较大。搬迁时间紧、任务重，且老人妇女多，劳动力少，造成生产生活物资搬运难度较大。

三、主要工作措施

运输公司党委将此次移民搬迁工作作为一项重要的政治任务，按照《中国石油运输有限公司督办工作实施办法》规定，落实专项督办工作措施，采取“党委书记牵头抓总、相关部门挂牌督办、‘访惠聚’工作办公室协调督办”的方式，明确责任分工，逐项督办落实，保障了搬迁工作有序开展。

（一）加强领导，强化组织保障

按照新疆维吾尔自治区各级党委、政府的工作部署，运输公司党委成立了专项督办工作领导小组，并下设现场督导指挥领导小组，上下结合，层层督导把关，分级负责推进。运输公司主要领导任专项督查工作领导小组组长，亲自督查督办、跟踪落实，多次召开会议专题研究部署，多次深入现场办公专题研究，多次协调地方各级政府，研究落实搬迁具体事项，督促工作落实。现场督导指挥领导小组按照职责分工，研究制定搬迁工作方案，细化分解搬迁责任及工作流程。小组成员各履其职，一项一项、一个环节一个环节分头督促落实，确保各项工作落到实处，推动整体搬迁工作稳步有序。

（二）加大宣讲，做好思想引导

运输公司党委紧紧围绕新疆社会稳定和长治久安总目标，始终紧绷安全稳定这根弦，把和谐稳定作为搬迁工作的出发点和落脚点。搬迁工作启动前，现场督导指挥领导小组先后联合村两委、村党员、小组长等组建志愿服务队，分批次对全乡 1161 户村民逐户进行动员，宣传移民搬迁政策的重要意义、各项惠民福利政策，答疑解惑，引导村民由“要我搬”到“我要搬”的思想转变，确保搬迁期间不发生群体上访等突发事件。同时，组织部分村民现场查看了新居建设情况，消除了后顾之忧，确保了村民搬得出、稳得住、能脱贫。

（三）认真筹划，扎实有序推进

针对搬迁人员多、物资多等实际情况，运输公司党委细化工作事项，倒排工作时间表，逐项靠实责任，确保不遗漏、不出差错。现场督导指挥领导小组联合地方政府逐户开展物资摸排登记，编制现场装运方案，并建立了包户联系制度。同时，此次搬迁全程约 130 千米，其中约 80 千米为崎岖山路，现场督导指挥领导小组组织人员踏勘线路，对搬迁通行道路、车辆、货物装卸进行全方位风险评估，编制了风险防控应急预案，全力保障搬迁工作安全、平稳、有序。

（四）紧盯重点，全程跟踪督办

运输公司党委采取“专人督办销项”的管理模式，逐项明确落实责任人、完成时限及督办责任人。对已完成的事项签字确认、划勾销项，对未完成的事项紧盯关键环节、重点跟踪督办。对重点人群的“疑难杂症”问题，由公司机关有关部门“挂牌督办”，具体问题具体分析研究，特事特办，专人督办。搬迁期间，现场督导指挥领导小组每日召开碰头会，重点分析总结存在的问题及困难，研究解决方案，并每 3 个工作日向公司党委报告搬迁进展情况及需要协调解决的重大事项。对遇到的重大问题和突发事件，运输公司党委予以协调处置，确保了搬迁工作顺利推进。

（五）强化执行，实现顺利搬迁

搬迁工作涉及村民财产物资、衣食住行等方方面面，稍有疏忽就会引起误解、激化矛盾。现场督导指挥领导小组白天入户协助村民整理物资，制定装车计划，开展物资盘点登记。帮助五保户、四老人员等无劳动力的家庭收割小麦、拆除房屋、砍伐树木等。夜间做好车辆调派，组织力量装车，并逐户排查，逐人落实，确保不漏一户，不漏一人。不间断开展群众工作，排查不稳定因素，组织热心村民烹制饭菜，做好后勤保障，为圆满完成搬迁奠定坚实基础。

四、工作成效

在新疆维吾尔自治区各级党委、政府的坚强领导下，在各支力量的通力配合下，运输公司党委靠前指挥，加强督查督办，强化执行，圆满完成了各项工作任务，为搬迁工作圆满收官贡献了积极力量。搬迁工作于 2018 年 8 月 20 日启动至 9 月 21 日完成，历时 1 个月，累计出动客（货）车 707 辆，分 24 批次，如期完成了库斯拉甫乡4个自然行政村1161户4280人整体异地搬迁，实现了“不伤一人、不损一物、不引发争议”的工作目标。

五、经验体会

督查督办是确保政令畅通、各项决策部署落地生根的重要手段，也是提高工作效率和质量的重要方法。

（一）高度重视，统筹推进是关键

要切实提高政治站位，高度重视，坚决贯彻落实集团公司党组、自治区党委的各项决策部署，不打折扣、不讲条件、不搞变通。同时，推动工作落实，要立足全局和长远，系统谋划实施，坚决杜绝坐井观天、鼠目寸光等现象。对“急难险重”事项，要急事急办、特事特办，全程跟踪督办，确保实现预期效果。

（二）责任到人，明确任务是核心

要确保上级部门的重大决策部署及本单位本部门的重要事项落地生根，就必须明确各项工作的推进落实责任部门、责任人员，细化分解工作任务，压实各环节的责任分工，强化各环节的督查督办，坚决杜绝推诿扯皮，才能确保工作质量和效果。

（三）求真务实，狠抓执行是重点

抓工作落实要力戒形式主义、官僚主义。各级领导干部既是指挥者，也是督导员，要积极践行“走出去、走下去”工作方法，沉下心思、扑下身子，现场办公、督查督办，不做办公室的“指挥家”，争做基层一线的“实干家”，确保各项工作部署落到实处、取得实效。

（四）集中精力，一抓到底是根本

要坚持问题导向，敢于直面问题和矛盾，尤其在督查督办重大事项时，遇到矛盾问题不回避、不绕弯、不退缩，以踏石留印、抓铁有痕的劲头和毅力，想方设法加以解决。同时，督查督办工作切不可虎头蛇尾，要集中精力，对督查事项一抓到底，才能抓出成效。

“督”家观点

求真务实　一抓到底　确保各项决策部署落地生根

异地搬迁是地方政府脱贫攻坚的重要手段，在具体实施中一直是困难重重、举步维艰。从运输公司此项工作来看，这既是一次决策部署的落实行动，更是一次专项督办的典型案例，运输公司从上到下责任清晰、目标明确、成效显著，党委层面加强顶层设计，督查小组紧盯责任落实，现场人员注重细节管控，每一项工作都考虑得很全面，每一项措施都实施的很到位，可以说督查工作在其中起到了关键作用，既保证了政令畅通、部署落地，又促进了责任靠实、效率提升。

——中国石油天然气股份有限公司兰州石化分公司

办公室（党委办公室）主任　陈爱忠

构建覆盖全触角深反应快的督查机制

曲文新

（中国石油天然气股份有限公司独山子石化分公司）

中国石油天然气股份有限公司独山子石化分公司（以下简称独山子石化公司）计划 2019 年 7 月 20 日实施全系统停工检修。此次检修以“五年一修”为目标，检修范围广、重点项目多，前期准备时间紧、任务重。总经理办公室根据管理层安排，深度介入、制定方案，协同专业部门加强大修准备督查，取得良好成效。大修前，各项准备全面就绪。9 月 6 日，37 套炼化生产装置全部检修完交付生产，较计划提前 2 天。

一、强化顶层设计

（一）领导重视

独山子石化公司管理层十分重视大修准备工作督查，总经理办公室会同专业部门机动设备处，制定督查方案，加大督查力度，督促各部门单位按计划推进大修准备。管理层对定期报送的大修准备督查周报、专报十分关注，据此完善决策、推进工作。

（二）压实责任

明确 14 个大修专业管理组、3 个生产厂、3 个检修单位，既是抓推进落实的责任主体，也是抓督促检查的责任主体，及时预警纠偏，避免平时轻描淡写、阶段发起“总攻”。编制设计和采购关键节点控制办法、督促检查考核细则、不担当不作为领导干部组织处理办法（试行），完善督查考核制度体系，靠实责任、强化执行。

（三）健全机制

健全专兼职督查员队伍，形成“机关、分厂、车间”三级督查体系，构建覆盖全、触角深、反应快的督查机制。采取“每日通报、按周抓总”督查模式，成立大修准备微信群，专业管理组及各单位对照既定计划，每日通报进度及偏差；总经理办公室、机动设备处协同按周督查总体进展，梳理存在问题，编发《大修准备进展周报》；针对重点项目、存在问题，分阶段开展专项督查、现场督查，跟踪整改、验证纠偏，落实闭环管理。

二、注重督查实效

（一）坚持点面结合，拓展督查深度广度

以 14 个专业管理组为主体，以延伸专业管理触角为手段，延展督促检查广度，着力做好设计、采购、招标、施工、后勤等各专业进展总体把控，确保管理层对各方面工作进度、存在问题都心中有数。设计专业督查把触角延伸到设计单位工作强度、主管部门协调力度、属地单位配合程度，以及审图、扒料、设备返资料等全流程环节，针对大修技措设计整体滞后，全面分析原因，提出改进建议。管理层针对性做出设计单位优先开展大修设计、主管部门设置指标并安排专人跟踪每日通报进度、属地单位加强配合设计技术力量、采购部门督催设备返资料等“补强”决策。至 3 月底，272 项技措设计全部提前完成，为后续设备材料采购创造了有利条件。

突出重点项目开展专项督查，在“点”上下功夫、求突破，着力拓展督查工作深度，确保关键线路扎实推进。百万吨乙烯装置裂解气压缩机检修及透平改造是大修关键核心项目。联合专业部门、直属单位、检修单位，从属地车间停开方案、时间安排、风险评估，检修单位方案编制、机具准备、困难预想，采购环节

配件监造、催交催运、质量验收，保障环节人力协调、场地预制、后勤组织等方面，进行贯穿机组从停到开全过程的深入调研，抓住进口配件机组转子可能到货滞后这一焦点情况，持续跟踪、紧盯不放。促成专业部门及总包单位赴德国工厂监造，督促相关部门超前协调设备清关手续、优化运输组织，最终机组转子于6月10日提前40天到货。

（二）坚持实事求是，揪住问题督出实效

发现问题、解决问题是督查工作的重点。坚持实事求是，是发现问题、揪住问题、解决问题的原则，也是重要方法。

坚持实事求是，就是摒弃官僚主义、形式主义作风，一切从实际出发，沉到一线调研督查，掌握最基层、最真实的第一手情况。坚持见人、见物、见方案，下沉到27个车间验证公司管理层各项安排是否落地落实。坚持与专业部门联合督查，用专业的眼光客观甄别核实问题。重点调研制约检修顺利实施的瓶颈问题、基层关心关注的焦点问题。收集外商入疆手续办理、废旧催化剂跨省转移手续办理、施工驻地审批等11项需协调政府解决的问题，列出清单提报克拉玛依市政府，独山子石化公司领导出面协调，问题得到有效解决。基层反映大修期间厂区公厕不足问题转交后，后勤保障组迅速研究制定临时公厕方案。

坚持实事求是，就是在督查工作中坚持原则，全面、准确、客观反映决策落实情况。有喜报喜，有忧报忧，防止以偏概全，杜绝弄虚作假。独山子石化公司领导专门强调，汇报大修工作不仅要讲干了什么、完成情况，重点要说清存在问题、进度偏差，研究制定保障措施，这样才能对工作心中有数、心里有底。大修准备工作督查牢牢把握问题导向，累计发现存在问题、进度偏差100余项，对工作推进滞后却隐瞒不报、问题积弊却不动真碰硬解决、整改问题投机取巧的进行严肃追责，重点深挖、问责不担当不作为行为。同时，工作中注重消除分歧、排除障碍，避免“问题导向”转化为“问责导向”，推动形成抓落实的工作合力。

坚持实事求是，就是以发展的态度分析解决问题。督查工作的全部目的是抓

落实，暴露问题只是起点，解决问题才是终点。通过督促检查发现问题，管理层有针对性地完善决策，针对新的工作安排再督查再整改，如此循环往复，实现决策—落实—再决策—再落实的良性循环，推动工作按照正确的方向全面推进。例如，大修设计问题，管理层完善决策后，继续跟踪督查，发现老区聚乙烯催化剂直注改造项目工艺包原因导致设计推进滞后，管理层安排“分包、分段出图，按节点完成”，实现设计采购有序衔接。

（三）坚持典型引路，激发工作动力活力

督查既坚持问题导向，也注重树立正面典型。一个成功的案例，示范带动作用往往胜于一堆文件、一场会议。大修准备督查过程中，发现、总结了一批创新举措、鲜活经验，加以推广后，带动更多部门单位工作落地见效。物资采购是大修准备的另一个主战场，近 3 万项设备材料招标采购是一项艰巨任务。物资采购部各项工作踏点推进，获得公司管理层表扬。我们总结提炼该部门运用信息化手段建设物资管理平台、根据基层单位实际分类分级放权、通过劳动竞赛转作风强执行、按照专业定人定责定项目、优化业务流程等典型经验，及时传阅各部门单位，起到了较好的示范引导作用。一些单位迅速组织开展劳动竞赛，大修信息管理平台等陆续上线，为大修各项准备纵深推进起到了促进作用。

三、推动作风转变

各部门单位负责同志是督促检查工作的第一责任人，开展督查工作是推进干部作风转变的重要手段。

通过督促检查，促使管理层工作安排转化为各部门单位的自觉行动。公司管理层强调，大修准备事关工作全局，各单位一把手要亲自上手、亲自组织。总经理办公室组织各单位全面梳理未完工作，拉出清单、明确节点、制定措施，经各单位一把手审定，自主“滚动”对表检查验证、销项管理、定期通报，增强工作

主动性，推动自觉抓落实，有效解决了执行力不强的问题。

通过督促检查，促使各部门单位改变会多文多落实少的状况，主动简化程序，形成务实高效良好风气。督查发现开会多、不定事，措施少、行动慢等问题，独山子石化公司有针对性地安排减文减会、“转作风、抓落实”专项活动。上半年，独山子石化公司开会、发文同比下降48%、32%，切实把干部员工从“文山会海”中解放出来，集中精力组织生产、筹备大修。采购、招标等专业部门主动优化计划提报、审批、招标等流程，采购计划审批后4日内完成采购方案立项，效率大幅提升。

通过督促检查，促使机关部门增强宗旨意识，主动关心基层、服务基层、为基层排忧解难。工会、财务处、矿区业务管理部协调完善大修苦战期间订餐就餐流程，总经理办公室主动研究落实大修就餐点、垃圾箱、办公设备配置、车辆入场手续办理，解决了基层关心关注的一系列焦点问题，为大修充分准备、检修顺利实施凝聚了人心、汇聚了力量。

·“督”家观点·

构建覆盖全触角深反应快的督查机制

独山子石化公司督查大修工作是炼化企业中最具典型的一类督办案例，办公室作为综合部门，督办检修工作确实存在专业不熟悉、流程不掌握、过程不受控等问题。但从实际工作和效果看，此案例给人耳目一新的感觉，办公室在方式方法上主动创新，联合机动设备处共同进行工作督办，专业保障方面得到支撑，健全督查人员队伍，形成三级督查体系，机制更加完善、责任更加靠实，紧盯大修主线和重点项目，抓住了督查工作的关键点，收到事半功倍的效果，为大修的圆满完成起到积极作用。

——中国石油天然气股份有限公司兰州石化分公司

办公室（党委办公室）主任　陈爱忠

紧盯关键　精准督办
助力上海合作组织青岛峰会胜利召开

刘春宁　王　巍

（中国石油天然气股份有限公司山东销售分公司）

2018 年 6 月 9—10 日，上海合作组织青岛峰会（以下简称峰会）在青岛举行。青岛销售分公司高度重视、周密部署，在上级公司指导下研究制定了《峰会期间的安保防恐工作方案》，围绕方案紧盯“关键少数”、实施精准督办，保证了峰会期间库站安全平稳运行，为营造和谐稳定环境、保障峰会胜利召开作出了积极贡献。

一、任务来源

2018 年 4 月 19 日，集团公司维稳信访工作办公室就峰会安全保障工作专门组织召开会议，要求明确安保责任，深入排查风险，落实工作措施。随后，山东销售公司到青岛销售分公司督导检查，要求立即制定工作方案，细化防范措施，严格执行散装汽油禁售要求，加大自助加油监管力度，强化应急预案编制及演练，严格两级机关值班值守，抓好员工队伍维稳工作，杜绝出现上访事件，以最高标准、最严要求、最硬措施做好安保防恐工作。

二、背景情况

青岛峰会是上海合作组织扩员后召开的首次峰会，也是中国 2018 年的一次重大主场外交活动。做好峰会期间的安保防恐工作，是青岛销售分公司、山东销售公司乃至集团公司的政治大事。

三、针对问题

根据地方政府要求，峰会期间青岛销售分公司所属109座加油站需暂停自助加油业务，实行“一人一枪”盯守管理，这给安全管理、生产经营以及人员排班等提出了更高要求。为防止峰会期间出现安全事故、暴力恐怖、油品断档、负面报道、信访举报等事件，青岛销售分公司制定了一系列具有针对性、可操作性的防范措施和督查办法，明确了各层级、各岗位的职责，严防工作脱节，堵塞管理漏洞，真正做到了抓早抓小、防患未然。

四、方案策划

青岛销售分公司研究制定了《峰会期间的安保防恐工作方案》《峰会期间“一人一枪”管控方案》《办公楼升级严控期间业务运行保障方案》等方案，明确了指导思想、领导小组成员及责任分工、工作时间、工作目标、工作措施、工作要求等六方面内容，通过紧盯核心问题、狠抓关键环节、实行多维督导等举措，确保方案执行到位、收到实效。

五、工作措施

（一）重视组织领导，统一思想认识

成立迎峰会工作领导小组，将2018年5月20日—6月12日定为升级管控期，组织召开峰会保障工作动员部署大会，动员干部员工统一思想、提高认识，以高度的责任感和使命感抓好安保、防恐、销售、服务、维稳、环保、资源保供、形

象展示等各项工作，为峰会胜利召开营造和谐稳定的环境。

（二）加强协同联动，实现多维督导

青岛销售分公司上下协同联动、密切配合，层层开展“迎峰会　保安全”专项督查，构建起全天候、全覆盖的督查格局。公司领导24小时带班，分赴安全联系点督导工作20余次；机关中层管理人员轮流巡查重点区域、重点站，机关一般管理人员和支部人员常态化开展现场督导检查，期间累计下站督导500多站次；油库主任、站经理、党员带头作表率，带领库站员工24小时盯守一线；监控平台24小时扫站稽查，实现了对全部库站的无遗漏督查，确保了各项要求有效落实。峰会期间，油库主任、副主任连续24小时驻守油库近一个月，青岛135站、平度1站、平度11站等女性经理顾不上家中小孩，连续多日奋战加油站一线。正是凭借干部员工的密切配合和担当奉献，青岛销售分公司圆满完成了峰会期间的安保防恐任务。

（三）狠抓关键环节，筑牢安全基石

严格执行散装汽油禁售要求，暂停自助加油业务，严格落实“一人一枪”盯守管理，加大现场巡检频次，全面确保现场安全。开展消防设施、油气回收装置、110联网报警设备、监控设备全覆盖检查，发现问题及时处理，确保设备完好率、有效率达100%。重视应急预案制定与演练，重新修订并组织库站全员学习《恐怖袭击突发事件专项应急预案》，安全专业线每周现场指导库站开展一次实战应急演练，切实提高员工的安全防恐意识及应急处置能力。强化重要风险管控，实行接卸油站经理旁站监督，利用监控平台对关键业务环节进行全天候扫查，坚决防范安全风险。

（四）盯牢重点对象，全面维持稳定

开展员工心理普查活动，通过领导下站座谈、协同问卷调查、支部现场了解、站经理班前会重点关注等多种途径，摸清员工的思想动态及影响员工情绪的因素，对不稳定人员进行排查登记、重点观察，并有针对性地开展心理辅导，同时启动了“峰会有你坚守　温暖由我送达”慰问活动，将关心关爱送到了每座站、每位员工，让员工切实感受到公司的关怀，增强了队伍的凝聚力和向心力，有效杜绝了上访、群访事件发生。发挥宣传引导作用，鼓舞员工士气，在《中国石油报》、齐鲁石油人微信公众号等多个平台进行专题报道，《青岛刷屏了！》在集团公司官微发布后，阅读量迅速突破 3 万次，较好地展示了中国石油上下一心保障峰会的风采。

六、取得成效

青岛销售分公司干部员工在上级公司的正确指导与大力支持下，充分发扬中国石油人勇于担当、敢打硬仗、苦干实干的精神品质，以高度的政治责任感、良好的精神面貌投身峰会安全保障工作，履行了社会职责、凸显了责任担当、树立了良好形象，圆满完成了峰会安全保障任务，为峰会顺利召开贡献了石油力量。

山东省委、省政府向集团公司发送了感谢信，对中国石油在峰会期间给予的全力支持保障表示感谢；集团公司对山东销售公司进行了嘉奖；青岛市安监局全市通报表扬了青岛销售分公司第 131 加油站。

七、经验体会

习近平总书记多次强调要抓住“关键少数”。督查工作要想取得实效，也必须突出重点，抓“关键少数”。青岛销售分公司在此次督查实践中，抓住了公司领导、管理人员、党员、关键环节、重点对象等“关键少数”，一是突出公司班子成员的组织领导，形成了强大的引领力量；二是强调管理人员、党员示范作用发挥，营造了良好的攻坚氛围；三是强化重点业务环节监管督查，有效防范了重大风险；四是加大不稳定人员关注力度，坚决杜绝了上访事件发生。

可以看出，人的“关键少数”能够影响全员，业务环节的“关键少数”能够影响全局，抓住了“关键少数”，其实就是抓住了主要矛盾和矛盾的主要方面，有助于确保督查工作收到良好成效。

·“督”家观点·

紧盯关键　精准督办　助力上海合作组织青岛峰会胜利召开

该文结构完整、层次清晰，围绕上海合作组织青岛峰会安保工作实施精准督办，突出重点，紧盯公司领导、管理人员、党员、关键环节、重点对象等“关键少数”，确保督查工作取得实效。

——中国石油天然气股份有限公司山西销售分公司

办公室（党委办公室）副主任　任海永

督查也要"御势"而行

——甘南管道建设期间督察督办案例

裴子华

（中国石油天然气股份有限公司西部管道分公司）

甘南藏族自治州是中国10个藏族自治州之一，位于甘肃省西南部，地处青藏高原东北边缘与黄土高原西部过渡地段，是黄河、长江的水源涵养区和补给区。为促进甘肃省经济发展，优化当地能源结构和改善大气环境，自2000年以来，中国石油与甘肃省结成了战略合作关系，并于2007年12月签订《全面战略合作协议》。同时，国家发改委批复《甘南黄河重要水源补给生态功能区生态保护与建设规划》。

为贯彻落实中国石油与甘肃省签订的全面战略合作协议，推动中国石油在甘肃省天然气下游业务发展，2010年10月，"甘肃省西南地区供气的可行性研究工作报告"获中国石油天然气股份有限公司批复，并于同年12月25日开工建设甘南供气管道。

该工程干线管道起于临夏市南龙镇临夏站，向西南沿大夏河河谷，经临夏市、临夏县、夏河县，最后抵达合作市，线路全长118千米。工程建成投产后纳入北京油气调控中心SCADA系统统一进行调度，现场管理运营移交兰州输气分公司。

经过2年多时间的艰苦奋战，甘南管道于2012年5月6日完成基础建设。完工并不等于完事，西部大开发战略的实施，为偏居一隅的甘南州经济社会全面发展提供了契机与平台。随着甘南州开发的推进和逐步深入，大夏河河谷经济热迅速崛起，该河谷成为甘南州实现现代化必不可少的交通、能源、通信、电力等基础设备设施通行的唯一路由。因此，自从管道干线埋于地下的那天起，管道建设方、地方政府、第三方施工、农牧民及运营单位为利益之争，上演一场场拉锯战：农民盖房、工厂建厂、牧民建料场、企业借道，加之各部门、阶层借扶贫、援建的名义，挤占管道路由等遗留问题，让这条形式大于功用，高投入、负产出的甘南供气管道跛足前行。

而作为后期的运营方，兰州输气分公司不可避免地卷入占压和清理占压、损坏管道和修复管道、隐藏问题和揭露问题的漩涡。这种猫鼠游戏，最终导致的结果是，建设方、运营方及第三方施工的监控、巡护、维修、拆除等各类人力物力的损耗，成为一个无法弥补的黑洞。相互牵制，各行其是，这个无解的难题让数以万计的甘南州各族人民日复一日地延长着与“绿色能源梦”的间隔与距离。

在一系列困局面前，兰州输气分公司持续开展行动跟踪，强力推进督查督办工作，通过顺势而为、造势而雄、借势而上等督查督导的方式方法，推进管道清占和保管道畅通顺利进行，为甘南管道的安全投产奠定了基础。

一、顺势而为，督查要有温度

甘南管道规划建设途经临夏县刁祁乡多支巴村，管道建成后，该村部分村民将房屋复建在管道上方，经过一年多的协调，始终未能如愿清占。2013 年 5 月初，兰州输气分公司将该村占压管道房屋搬迁作为专项任务进行督查督办，并将相关诉求致函甘肃省工信委。5 月 14 日，在兰州输气分公司负责人陪同下，甘肃省工信委主任带领交通、电力及管道建设相关单位负责现场督查清占。

在民房占压现场，得知户主马福霞儿子因费用问题而辍学在家，考虑到群众的实际困难和输气管道的安全生产，同时兼顾各方利益，兰州输气分公司工程项目督查组经与甘肃省工信委协商决定，让其儿子到工信委下属的天水机电学院上学。该决定一下打消了马福霞一家的后顾之忧，并承诺不再无中生有、故意刁难阻止清占工作。由于有了示范效应，该村所有占压得以顺利拆除。此举措将有限的精力、资金真正用到改善民生上来，彻底清除甘南管道沿线重大的安全隐患，确保甘南州天然气管道按时投产。

二、造势而雄，督查要有“武器”

2013年初，几乎是一夜之间，在甘南管道K2+500米处，一座名为临夏市泰隆废旧汽车处理厂拔地而起。这是该地二次占压，虽经施工、运行单位多次举报阻挡，以及相关部门查处，但该厂负责人依然我行我素，拒不配合。

为避免占压隐患和事态升级，经多方调研决定，该段线路实施改迁。但改线并非是厂主的最终愿望，因而在管道改线过程中，该厂厂长带人继续无理取闹，为此工期被一拖再拖。

针对此情况，兰州输气分公司项目督查组动议并立即启动“百日会战”，落实“地企联动、警企联合、四防齐下、群防群治”方针政策，于2014年11月14日，协调当地市县公安局、经信局、管道巡护队对6个高后果区及3个重点防卫区域联合开展武装巡线，进行有针对性的谈话教育和普法宣传。通过武装巡逻、造声势、树警威等手段，彻底震慑了一撮无视《中华人民共和国石油天然气管道保护法》，侵吞占压管道路由，如泰隆废旧汽车处理厂厂长在内人员的企图。经过此次“百日会战”的亮剑行动，甘南管道K2+500米处短短450米改线线路，终于在11月18日二次进场开展施工。

三、借势而上，督查要有“平台”

甘南管道K74+500米占压是一个涉及多方面、多维度的典型案例。该处占压造成的原因是临（夏）合（作）高速公路开建时，迫使路由上方的旦岗村整体搬迁，而搬迁位置恰好选在管道上方。

一条峡谷，一条路由，一样的重大工程，一样的不可替代。一面是输气管道，一面是高速公路，一面是地方政府和广大的农牧民。

套用地方政府官员的话说：“手心手背都是肉。”在地方政府官员眼中，这个问题无解！

无解并不表示不解，几经周折，兰州输气分公司督查组将该问题上报集团公司及甘肃省相关部门，并引起国务院注意。2014 年 8 月 5 日，国家发改委、国家能源局、国务院国资委、国家质检总局、国家安监总局等五部委会同甘肃省工信委、地方各级政府管道主管部门、甘肃项目经理部、甘南管道建设方、监理相关单位，组织人员赴甘南管道沿线对 4 处难以协调的占压问题进行现场调研，随后在临夏州政府召开管道占压问题座谈会。

会上，五部委同志表示，自“11・22”事故后，国家特别重视石油天然气长输管道的运行安全，目的只有一个，那就是保障人民群众的生命财产安全。经问询专家意见和各方提供方案，最后一致决定改线——将管道避开居民区，永绝后患。

功夫不负有心人，在地方各级政府主管部门、甘肃项目经理部、建设方四川油建等全方位的配合协调下，2015 年 4 月 30 日上午 10 时，甘南供气管道在合作输气站成功点火。同年，兰州输气分公司通过提前跟踪督查督导甘南管道占压清理，做到“早发现、早协调、早解决”，顺利完成甘肃省挂牌督办的 15 处占压拆迁，实现在役运行管道“零占压”目标。2017 年 6 月 26 日，中国石油天然气集团公司管道建设项目经理部公告称，经现场检查审核，甘南供气管道工程通过竣工验收，正式投入生产。从此，甘南藏族自治州真正进入天然气时代，告别柴火、燃煤历史，为长江、黄河水源补给区生态环境保护输送天然气清洁能源。

•“督”家观点•

督查也要“御势”而行

该文选取了清理甘南管道占压的多个案例，深入剖析问题根源，通过有温度、有“武器”、有“平台”的督查工作，有效推进了清占工作开展，确保在役管道“零占压”目标的实现。

——中国石油管道局工程有限公司

办公室（党委办公室）副主任　李靖宇

督查与服务并行　防渗改造成效显著

纪　娟　孙彬彬

（中国石油天然气股份有限公司江苏销售分公司）

一、督查背景情况

2018年，扬州分公司的防渗改造工作难度加大，要求越来越高，而且改造工程千头万绪，对内涉及加油站管理部门、财务部门、人事管理部门、安全部门等，对外不仅涉及当地发改委、安监局等多个政府职能部门的工作协调，还要加强对施工队伍的管理。若要此项工作能够有条不紊地开展，保质保量地完成，仅靠安全投资部门牵头实施，明显不能够效率最大化。对此，扬州分公司决定以督查促动防渗改造工程的有效推进。

二、具体措施

（一）成立专门组织，明确督查职责

扬州分公司总经理办公会经过研究，成立了扬州分公司防渗改造工程督查领导小组，扬州分公司主要领导担任组长，其他班子成员任副组长，各专业线负责人为成员。督查领导小组下设督查办公室，安全投资部主任兼任督查办公室主任，督查办公室抽调防渗改造相关专业线的业务能手7人，从事日常熟悉的工作模块的业务督查。督查领导小组主要负责督查方案的审核、重大事项的最终决策等。督查办公室负责编制督查方案、日常督查工作的开展、及时向督查领导小组报告督查开展情况等。

（二）跟随施工项目，远程督查与现场督查相结合

在督查办公室的协调下，防渗改造工程主管部门得以统筹安排改造先后顺序，编制了双层罐改造节点控制大表，从而有效降低改造对零售业务的影响；明确了部门、责任人职责，加强部门之间沟通，按节点控制要求提前安排下步工作，确保改造按期进行，保证复投不受影响。

在改造实施过程中，督查办公室紧盯安全投资部门、运营部门、施工单位之间是否实施无缝对接，紧盯是否在做好改造准备后才停业，在办理完改造手续才停业，密切关注停业改造时间，最大限度减少零售销量损失。

督查人员还充分利用移动监控设备，远程督查施工是否规范，现场管理人员是否按照要求开展工作，一旦发现违规行为，及时予以制止，或者责令改正。

（三）严肃工期考核制度，将工程进度与考核挂钩

在督查办公室的协助下，安全投资部门将工程分为若干关键节点，及时跟踪项目进展，落实好施工单位、甲供单位的衔接工作，提高甲供物资与土建施工的工期契合度。对于施工、监理及物资供应单位影响工程进度的情况，实行严考核、硬兑现，扣除相应金额的保证金作为惩罚。

（四）细节“四化”管理，提升工程质量

在督查办公室成员的帮助下，针对防渗改造工程细节，防渗改造管理部门提炼出“四化”管理要求提升工程质量。

一是加油机接口规范化。为解决加油机安装与管线连接经常存在偏差的问题，要求施工单位制作模具，强化管线固定，确保管线连接顺畅，减少管线漏点。

二是管线安装标准化。通过对管线垫层找坡、管线固定等方式，确保复合管坡度受控；通过设置管墩保证油气回收管线坡度满足设计要求。

三是检测实时化。工程实施过程中及时进行管线试压、液阻测试、线路测通、接地电阻检测、绝缘测试等工作，做到问题早发现、早处理、早解决，确保过程质量受控。

四是监管常态化。通过培训，让加油站经理掌握加油站防渗改造的基本知识，让加油站经理、现场监管人员共同参与到防渗改造工作中，加强日常监管。实现了外来人员进场登记、作业人员考试合格发证、机械设备检验合格投用等管理。

“四化”的广泛运用取得了明显的效果，不但保证了改造项目的工程质量，更重要的是确保了投运后的加油站，设备运行正常和管理得心应手。

为了赶进度、不掉队，督查领导小组及办公室成员轮流放弃周末和节假日休息时间，紧盯施工现场，确保施工进度。某施工单位管理人员感慨：“从未见过像扬州分公司这么负责的管理单位，我们不认真施工，不严格按照要求施工，都说不过去了！”

三、取得成绩

功夫不负有心人，2018 年，扬州分公司完成防渗改造站 14 座，超计划 8 座，改造完成率 233%。改造过程中，所有加油站全部按照预定工期完工，无任何超工期、超投资情况。更可喜的是，14 座加油站一次性地通过了当地政府综合部门的工程验收，受到了江苏销售公司的好评。

四、经验体会

防渗改造工程，对加油站的平稳运营生产至关重要，涉及方方面面，工程管理千头万绪，仅仅凭一支工程管理队伍或者一个管理部门来协调，明显力不从心。而且随着工程的进展，施工单位与管理人员难免产生一些摩擦或者勾结。为此，扬州分公司采取督查与施工同步进行，虽然人员难免是两套班子一套人马，但由于在不同组织内的职能分工不同，有效地提高了工作的契合度。因此，我们认为，针对防渗改造工程而成立的督查领导小组及督查办公室这一机构，有效促进了扬州分公司防渗改造工程的有序开展。在整个督查工作过程中形成的一些案例，为今后的专项督查工作积累了经验。

挂牌销号联动对接

——石油化工厂年度重点工作集中督办案例

岳事平　宋　波

（中国石油天然气股份有限公司兰州石化分公司）

石油化工厂是中国石油天然气股份有限公司兰州石化分公司（以下简称兰州石化公司）的主体生产厂之一。近年来，面对企业转型升级、推进高质量发展的新常态，石油化工厂坚持“问题思维、缺陷管理、持续改进”管理理念，运用“定标准、建机制、抓考核”管理方法，创新实践了挂牌销号联动对接大督查体系，强有力推动了重点工作决策的落实，提升了各层级执行力和管理效能。

一、督办问题来源及督办背景

兰州石化公司党委扩大会和职工代表大会召开后，制订出台了《兰州石化公司2018年生产经营重点工作目标任务分解表》100项和《兰州石化公司2018年党的建设重点工作目标任务分解表》40项内容（简称公司重点目标任务100项+40项）。对照兰州石化公司重点目标任务100项+40项内容，石油化工厂结合实际进行承接转化，层层分解指标任务，各专业科室和基层车间主动对接工作、对接指标，梳理形成全厂专业重点工作和落实措施，经专业科室反复修订，主管领导组织审核，上报厂部讨论通过，最终形成《石油化工厂2018年重点工作目标任务展开图》118项内容。

二、督办方案的策划

为了保持各项工作目标任务完成高站位、高标准、高质量，石油化工厂办公室按照主要领导指示，认真研究督办形式，推行实践“挂牌销号联动对接”的督办模式。“挂牌销号”就是将企业重点工作、决策部署、交办任务、顽疾问题晒在阳光下，置于各级部门、基层车间、一线员工的监督之下，直观地让各级部门和人员掌握挂牌督办问题的销项情况、进展情况、时间进度等，倒逼责任科室主动认领任务，主动作为破解难题，做到挂牌问题清晰明了、销项过程全程管控，督办事项件件有回音。“联动对接”就是对于牵涉部门多、人员多、销项持续时间久、难度大的挂牌问题，明确各职能部门、人员在销项中的主体责任和承办配合责任，销项中各职能部门自然进行任务交接、责任交接、压力传递，使各职能部门在问题销号中不再单打独斗，而成为利益共同体、责任共同体。

三、具体做法措施

罗列督办任务清单，分专业编号挂牌，责任单位主动认领任务。石油化工厂办公室将118项重点目标任务全部列入挂牌督查内容，按照专业梳理划分，一一编号挂牌，每一挂牌项目制订销项进度清单，明确主管领导、牵头科室、配合单位、完成时间、督查频次、总结评价以及工作标准、质量要求等。并将所有挂牌督办项目制作展开图版面悬挂于墙体，张贴于厂务公开栏，公示于局域网、办公楼电子屏等醒目位置，使挂牌项目直观地置于上级部门、全体员工的监督之下，倒逼各相关科室主动认领任务、认领责任，主动担当、主动作为销项。

项目实施各方联动对接，责任共担目标同向，责任倒逼销项销号。针对118项挂牌项目，各专业科室结合主管专业，牵头深入基层车间就如何完成目标任务进行工作对接、措施对接，指导基层车间制订完善方案措施和计划清单，确保按时间节点完成挂牌项目销项。涉及多个职能科室共同承担的挂牌项目，根据生产、设备、安全、环保等专业职责划分主体责任和协助配合责任，由主体责任科室一方全程负责挂牌项目的组织实施、任务交接，确保不出现空白和断档，及时有效地保证挂牌督办项目按期销项销号。通过这种挂牌，责任倒逼专业科室主动作为组织销项，责任倒逼属地车间和负有管理责任的专业科室由“裁判员”向“运动员”和“合作者”转变，整体形成合力，确保了挂牌项目的扎实推进。

上下联动全程督办，动态闭环销号管控，构建小督办大督办销项体系。石油化工厂办公室详细制订挂牌督办清单，明确时间节点要求，优化改进督查督办流程，要求各专业科室每三个月开展一次挂牌项目督办，每半年开展一次专业管理领域挂牌项目销项梳理，并上报办公室销项销号结果；基层车间每月开展一次督查项目梳理，重点为挂牌项目完成情况、存在问题、改进措施及时间节点。办公室将相关进展情况在网上、电子屏等平台进行动态管理，定期在厂部领导干部会上进行通报，对没有按期完成的项目责任人进行考核。办公室每三个月汇总督办项目完成情况，每半年对重点工作组织督办，每年对重点目标任务挂牌情况进行总结。更重要的是，挂牌销号促成了全体员工参与企业管理工作，构建了全员、全方位、全过程抓督查督办的大体系。

四、取得成效

通过对《石油化工厂 2018 年重点工作目标任务展开图》118 项内容的挂牌督办，全厂对标管理、装置大检修盲板抽加、生产难题“揭榜”攻关、党建责任清单落实等方面取得了明显提升，受到兰州石化公司领导和专业部门的肯定。

（1）工作责任心不断增强。通过实施挂牌销号联动对接督办，各级人员的“定建抓”职责得到清晰划分，工作责任心得到增强，主动工作、主动作为意识持续增强，安全环保“四条红线”要求得到严格落实。生产经营任务较好完成，聚乙烯、丙烯腈产品超额完成生产任务，丙烯腈装置耗丙烯 1.09468 吨 / 吨，芳烃抽提装置收率 99.26%，创装置历史最好水平。

（2）工作执行力持续提升。通过实施挂牌销号联动对接督办，各级人员遵章守纪意识不断增强，工艺纪律、操作纪律得到不折不扣执行，管理基础不断夯实，巡检率保持 100%。“三老四严”“苦干实干”石油精神得到传承，各级人员把做好本职工作与实现企业总体目标紧密结合，不以任何理由延误工作，不以任何借口服务缺位，保持了一种知难而进、誓不罢休的韧劲和拼劲，有效补齐了管理短板。

（3）重点工作有序推进。通过挂牌销号联动对接督办工程项目建设，形成了完整的工程项目建设闭环管理模式，确保了 24 万吨 / 年乙烯产能恢复项目和 6 万吨聚乙烯装置复工全厂一盘棋、上下一条心，工程建设安全环保、施工进度及材料质量等全部受控，为装置复工投产奠定了基础。通过挖潜增效工作督办，乙烯能耗、双烯收率、长周期运行等指标得到提升，水、电、蒸汽、天然气、各种助剂等使用量明显下降。

（4）党建工作扎实有效。通过挂牌销号联动对接督办党建工作，确保了党建工作落实，员工反映问题得到及时有效解决，意见建议答复 100%。促进了厂、车间两级管理干部和专业技术人员作风转变，带动员工、引领员工的作用更加明显。

五、经验体会

一分部署，九分落实。通过开展挂牌销号联动对接督办，我们深刻认识到：

通过挂牌认领，实现了督办问题从“隐性”向“显性”转变，“被动”接受任务向“主动”接受任务转变。传统的督查督办问题告知面局限在一定范围，督查了多少项问题，整改了多少，整改效果如何？这些督查问题的整改一般情况下无法细致求证，很容易导致督查问题的整改不力和整改流于形式。推行挂牌销号联动对接大督办后，各督办事项都晒在阳光下，置于各级人员的监督之下，提高了责任相关方主动认领任务、集中力量解决督办问题的紧迫感。

通过责任分解，实现了督办职能由办公室“单方”向“多方”督办转变，由“小范围”督办向“大范围”督办的转变。企业管理是一种全方位、全过程、全员参与的管理，由办公室组织开展督查督办，力量是有限的，发挥作用是不够的。众人拾柴火焰高，推行挂牌销号联动对接督办后，自然使各级管理部门、基层车间、一线员工成为督查督办问题的主体，实现了督查督办“全员管”，办公室不再是单打独斗，提高了督办实效。

通过联动对接，实现了挂牌问题销项由“裁判员”向“运动员”转变，由“管理方”向“合作方”转变。通过挂牌督办，负有解决整改问题的责任主体一方和协助配合一方不再是安排任务、下达计划、管理考核的“裁判员”“管理者”，而是与基层车间成为责任共同体，成为主动参与破解挂牌问题的“运动员”“合作者”，营造了一种同舟共济销问题、促管理的氛围，形成了工作合力，产生了 1+1 ＞ 2 的效果。

大数据推动督查工作转型升级

吴　菲

（中国石油天然气股份有限公司湖北销售分公司）

一、任务来源

近年来，督查工作越来越受到重视，督查事项也越来越多，对时间、实效的要求也越来越高，这就给督查工作带来了更大的工作量和更高的要求。而传统督查方式流程长、周期长、效率低，督查频次过多，基层要花大量时间和精力来准备，负担比较沉重，督查效果也不理想，并有可能助长新的形式主义和官僚主义。

新时代对督查工作提出新要求。中共中央办公厅在关于进一步加强督促检查工作的意见中指出，要建立便捷、畅通、有效的督促检查网络，运用现代办公手段，密切网络联系，逐步实现督促检查工作的制度化、规范化和科学化。如何从传统督查向传统手段与信息化手段相结合的督查方式转变，成为当前一项重要课题。

利用信息化创新督查方法。在注重现场督查的同时，充分运用信息化手段，探索运用互联网、大数据开展督查，通过信息资源共享，善用大数据分析，着力提升督查精细化、智能化、科学化水平，实现全过程实时跟踪督查和精准督查，让数据多跑路，让基层少折腾。

二、背景情况

"十一五"以来，集团公司、湖北销售公司搭建了完备的生产运营管理系统体系，对销售业务和日常管理起到巨大的提升作用，同时也积淀了巨量的数据资产，形成了"数字原油"，为销售企业数据应用奠定了良好的基础。湖北销售公司有主要系统 21 个，每年产生数据 20 多亿条，数据的整体价值有待进一步挖掘。

随着大数据的广泛应用，销售企业中很多单位进行了大数据应用的探索和尝试。为解决数据利用率不高、与业务结合不紧密的痛点，湖北销售公司开展了以挖掘数据价值为主的应用建设。通过统一数据标准和接口，建立多维指标模型，对数据进行校验、标记、提取，从而实现数据融通，掌握数据规律，实现数据融合应用，初步建成湖北销售公司共享中心大数据平台。

湖北销售公司共享中心建设，推动了各业务单元的融通与协作，大数据应用与各项业务联系更加紧密，运用大数据开展信息化督查的条件初步具备。利用一套完整的数据分析系统，可实现对销售业务日常监控、动态预警、稽核检查，对政策投放效果进行精准管控，通过丰富信息化督查手段，推动各项经营决策在基层落实，推进企业治理迈向数字化、科学化。

三、针对问题

（一）加油卡业务风险防控督查

加油卡违规行为防控一直是成品油零售业务督查中的一个难点。加油卡交易信息量庞大，手工导出数据、编制各类分析报表耗时费力，人工抽查、寻找消费行为异常的加油卡无异于大海捞针，对筛查的疑似违规加油卡还需到加油站现场调研查证后核实。其督查过程周期长、覆盖率低、督查成本高，督查结果却收效甚微。

（二）促销政策投放效果督查

促销政策投放效果督查主要通过对促销活动进行量效分析、测算促销站点达销率，再结合现场督查的方式进行。加油站促销形式多样，在统计促销成本时，传统手工统计无法及时取得各类折扣数据，海量交易数据也会导致统计工作量大、易出错等问题。阶段性促销活动时间短，用传统方式进行促销督查，从分析量效到作出决策，从调整政策到产生效果，时滞效应取代了整个促销阶段，督查工作也就失去了意义。

四、方案策划

依托湖北销售公司 XBRL 大数据分析平台，以数据监控和数据分析为核心，以视频监控为辅助，由系统自动控制、自动汇总分析，帮助发现问题、改正问题，精准划定督查范围，发挥督查改进决策作用，实现督查工作的科学化、智能化、高效化。

（一）加油卡业务风险防控督查

利用湖北销售公司 XBRL 大数据分析平台风险监控模块，从加油站管理系统和加油卡系统自动抽取数据，并设置加油频次、加油数量、多站点加油、混合消费等预警阈值，对加油卡异常消费行为进行多维度打分，对综合分值超过正常范围的加油卡报警，再结合视频监控进行远程核查，建立起预警、核查、处理的闭环督查工作机制。

（二）促销政策投放效果督查

利用湖北销售公司 XBRL 大数据分析平台专题分析模块，通过大数据实现经营数据自下而上的实时共享，精准掌控营销节奏。在零售折扣折让数据分析中，数据自动寻源到每笔交易、储值的金额和价格，业务人员时时掌控全口径折扣数据，动态调整策略，科学平衡量效。通过系统快速发现问题、及时调整策略，为经营决策提供了支持，充分发挥督查对改进完善决策和政策的重要作用。

五、工作措施

（一）充实工作专班，压实工作责任，打造精干督查队伍

湖北销售公司XBRL大数据分析平台已实现数据的融合，但要做好督查工作，还需要实现人员和职能的融合。为此，湖北销售公司成立了数据研究小组，将调运、营销、加管、非油、财务等专业线的综合分析和统计人员划归共享中心集中办公、统一管理，负责各专业线和分公司的数据收集、治理、分析，业务运行监控、预警，现场重点部位和环节的视频监控，为督查工作的第一阶段发现问题提供有力支撑。通过融汇各专业线经验和智慧，整合各部门专业队伍力量，培养懂业务、懂财务、懂数据的复合型督查人才，建立起精干高效、灵活运转、协调一致的督查队伍。

（二）突出问题导向，找准问题所在，精准划定督查范围

在传统的督查过程中，最主要的一点矛盾就是信息不对称所引发的情况不透明、问题抓不准，使精准督查难以实现。实施信息化督查方式后，利用系统大数据分析筛查，结合视频远程核查，可以精准定位问题症结所在。如：系统每日自动从数万条加油卡交易记录中筛查高风险卡片并自动报警，结合视频回放进行核查，确定重点督查站点，查纠加油卡违规套利微腐败问题。通过系统对加油站日保管损耗、单车次运输损耗监控，实现损耗分析由月到日、到单车次的精准排查，迅速发现油品损耗原因，有效避免国有资产损失。通过系统对全口径折扣统计分析，对促销活动进行量效评估，确定重点督查站点，通过督查及时发现决策执行中存在的问题和原因，及时进行调整和完善，推动决策有效落实。

（三）统筹督查项目，开展联合监督，着力构建大督查格局

湖北销售公司紧紧围绕中央和各级党委领导的重要指示（批示）开展督查，切实把全面从严治党、年度工作报告等重点工作作为督查要件，将督查重点集中在敏感业务、腐败易发多发领域。为解决多头督查、重复督查、层层督查等突出问题，统筹好督查项目，制定了《构建大监督格局联合监督工作实施方案》，建立党委统一领导、纪委牵头组织、专业线具体主抓的联合监督机制，将督促检查融入岗位、业务和管理，进一步强化了对突出问题和高风险业务、环节和岗位的有效监督。2018 年以来，召开联合监督会议 14 次，确定联合监督清单项目 129 个，共发现各类问题 274 项，其中移交纪委问题 3 项，持续推动业务部门落实监管责任，构建多维一体、齐抓共管的大督查格局。

六、取得成效

（一）加油卡业务风险防控督查

湖北销售公司 XBRL 大数据分析平台加油卡风险模型上线后，每年从 20 亿条常规交易中自动预警 80 多万条疑似风险信息，结合视频监控进行核查，建立起预警、核查、处理的闭环督查工作机制，从少量排查、事后监督到全面排查、实时监测，真正实现了督查全覆盖、无禁区。平台运行以来查实了多起套现套利行为，形成强烈震慑，违规行为减少 30% 以上，减损 3000 万元以上。

（二）促销政策投放效果督查

湖北销售公司 XBRL 大数据分析平台折扣分析模块实现了数据采集自动化、异常监控规范化、折扣管控精准化，利用大数据分析将现场督查转变为网上督查，大大提高了督查效率，为领导作出决策创造了条件，充分发挥了督查在推动科学决策、提高领导力方面的重要作用。2018 年在周边市场竞争激烈的形势下，

湖北销售公司实现折扣折让合理支出，零售价格到位率97.35%，尤其是汽油价格到位率在周边七省排名第一，保持了相对高价区位。

七、经验体会

大数据技术的应用和发展，给企业督查工作带来全新的思维方式和视角，促进督查工作逐步形成用数据说话、用数据决策、用数据管理、用数据创新的全新机制，提高了督查的针对性、精准性、有效性，推动企业全面贯彻落实中央和各级党委的决策部署。随着企业信息化、智能化、数字化程度逐步提高，不断探索大数据和网上督查的新举措，将进一步提升企业发现查纠、风险防控、科学决策等各方面能力，促进督查工作和督查队伍高效运转。

围绕改革要点任务台账抓好督查督办

黄耀华　沈金春

（中国石油天然气股份有限公司辽河油田分公司）

2019年以来，中国石油天然气股份有限公司辽河油田分公司（以下简称辽河油田公司）党委办公室（总经理办公室）紧密围绕落实三届三次职代会暨2019年工作会议（以下简称2019年工作会议）精神，加强督查统筹，创新督查方式，提高督查的针对性、精准性、有效性，推动辽河油田公司各项决策部署和重点工作任务落实到位。

一、背景和起因

落实上级部署的必然要求。党的十八大以来，以习近平同志为核心的党中央对加强督促检查工作作出一系列部署。辽河油田公司党委认真学习贯彻中央和集团公司党组有关精神，将抓督查摆在与抓决策同等重要的位置，专门下发文件对加强督促检查工作作出要求，将督查贯穿于工作全过程。党委办公室作为牵头部门，坚持围绕中心、服务大局，站在更高层次上谋划推进督查工作，积极营造重实干、强执行、抓落实的浓厚氛围。

抓实改革发展的重要保证。辽河油田公司新一届领导班子通过2019年工作会议明确了未来一段时间的发展战略、奋斗目标、实现路径，提出了“千万吨稳产到2025年”和2019年“新增探明储量2000万吨”“上市未上市分别盈利2000万元”等任务指标，部署了以高质量发展为主线的七个方面重点工作。抓好会议精神落实情况的督促检查，有利于统一思想、凝聚力量、真抓实干，有利于全年各项目标任务圆满完成，也有利于夯实油田高质量长远发展的基础。

解决现实问题的客观需要。在辽河油田公司集中整治形式主义、官僚主义调研排查中，个别单位和干部员工存在部署多落实少、说得多做得少，缺乏实际行动和具体措施，抓落实不到位、缺乏一抓到底韧劲，导致工作部署“悬空”等现象。一定意义上说，没有督查就没有落实，没有督查就没有深化。加强督促检查工作，在推动辽河油田公司决策部署和重要事项落地见效的同时，解决队伍中部分存在的形式主义、官僚主义问题，提升执行能力，树立良好风气。

二、做法及实效

坚持加强管理，流程明晰规范化。结合实际加强督查运行管理，制定“任务分解、立项交办、跟踪督查、临近提醒、按期催办、据实销号、结果通报、启动约谈、建议问责”流程。对 2019 年工作会议明确的各项目标任务和重点任务，实行“一单三制一访”督查：制定任务清单，将细化的 52 项具体任务分解到牵头领导、负责部门；实行交办制，专门下发辽河油田公司文件，责成有关责任单位具体办理；实行台账制，根据任务清单，建立工作总台账，每月一调度、每月一更新、每月一通报；实现销号制，责任单位在规定时限内完成交办的任务，可提出销号申请，根据实际效果予以销号或延期；实行回访制，通过回访了解进展、发现问题、研提建议、督促推动工作落实，并向领导及时报告反馈。2019 年以来，已通报 3 次，办结事项 21 个。

坚持以上率下，领导推动常态化。主要领导带头抓，推动健全完善“五个一”机制，细化每项工作目标、任务、措施，确保“一项任务、一名领导、一个团队、一张图表、一抓到底”；召开领导班子务虚会研讨落实工作会议的对策措施，利用领导班子月度工作例会、季度工作会议等重要会议多次对相关工作进行强调和部署；带头深入基层督查，先后赴 37 个基层单位、生产现场开展工作调研，详细了解各单位贯彻上级决策部署和辽河油田公司重点工作进展情况。分管领导具体抓，对分管工作、分管单位、分管部门及负责的重点项目、其他工作，实行包案指导、领衔督查、统筹协调和带头落实，充分发挥了领导抓督办、落实"第一推动力"的作用。

坚持突出重点，问题导向精准化。结合辽河油田公司改革发展实际，紧盯推进落实中的重点、热点、难点问题进行跟进督办。突出改革重点任务的督查，抓住辽河油田公司作为扩大经营自主权改革、内部矿权流转改革、"油公司"模式改革试点单位契机，围绕改革要点和任务台账等内容抓好督办，推动多项工作取得成效；突出领导指示批示落实情况的督查，坚持"批则必查、查则必办、办则必果"原则，实行建账、督办、抽查、反馈式督查，迅速组织落实，防止拖拉敷衍，并及时将领导意见向相关责任单位进行传达；突出基层意见建议办理情况的督查，对于主要领导在调研过程中各单位提出的意见建议，一律纳入督查督办，及时下达《督办通知单》给承办部门和单位，按期反馈办理情况，帮助基层解决实际问题和困难。2019 年以来，共下发督办通知单 54 份，协调解决问题 80 个。

坚持统筹协调，注重效能有形化。充分发挥综合部门牵头抓总作用，既把督查数量减下去、又把质量提上来。统筹督查项目，组织有关部门编制 2019 年督查检查考核目录清单，明确重点任务、牵头单位、序时进度、内容形式和开展依据，将拟开展各类督查由 17 项压减至 10 项，避免多头督查、重复督查。统筹督查力量，注重发挥专业部门作用，由专业部门牵头具体落实业务范畴督查事项，着力构建上下联动、横向配合、多方参与的督查工作格局。如生产运行部加强周生产例会、月度生产例会工作部署督办，推动油气生产高效组织和运行。统筹督查日程，给基层留出充分的落实时间，严禁工作刚部署就去督查；合理选择督查单位，尽量避免到一个单位开展多项督查，让基层应接不暇。

坚持跟踪问效，通报问责长效化。及时报告督查情况，以说准情况、找准问题、提准建议为原则，力求报告有内容、有深度、有价值，节省领导阅批时间。适时进行督查通报，既通报工作中的好经验好做法，又通报个别报送不及时、填报不规范、错报、漏报甚至不报等问题，对逾期不报且未说明原因的予以通报批评，责令限期整改。加大问责力度，对执行不力、推诿扯皮等导致工作不能落实、影响全局工作的，或不配合甚至干扰督查工作的，及时建议约谈或追究责任。

三、体会与启示

注重实效是搞好督查的根本。应当始终注重结果导向，探索总结不同单位、不同类型督查的特点和规律，创新实用高效、便于操作的督查方式，提高督查工作的效率效果。

领导带头是搞好督查的关键。“关键少数”亲自督促落实，能够形成事半功倍的推进力、影响力和工作动力，值得大力提倡和推广。

抓住重点是搞好督查的前提。企业工作量大面广，不能将督查变成“都查”，只有紧扣中心、紧抓重点、紧贴实际，才能达到“牵住牛鼻子”“四两拨千斤”的效果。

发挥合力是搞好督查的基础。只有统筹力量、整合资源、形成“大督查”格局，才能推动许多跨领域、跨专业、跨单位的重要工作落实落细，避免力不从心、半途而废的情况发生。

从严要求是搞好督查的保证。只有严督严查、敢督敢查，强化责任追究，形成倒逼机制，才能真正使督查工作成为抓得实、推得动的“尚方宝剑”。

严防死守　升级管控
全力确保青海区域井控绝无一失

——西部钻探工程有限公司督查实践案例

唐　豹　韩　鑫

（中国石油集团西部钻探工程有限公司）

一、任务来源

2017 年 12 月，中国石油集团西部钻探工程有限公司（以下简称西部钻探公司）在青海狮 58 井施工中发生“四高”溢流险情，虽然得到及时有效处置，但教训极其深刻。为落实集团公司主要领导提出的“井控务必抓实抓狠”的要求，西部钻探公司将“加强青海区域井控管理”写入年度工作报告，并作为长期事项进行专项督查。

二、背景情况

2017 年之前，西部钻探公司在青海主要施工区域为昆北、扎哈泉等浅层区域，地层压力未超过 60 兆帕。近年来，青海油田加快千万吨建设，确定了“油上英雄岭、气上阿尔金山前”的勘探开发思路。英雄岭、尖北区域地质构造复杂、高压油气水层发育、高低压互层、溢漏并存，加之涩北台南地区浅气层发育、地层不成岩、产层易亏空漏失，给井控安全带来前所未有的挑战。狮 58 井最高关井压力为 53 兆帕，邻井狮 56 井最高关井压力接近 60 兆帕，井底压力均在 120 兆帕以上，且地层流体中检测到硫化氢，井控风险成倍增加。

三、针对问题

井控装备压力等级不够。截至2017年底，西部钻探公司在青海区域仅有20支钻井队伍配备了70兆帕防喷器组，其余队伍防喷器组压力等级均为35兆帕，不具备承钻高压高含硫油气井的条件。

高风险井井控管理经验不足。多年来，西部钻探公司在青海盆地施工井未发现硫化氢，且井底压力相对较低，高压、高含硫井井控管理无经验可循。

个别关键岗位人员素质参差不齐。西部钻探公司少部分员工应对高风险井实战经验不足，硫化氢防护知识仅限于培训所学，应急处置能力亟待提升。

四、方案策划

西部钻探公司将井控作为天字号工程，提出“减少溢流、遏制井涌、杜绝井喷”目标，班子成员多次深入青海一线调研，梳理出人员、设备和制度三项关键因素，办公室开展专项督查，井控责任部门制定具体落实方案，区域二级单位抓推进、严执行。

（1）梳理井控装备现状，上报需求计划。增加长摊、投资计划，分批引进高压力等级的井控装备，提升装备水平。

（2）排查人员持证情况，加强井控技能培训。分处级干部、管理岗位和操作岗位三个层面，开展分类定级培训，注重提升溢流判断处置、装备检维修等方面能力。

（3）总结溢流处置得失，不断完善管理制度。剖析历次溢流经验教训，丰富应急物资种类，修订应急响应程序，提高针对性和可操作性。

五、工作措施

（一）以制度为先导，凝聚升级共识

根据发生事故事件、重大险情或在监督检查审核中发现问题或隐患的严重程度，分别约谈相关单位或部门的主要领导、主管领导或区域协调部负责人，并按相关要求追究责任，促进责任有效落地。建立溢流压井处置组织机构，规范溢流处置程序，细化浅层气井风险评估、设计审批、过程管控、应急措施制定等手段，完善制度建设。落实“加强力量、业务交叉、靠前管理”督查要求，推行处级干部分片包干，井控专家在英西、英中包井队，前置管理关口。完善应急处置程序，划分红、橙、黄、蓝四个等级，明确部门应急职责。

（二）以保障为支撑，巩固升级效果

设立青海生产协调部和工程技术专家组，指导盆地井控管理、技术提速，井控管理中心派专人督促制度、措施落实，完备了保障网络。建立井控管理提升小组，设立区域项目部井控专岗，加密巡井频次，每周覆盖英西、英中等重点区域井，每月覆盖所有施工井，重点帮扶合作队伍，现场 HSE 监督督促验证关闭，将“检查问题”转变为“帮扶整改”，提升了整改效果。集全公司技术资源，利用 RTOC 平台，回传集团公司风险探井、重点井以及英西英中等区域深井数据，实时开展远程会诊，延伸了管理链条。

（三）以装备为突破，筑牢升级平台

加大装备更新力度，投入 3200 余万元，先后引进井控装置 70 兆帕 10 套、105 兆帕 4 套，新购各类闸阀 287 个，引进高性能注油式陶瓷阀芯内防喷工具，提升了装备能力。健全井控装备试压台账，规范各区块现场安装标准，推行“谁试压、谁安装、谁负责”，明确了责任归属。外派 6 名管理人员到西南油气田取经，针对“四高”难题和狮子沟地形地貌，突出应急设备快速连接功能，完善应

急物资，提高了应急针对性。按照甲级资质标准，投入 1975 万元建设井控车间，联合青海油田建立应急救援中心，增强了应急保障能力。

（四）以素质为关键，明确升级方向

选派 5 名管理干部参加集团公司分类定点培训，学习井控应急、压井技术、硫化氢防护等方面知识。派出 6 名车间岗位人员到厂家实训，安排井队技术员到井控车间，学习日常维护保养，按期开展井控换证取证培训，提高了关键岗位人员的应知应会能力。在每支钻井队培养 2 ~ 3 名井控明白人，联合青海油田开展防喷演练 2771 人次，提高了“队自为战、班自为战”和“黄金三分钟关井”能力。

（五）以督查为支撑，增添升级动能

坚持“抓反复、反复抓”，定期开展督查检查，确保隐患销项，补齐管理短板。针对合作队伍，配齐 HSE 现场监督，严格各开次检查验收，帮助整改现场问题，提高了现场标准。推行 HSE 监督“5+1”工作法，督促钻井队落实定时活动防喷器组、闸阀，如实按时填写四定记录，严格岗位巡查，按时防喷演练等规定动作，强化了现场执行。

六、取得成效

2018 年以来，西部钻探公司在青海英西英中、尖北、涩北台南等高风险区域承钻近 200 口井，快速正确处置溢流 20 余次，实现零险情，牢牢守住了井控底线。英西英中、尖北和深探井区域，井控装备压力等级均不低于 70 兆帕，装备防范能力全面提高。联合青海油田井控管理部门，四个等级的应急预案有序启动，溢流处置程序更加规范，提高了措施针对性，缩减了处置时间。

七、经验体会

井控风险是集团公司八大风险之首，井控工作只有起点，没有终点。对于井控工作，要坚持重点事项和日常工作督查相结合，公司层面协调解决装备投资、管理制度等方面难题，二级单位层面抓好各项部署落实和员工队伍培训，各级监管部门 70% 以上时间深入基层现场，严格现场岗位人员执行力考核，确保制度在基层得到严格执行，才能确保井控风险稳控受控，实现“减少溢流、遏制井涌、杜绝井喷”目标。

跳出督查看督查　借势聚力办大事

罗　宇　史江博　张弘彬　郭杨锋

（中国石油集团测井有限公司）

古语云：不谋全局者，不足以谋一域；不谋万事者，不足以谋一时。企业管理的任何事物之间，都存在着普遍联系的客观规律。督查工作作为推动工作落实、促进目标实现的有效方法之一，能否立足全局，从大处着眼，从小处着手，掌握重点推进工作与全局工作的内在联系，以更高站位、更大格局形成"大督查"的工作思路，成为督查工作的有效方法。中国石油集团测井有限公司（以下简称测井公司）在对公司重大决策事项——青海分公司开展"转变测井生产方式促进全面深化改革工作"一事的督查过程中，注重从工作全局高度出发，跳出督查固有思维定式，汇聚各方力量共同推动重大决策落实落地。经过共同努力，青海分公司有效转变生产方式，各方面积极性和主动性得到提升，更好地适应了市场变化。

一、背景情况

线索一：青海分公司是测井公司 19 个基层单位之一，是集测井、录井、射孔、资料处理解释为一体的技术服务单位，主要服务对象是青海油田，工作区域主要在柴达木盆地。因该地区自然环境恶劣，生产生活条件艰苦，青海分公司面临人员流失严重、后备人才不足、生产效率不高等问题，直接影响到青海油田勘探开发的需要，严重制约了青海分公司的可持续发展。

线索二：集团公司深入推进“三项制度”改革，于 2018 年 8 月 1 日专门召开深化人事劳动分配制度改革推进会议，对“三项制度”改革工作提出明确要求。中油油服将测井公司确定为中油油服的改革试点单位，测井公司将青海分公司确定为测井公司的改革试点单位，以“试点”探索经验，为全面推进“三项制度”改革打好基础。

线索三：2018 年中油油服积极开展“精益管理年”活动，并于 8 月 30 日召开“精益管理推进会”，提出“以精益管理破解制约企业高质量发展的重点难点问题”的有关要求。测井公司按照中油油服部署，提出“以井为中心的精益测井”工作措施，并以此为基础进一步明确“转变方式、深化改革”为 2019 年工作主题。

经过认真分析和梳理，测井公司将督查青海分公司“转变测井生产方式　促进全面深化改革工作”与集团公司“三项制度”改革、中油油服“精益管理”、测井公司“以井为中心的精益测井”紧密结合，借助总经理办公会、机关职能部门、专项工作组、青海分公司四级议事和组织机构，由公司办公室牵头落实任务督查推进，初步形成上下联动、左右贯通的“大督查”工作格局。

二、主要做法

青海分公司存在的问题，表面上看是由于地域偏远、条件艰苦，造成骨干人才流失所引起的连锁反应，但查找深层次原因，还是生产体制机制所造成的问题，包括生产组织机构、劳动分配机制、设备管理机制等各个方面。这些问题相互影响相互制约，解决的措施不能单一而论，必须找准关键环节，以点带面促进问题解决。因此，督查工作初始就将该项工作定位为一项系统工程，将该项工作置于公司全年工作主题下进行架构，注重发挥公司机关和青海分公司两级的不同作用，全方位多角度形成督查工作合力。

找准“点”。一是明确重点。将解决青海分公司问题确定为 2018 年第 27 次总经理办公会议题，提出解决思路；再次将青海分公司问题解决方案列为2019年第8次总经理办公会议题，明确了十三项重点改革任务。二是设立支点。抽调4名副处级干部专门成立“青海分公司转变测井生产方式工作组”（以下简称工作组），代表测井公司与青海分公司具体对接，协调测井公司机关部门，督促青海分公司落实十三项重点改革任务。三是抓住难点。工作组坚持问题导向，进行了25场、180多人次座谈交流，到4个录井队实地调查，了解生产组织、用工方式、薪酬待遇、技术管理等现状，梳理出人员流失、休假困难、劳务派遣、生产组织、技术装备、经营效益等五个方面的核心难点问题，为下一步推动问题解决奠定了基础。

理清“线”。一是理清组织机构。以提高人均劳动生产率为目标，通过合并业务职能有相互交叉的解释中心、地质评价室、信息档案中心等3个基层单位，集中优势技术力量，减少冗员，形成更加专业高效的管理架构。二是理清业务界面。重点是改革调度模式，将原来隶属于分公司机关层面的调度职能转移给基层生产单位，减少中间环节，提升与甲方的沟通效率。三是理清激励政策。按照“多劳多得”的核心思路，按区块、井别、井型、井深等项目将单井包干费用折算到每口井。通过单井考核制度，让员工直观地算出完成每一口井所能得到的奖金，以调动员工的积极性。

把握“面”。一是把握好劳动对象和劳动资料的关系，主要是市场和技术的关系问题，根据岩性、井型和作业方式选择测井系列，用来服务油气、保障钻探。二是把握好劳动力和生产资料的关系，实行以井为中心的作业方式。三是把握好劳动力和劳动对象的关系，解决人员培训、轮换，用工方式、待遇、劳动组织等问题，解决小队如何组织生产问题。

坚持“体”。在青海分公司“转变测井生产方式 促进全面深化改革工作”的落实过程中，重点是结合好三个“工作体系”，一是结合集团公司“三项制度”改革工作体系，二是结合中油油服“精益管理”工作体系，三是结合测井公司“以井为中心的精益测井”工作体系。通过将青海分公司改革任务置于测井公司乃至集团公司的大任务“环境下”进行统筹考虑，借助测井公司对三个“工作体系”的整体推进，促进改革任务落实。

通过“点、线、面、体”的组合推进，青海分公司“转变测井生产方式　促进全面深化改革工作”得到推动落实，十三项重点改革任务已经部分实施或者试运行，2019 年 1—5 月，青海分公司营业收入与去年同期相比增长 11%，生产一线骨干员工流失情况得到缓解，人均生产率、设备利用率进一步提升，高质量发展的自身动能得到释放。

三、工作启示

督查工作需要有专职人员投入大量时间和精力去完成。但是对于一般规模较小的企业，没有相对固定的专职督查人员，大多数均为“一人多岗”，用在督查工作上的时间和精力相对有限。因此在实际操作过程中，能够汇聚多方力量完成督查工作任务则成为关键。

做好督查工作，要注重借“势”。“势”指工作的当前形势。要注重将督查任务与公司当前的重点任务有机结合起来，运用其他重点工作的效能，解决重点督查任务遇到的难点问题。例如本案例中，借助“三项制度”改革工作之“势”，从双序列改革工作的推进中，提升一线专业技术人员的收入待遇，从而达到留住人才的目的。

做好督查工作，要注重明“法”。“法”指规则和制度。制度是保障工作落实的重要措施之一。在督查过程中，要及时将好的经验以制度的形式固定下来，例如本案例中“工作组”坚持定期前往基层一线实地督查，与基层员工面对面了解改革进程和改革效果，将收集到的反馈信息整理后再提交总经理办公会研究，有效解决了基层一线和公司最高决策层的沟通联系问题。把这个过程中的好做法好经验以及时写进制度文件中，让做法变经验，经验变规范，规范变制度，在公司更大范围内形成可借鉴可推广的工作模板。

做好督查工作，要注重强“术”。“术”指工作中的方式方法。电话督查、实地督查、文件督查等都是督查工作中的方式方法，都有一定作用。在本案例中，青海分公司所存在的问题，有些是需要公司机关在政策方面给予支持，比如组织机构改革需要公司层面审批、作业方式转变需要新的技术支撑、一线员工待遇增加需要公司奖金分配政策的倾斜，等等。因此，在本案例中，通过对存在问题的深度梳理，把需要机关部门政策支持的统一归类并以总经理办公会议题的形式提出，由总经理办公会进行任务分解，督促机关相关职能部门逐一解决，有效推动任务的落实落地。

保障大港油田 500 万吨上产案例

杨光强　杨睿智　李哲宇
（中国石油集团渤海钻探工程有限公司）

一、任务来源

为贯彻落实习近平总书记重要批示精神，坚决守住我国国内原油产量 2 亿吨红线，全力保障国家能源安全，集团公司提出了原油产量 1 亿吨以上有效稳产的要求，并作出了系列重大部署。其中，大港油田原油 500 万吨上产，就是部署的重要组成部分。

2018 年 7 月 25 日，大港油田《上产规划方案》正式通过集团公司批准。按照《上产规划方案》部署，2019 年产量 420 万吨、2020 年产量 450 万吨、2021 年产量 475 万吨、2020 年达到 500 万吨，之后处于稳产状态。

渤海钻探与大港油田同根同源、一脉相承，服务保障大港油田原油 500 万吨上产，是中国石油集团渤海钻探工程有限公司（以下简称渤海钻探公司）义不容辞的责任和使命。4 年时间增产 100 万吨，对渤海钻探公司来说既是重大机遇，也是重大挑战。为此，渤海钻探公司领导高度重视，多次召开专题会议，研究服务保障大港油田 500 万吨上产的具体事宜。

经研究，渤海钻探公司出台了服务保障工作方案，安排部署了几个方面的项具体工作：一是强化组织保障。由市场与生产协调处牵头，与大港油田公司对接，双方共同成立领导小组和工作组，领导和推动上产工作。二是强化资源保障。由市场与生产协调处负责，从国内其他市场调剂钻机，全力保障大港上产需要；由计划财务处负责，积极向中油油服争取投资，为大港市场配备两部全自动钻机和一套压裂车组；由装备处负责，做好新购设备的入厂督造，并对大港市场现有装备进行升级改造，提高作业能力。三是强化技术保障。由工程技术处负责，做好大港市场的提速、提质、提产、提效支撑工作；由科技开发处负责，在科技立项上为增储上产提供支撑。四是强化政策保障。由群众工作处负责，与大港油田工会对接，联合策划开展专题劳动竞赛，保障原油500万吨上产；由人事处负责，在考核指标设置上突出服务保障大港油田上产情况。

二、督办过程

任务下达后，办公室及时立项，对任务进行分解，并下达到分管领导和责任处室。一是在督办系统录入任务，明确各项任务的分管领导、责任部门、办理要求、办理时限，便于部门认领和执行。二是召集相关责任部门，召开专题会议，传达服务保障工作方案，告知各部门所承担的任务及办理要求。

为确保各项任务的执行落地、高效推进，办公室定期开展督促督查：一是每周一询问任务进展情况，以及办理过程中遇到的困难，需要领导协调解决的问题，汇总形成文字材料，报主要领导阅示。二是每两周编发一期督查简报，向全公司通报各项任务的办理情况。三是在每月的月度工作例会上，安排责任部门专门汇报相关工作的进展情况。渤海钻探公司主要领导也亲力亲为、亲自督办，不定期要求相关处室负责人汇报情况，专题了解相关工作的进展。

三、取得成效

半年来，通过办公室的督查督办和责任部门的强力推进，服务保障大港油田原油500万吨上产取得了较好成效。

在组织保障方面：一是成立领导小组。双方联合成立了大港油田原油产量重上 500 万吨工作组、推动组和页岩油勘探开发指挥部；渤海钻探成立了由主要领导任组长的服务保障领导小组和现场推进组，统筹推进服务保障工作。二是建立对接机制。建立一把手对接机制，解决重点难点问题；建立主管领导和总会计师参加的对接机制，上半年一月一对接、下半年两月一对接，解决日常生产中的问题，首次对接双方一把手参加；建立专业对接机制，及时解决技术和日常具体问题。已完成主要领导对接 9 次、双月对接 2 次、专题对接（研讨）6 次，并联合召开了陆地原油上产推进大会和钻井生产对接会，沟通顺畅、合作融洽。

在资源保障方面：一是及时增补装备资源。围绕保障原油 500 万吨上产，从国内其他市场向大港油区调剂增补钻机 7 部。另外，为大港页岩油开发配备 2 部全自动化钻机和一套最新型 2500 型压裂车组。二是强化设备升级改造。投入 8.5 亿元引进和升级改造重点设备 200 余台套，重点配置大功率钻井泵和 70 兆帕高压管线，进一步满足勘探开发需求。

在技术保障方面：一是强化提速保障。渤海钻探公司成立大港油区技术专家组，强化深井、重点井的技术措施制定和远程监控指导；渤海钻探公司工程院成立以院长为主任的页岩油技术支撑小组，为页岩油开发提供技术支撑。二是强化技术支撑。梳理在西部应用效果较好的 26 项提产提速成熟技术，应用于大港油田，重点推广 BH-WEI 钻井液等成熟技术，优选抗高温仪器，探索使用旋转导向、精细控压钻井、连续油管等提速新工具、新技术，助力油田效益建产。三是强化科研支撑。与大港油田一起承担集团公司重大专项“大港油区效益增储稳产关键技术研究与应用”，争取在关键技术上取得突破。围绕油田技术需求，设立“大港油田原油 500 万吨上产综合配套技术研究”重大项目，提升增储建产支撑能力。四是强化储层保护。2019 年以来，先后打出了营古 2 井、营 101×1 井、滨 118X1 井、港 2-62-4 井、庄 1605-5 井、西 46-16-18H 井、叶 13-18H 井等多口百吨井，获得大港油田总经理嘉奖令 8 次。

在政策保障方面：一是投入 800 万元专项资金，对在大港油区实现提速、提质，打出高产井、发现井，创出高指标、新纪录的队伍进行专项奖励。二是将大港油区提速、事故复杂控制等指标纳入参战单位领导班子绩效考核体系，权重占比达 15%，坚持高标准、严考核、硬兑现。三是与大港油田联合开展“油气双增共赢共享”劳动竞赛，全面掀起服务保障原油 500 万吨上产热潮。

四、经验体会

督查督办工作是一项较真、碰硬的工作，也是一项艰巨性、长期性的工作，要做好每件督办工作，必须具备以下几个因素。

（一）领导重视是前提

领导是督查工作的主体，离开领导重视和支持，督查工作无法开展。因此，要抓好督查督办工作，主要领导必须高度重视，亲自上手，支持办公室抓好督查督办工作；特别是对于重大事项的督办，要亲自听取进展情况汇报，帮助协调解决督办过程中遇到的困难和问题。

（二）敢于较真是关键

督查督办工作责任重大，要以对工作、对事业极端负责的态度来开展，敢于较真碰硬。要实事求是开展督查，做到喜忧兼报，客观公正，说实话、道实情。要克服与督查对象“抬头不见低头见”、何必相互为难的“老好人”思想，坚持原则、真督实查。要坚持久久为功开展督查，以“钉钉子”的精神，持之以恒地推动工作有效落实。

（三）突出重点是方法

要有所为有所不为，善于抓主流、抓重点、抓方向，不能眉毛胡子一把抓。一是善抓大事，始终把重要会议、重要文件、重要决策精神的落实，作为督查督办的中心环节，保证中心任务的完成。二是敢抓难事，要抓住难以解决特别是拖而不决的问题，通过强有力的督查，确保政令畅通、决策落地。三是勤抓急事，以高度的政治敏锐性和责任感，做到脑勤、眼勤、手勤，及时有效地督促急难问题的解决。

深入开展“两风一查”　基层减负成效初显

——煤层气公司督查实践案例

纪　烨　刘卫青　张　琪

（中石油煤层气有限责任公司）

2019年以来，为贯彻落实习近平总书记关于为基层减负重要批示和集团公司党组关于集中整治形式主义、官僚主义的工作要求，中石油煤层气有限责任公司（简称煤层气公司）超前部署、精心组织，以开展“控数量、提效率、升效力”为主题的“改文风转会风、规范检查驻基层”活动（以下简称两风一查）为切入点，成立专项督查组，着力解决部分困扰基层的形式主义问题，督查工作成效显著，切实为基层减负。

一、任务来源

2018年11月2日，煤层气公司主要领导在公司周工作例会上指出，要以“两风一查”为切入点，转变工作作风，推进高效工作。

二、背景情况

从改进机关作风出发，系统梳理了煤层气公司2015—2018年公文运行情况、会议情况和开展检查情况，深入基层开展专题调研发现，公司级公文年均1500件左右，其中呈批件占30%、行政下行文占28%、各类纪要占21%。公司级会议年均召开300次左右（不包括上级组织召开的各类会议），其中专业办公会议占

60%；党委会、总经理办公会占 20%；周工作例会约占 15%。公司级及以上检查年均开展 11 类 16 次，其中安全环保类约占 50%；设备、地面工程、井控、承包商、应急等其他方面检查占 50%。

三、存在问题

针对煤层气公司机关存在会议偏多、效率不高，文件偏多、质量不精，基层检查工作泛泛化等问题，开展对文件数量与公文质量、会议数量与效率、基层检查次数与效果三个方面的督查。

四、方案策划

在调研基础上，制定下发《关于进一步改文风转会风、规范检查驻基层（“两风一查”）的意见》。2019 年减负目标是，实现公司制发文件数量精简 50%，控制在 400 件以内，公文质量明显提升。公司级会议精简 50%，控制在 150 次以内，会议效率显著提高。以公司级基层检查，与往年检查数保持一致，控制在 18 次以内，检查效果持续改进。

将目标逐一量化分解至各部门，专项督查组负责对文件核发、会议和检查申请进行审核，协调工作推进过程中出现的各类问题；每季度检查通报“两风一查”工作推进情况；对各部门进行年终业绩考核。

五、工作措施

加强顶层设计，强化组织领导。煤层气公司主要领导亲自部署安排，将“两风一查”列入 2019 年度重点工作，并成立专项督查组，考核结果纳入年度绩效考核。

深入基层一线，改进工作作风。公司领导带头推行“一线工作法”，即二线变一线、一线变前线、饭桌变会桌、现场变会场，建立靠前指挥、靠前研究、靠前服务支撑体系，成立大吉前线指挥部、地质工程一体化工作站，保证煤层气公司机关部门和科研骨干全年有4/5时间在前线工作、领导全年有2/3时间驻一线指挥，切实做到问题在第一时间发现、方案在第一时间研究、实施在第一时间启动、问题在第一时间解决。

细化工作任务，明确工作标准。专项督查组经充分调研，逐一细化分解工作任务到各部门，制定工作措施和督查考评方法。在工作措施中明确每项工作标准，要求在文件精简上突出做好“三不发”，即可发可不发的文件一律不发；能以口头、电话、邮件、微信等形式解决问题的，不发正式文件；能以部门文件、部门函件解决问题的，不发公司文件。在会议组织上突出做好“五能五不开”，即能套开不单开、能视频不集中开、能小开不大开、能不开坚决不开、能在现场开不在会场开。在检查上合并同类项，着力减少多头重复和交叉检查。

丰富渠道抓手，强化过程督查。严格计划方案执行，实行周提醒、月检查、季通报的督查制度，积极探索专项督查与日常工作相结合，强化过程督查、过程指导，以督查促提升，打破常规集中督查考核的固定模式，及时掌握工作进展，在过程中帮助机关各部门解决实际问题，切实做到为基层减负。

加大考核力度，推动责任落实。精准落实考核目标任务，将“两风一查”工作列入办公室年度绩效考核关键指标，专项督查组负责对机关各部门进行考核。通过层层考核，压实责任，助推机关各部门协同推进、形成合力，确保各项目标任务全面完成。

六、取得成效

2019年1—6月，共印发公司文件127件，同比下降63%；召开会议69次，同比下降73%；检查5次，较2018年同期减少2次。煤层气公司机关文山会海、基层检查多的情况大幅降低，让各级领导干部有更多的时间深入基层一线、解决实际问题。

在精简文件方面，办公室严格公文管控，针对有的部门随意提高发文级别、转发印发文件不规范等问题，2018 年 11 月印发了《关于进一步提高公司公文运行质量的通知》，明确行文要求，鼓励采取部门文件或邮件、电话沟通等方式，减少了文件流转时间，文件效率显著提高。

在严控会议方面，煤层气公司领导带头精简会议，每月召开一次党委会议、总经理办公会议，会议频次明显降低，单次议题最多可达 10 余个，时间控制在半天以内；会议多采取视频、多会套开等形式，有效避免了层层开会传达会议精神，全力营造简洁、优质、高效的会风，切实提高工作效率。

在减少检查方面，将各类专业性检查、阶段性检查与日常工作结合起来，降低检查频次，并采取面对面指导帮扶方式，深入现场帮助基层发现问题，并指导解决问题。如 2018 年 11 月公司组织开展生产安全风险专项审核，合并设备、冬防保温、道路交通、合作项目、井控等 5 个专项检查。2019 年 5 月开展用电、用气、交通和消防安全“四合一”专项检查。

七、经验体会

（一）领导高度重视，有力保障督查工作的顺利开展

煤层气公司主要领导部署“两风一查”督查工作以来，多次在重要场合对“两风一查”活动的重要性、改变工作作风、提高工作效率等方面谈认识谈体会，并率先降低党委会议、总经理办公会议频次，严格控制会议时间。短时间内煤层气公司上下迅速统一思想认识，形成领导干部带头作表率、以上示下的良好氛围，有力保障了督查工作的顺利开展。

（二）督查方案可操作性强，确保工作推动落实不走样

“两风一查”工作方案基于前期充分调研的基础上，方案周全、措施得力，

将任务分解细化到部门，有明确的量化指标和统一的工作标准，让机关各部门工作有参考、有对照，确保工作落实到位；督查人员督查有依据、有标准，大幅提高了督查工作效率。

（三）督查融入日常，能够充分发挥以督查促提升效果

在督查过程中，督查人员结合督查工作内容，及时转变督查思路，创新督查方法，推动督查工作由督办向督办与帮办相结合转变，多在日常工作中发现问题、提出建议、解决问题，通过督查帮助基层提升工作水平，进一步发挥督查工作在推动落实中的作用。

用 PDCA 循环管理方法助推微督查活动效能

——关于办公用房超标准问题的微督查工作案例

李厚勇　王　丹

（中国石油天然气股份有限公司大庆炼化分公司）

中国石油天然气股份有限公司大庆炼化分公司（以下简称大庆炼化公司）坚持以解决实际问题为导向，以提升管理效能为目的，以从严从实从快为原则，采取 PDCA 循环管理方法，推动微督查活动有计划、有执行、有检查、有处理，企业微督查活动取得新成效。本文以办公用房超标准问题的微督查活动为例，重点介绍大庆炼化公司微督查活动的背景情况、特色做法、经验体会等内容。

一、背景情况

党的十九大以来，从中央到地方，从集团公司到地区分公司，均对领导干部办公用房配置做出了新规定、提出了新要求。中央印发了《党政机关办公用房管理办法》，明确规定党政机关办公用房配置应当严格执行相关标准，从严核定面积。集团公司制定下发了《中共中国石油天然气集团公司党组关于进一步贯彻落实中央八项规定精神实施细则》，其中要求严格办公用房配置，并明确了配置标准。大庆炼化公司根据集团公司要求，并结合企业实际，修订完善了《大庆炼化公司贯彻落实中央八项规定精神实施细则》，明确规定公司主要领导办公室（含休息室、卫生间，下同）使用面积标准不超过 60 平方米，公司领导班子其他成员标准不超过 45 平方米。总经理助理、副总师不超过 40 平方米，正处级管理人员不超过 35 平方米，副处级管理人员不超过 25 平方米，副处级以下管理人员不超过14平方米。在这种背景下，2017年底，大庆炼化公司发布制度通知，要求各单位各部门严格执行公司办公用房配置标准，对办公用房超标准的要求抓紧整改，确保符合规定。

二、任务来源

2018年4—7月，根据集团公司党组统一部署，党组第一巡视组对大庆炼化公司进行了专项巡视。2018年9月，党组第一巡视组向大庆炼化公司党委反馈了巡视意见，其中明确指出"部分领导干部办公用房超标问题还没有彻底整改"。为此，大庆炼化公司党委高度重视，严肃对待，迅速行动，将问题举一反三，并明确总经理（党委）办公室牵头，组织在全公司开展督查督办工作，确保问题整改到位、见到实效。

三、工作措施

大庆炼化公司按照PDCA循环管理办法，明确督查工作内容、细化督查程序、制定考核措施，保证微督查活动有计划、有执行、有检查、有处理，实现微督查活动闭环管理，将问题彻底整改到位。P即plan，保证微督查活动有计划。公司根据集团公司党组巡视反馈意见，将办公用房超标准问题列为督查事项，明确承办单位、部室及责任人，确定办理内容和时限要求，要求加强现场核查、实地暗访、随机抽查，着力发现问题、解决问题、推动工作。

D即do，保证微督查活动有执行。认真排查，摸清情况，重新梳理岗位人员办公用房使用情况，重点对公司所属二级单位办公用房全面排查摸底，通过数据分析，无问题单位13个、房间总数1579个，有整改项单位7个、整改房间153个、涉及人员209人。同时，在排查过程中，发现了退出领导岗位人员办公用房使用问题。针对这一问题，明确要求退出领导岗位人员如因工作需要仍在岗位正常出勤，参照在岗人员管理；如只从事阶段性工作，则不得与在岗人员共用一间办公室（集中办公区除外），确保在岗人员办公用房合规。C 即 check，保证微督查活动有检查。对上报合格单位抽查验收，抽查 10 个单位，发现问题 14 个，均全部限时整改。同时，制定下发《关于进一步加强办公用房管理的通知》，办公用房管理严格执行承诺制、备案制、定期检查制，即各二级单位党组织负责人承诺严格履行全面从严治党的“两个责任”签订《办公用房管理工作承诺书》、各单位（含机关部门）办公用房使用及调整均需向总经理（党委）办公室报备，并经检查确认符合要求后方可实施。A 即 act，保证微督查活动有处理。在此次巡视问题整改中，全公司共整改办公用房 290 间，清退面积 1352.67 平方米，查出 3 人次办公用房存在超标准使用情况，考核 2200 元。

四、取得实效

对公司上下所有办公用房使用情况再次进行集中清理，整改办公用房 290 间，清退面积 1352.67 平方米，同时通过各级党组织负责人承诺制、办公用房调整必须向公司办公室备案制、办公室季度抽查检查等三项制度，固化了整改效果。

五、经验体会

——注重时限是抓好微督查活动的前提。任何工作的安排与部署都是有时限的，尤其是党中央、集团公司党组和大庆炼化公司党委重大决策、重大部署、重要工作，都是有明确时限要求的。在督查工作中，抓执行、促落实必须首先明确和认真把握这一前提。因此要主动履职，注重实效，按照工作时间节点及时完成并反馈情况。

——敢于较真是抓好微督查活动的关键。督查工作必须做到较真碰硬，否则，就督不到关键，查不到要害，摸不到实情，讲不了真话。因此，必须有鼓足“打破砂锅问到底”的勇气、坚持“不到黄河不死心”的毅力、树立“不达目的不罢休”的决心，对提出和发现的问题及时进行分析，透过现象看本质，在一般中挖掘“个别”，在普遍中寻找“特殊”，区别主观与客观、主要原因与次要原因，“解剖麻雀”，确保找准根由。

——解决问题是抓好微督查活动的核心。习近平总书记强调，督查工作一个很重要的方面就是要督促检查工作的薄弱环节，鞭策后进，纠正各种不符合党的方针政策和上级决策的行为。因此，要坚持既督任务、督进度、督成效，又查认识、查责任、查作风，确保决策部署落实到位和问题有效解决。

为了脚下的绿水青山

——甘肃销售公司双层罐改造督办案例

张岩峰

（中国石油天然气股份有限公司甘肃销售分公司）

甘肃地处黄河上游，曾先后发生2014年兰州黄河水污染、2016年祁连山水污染等重特大环保事件，属自然保护和环保管控“高压”省份。2015年，中国石油天然气股份有限公司甘肃销售分公司（以下简称甘肃销售公司）响应国务院《水污染防治行动计划》，落实省政府《甘肃省水污染防治工作方案》要求，时刻铭记三大责任，积极部署加油站防渗改造工作，为有效降低发生环保事件风险做出了积极贡献。甘肃销售公司属区内老企业，市场占有率高，加油站数量多，虽然在双层罐改造进度上高于全国平均水平，但是在整体推进数量上还有一定空缺。2015—2017年，共改造双层罐209座，占全部运营加油站总数的27%。

2018年4月，甘肃省各级环保部门下发执法通知书，责成甘肃销售公司尽快推进双层罐改造，为甘肃碧水蓝天净土保卫战贡献力量。“张掖、甘南、陇南、天水、兰州等地区的315座加油站邻近江河湖泊、水源地和自然资源保护区，地下储罐防渗漏改造事关绿水青山，造福的是一方百姓，这是我们央企的责任，纵是有千难万难，必须加快落实。”督办室将此事列入重点督办工作事项，切实加快了工作进度。

一、一线调研发现问题

为了能够直面问题，督办室决定前期不成立督查小组，采取“四不两直”的工作方法深入基层，收集第一手资料。随即，工作人员先后走访了兰州分公司、华兴工程建设公司以及正在施工改造的甘南合作城南、陇南文县城关和张掖民乐等三座加油站。通过调研发现，这次遇见了“难啃的骨头”。一是成品油市场保供压力大。集中全面开展改造，每座站停业时间 2 至 3 个月，不仅造成公司销量下降，也会给当地群众用油带来不便，影响正常的生产生活。二是安全监管压力大。防渗漏改造需要拆除原有油罐及设施，处理不当就有可能造成环境污染事件；同时开展大面积施工，安全监管力量有限，面临着巨大的施工安全压力。三是前期手续审批压力大。加油站防渗漏改造需要完成消防审核、安全和环保“三同时”审查，手续繁杂，周期较长。四是设备供货压力大。制作双层罐及工艺设备属特殊行业，质量过关、取得认证的企业较少，货源少、供货难度大。

二、专项督查严格落实

为压实推进双层罐改造工作，2018 年 5 月，督办室改变督查思路，通过调研获取第一手资料，撰写了工作推进方案，成立了联合协调督办小组，由甘肃销售公司总经理挂帅，将双层罐改造作为“一把手”督办事项，统筹协调、专项推进。“11 月 30 日前，双层罐改造数量必须翻一番，2019 年底必须全部改完！”“公司管理层干部到地区会见地方领导，必谈双层罐改造适宜，争取政策支持！”“办公室作为督办牵头部门，协调公司一切可利用资源，全力推进双层罐改造事宜！”联合协调督办小组以公司党委名义，连发三个党委专题督办单，并通过 QQ、微信群、公司门户网等平台进行公示，责令各专业线立下“军令状”。据统计，该信息阅读、浏览量达 3000 余人次。不留后路，全面落实公司重点工作，成为督办协调小组的工作信条。

三、组合出击破解难题

面对各种困难，工作组突出高、细、新、准的工作做法，有效串联各级领导干部和相关部门，各负其责、左右互通、上下联动的工作格局逐个破解了双层罐改造过程中的各种难题。

（一）提高督办规格，促进地企联动协调

面对前期手续审批压力大的问题，工作组将十四个地市划分责任区，分包给公司班子成员，充分发挥中国石油一体化优势，积极协调政府相关部门，针对双层罐改造事宜进行沟通商洽。2018 年，以集团公司、甘肃省驻甘企业名义向甘肃省政府协调、汇报工作 4 次；各地市公司向属地相关部门沟通工作 460 余次。2018 年 9 月 23 日，甘肃销售公司主要领导向甘肃省副省长做专题汇报时，省领导明确表态，省政府全力支持双层罐改造工作，感谢甘肃销售公司为甘肃省环保工作做出的努力。在所属加油站双层罐改造问题上，全省各级政府部门将会积极配合，加快审批流程，确保改造工作顺利推进。

（二）细化工作措施，科学实施销量引流

面对双层罐改造影响销量下降的问题，工作组细化措施，每周召开专题会，逐站制定改造方案，通过错峰停业改造、增设橇装设备、实施分流引流计划等措施，确保了油气销量稳中有升。截至 2018 年底，共完成双层罐改造加油站 513 座，单站改造天数平均下降 26.3 天。2019 年 1—5 月，完成双层罐改造 80 座，实现销售 172.12 万吨，同比增长 2.4%; 实现利润 5.87 亿元，同比增长 47%，有效解决了“改造站降销量”的难题。

（三）创新监管方式，有效夯实安全保障

如何大范围监管施工项目？我们坚持“人尽其才”的原则，将年龄偏大、安

全管理经验丰富人员向工程监管、安全稽查岗位调整，通过日常稽查、视频抽查和聘请第三方神秘访问的形式，全面强化施工安全管理。2018 年，通过视频检查、监控，发现问题 560 项，对施工现场三违行为处罚 15 万余元，安全监管问题得到有效管控。

（四）瞄准问题瓶颈，研发精品满足需求

全国各地加油站都在集中进行双层罐改造，导致双层罐货源紧张，供不应求。面对“巧妇难为无米之炊”的现状，工作组紧盯问题根源，组织甘肃销售公司所属的华兴工程有限公司对制造行业领先企业开展调研、学习经验。协调组强化自主创新意识，采取请进来、送出去的方式，加大自有人才培养力度，攻克了一项又一项技术难题，取得了相应资质，具备了大批量生产高质量双层罐的能力，不仅满足了公司加油站防渗改造需求，同时还销往山东、青海等地，为其他兄弟单位防渗改造提供了双层罐货源保障，打造了甘肃销售公司新的利润增长点。2018 年，华兴公司生产双层罐 1785 具，同比增产 1091 具，增长 157%，实现利润 1037 万元。

截至 2019 年 5 月底，甘肃销售公司累计投入资金 15.07 亿元，完成 593 座加油站双层罐改造，改造完成率 75%，高于全国平均水平 14 个百分点；预计 2019 年底完成全部运营站的防渗改造工作。

习近平总书记说过：“我们既要绿水青山，也要金山银山。”甘肃销售公司作为甘肃省最大的成品油主渠道供应商，提高销量保上游后路畅通和保卫甘肃的一片绿水蓝天都是甘肃销售人的责任和义务。只要我们“不忘初心，牢记使命”，一定能让宝石花在陇原大地绽放得更加光彩绚烂。

号脉点六　专项督查

——督促机关转作风　勇担当　强执行　抓落实

王　兵　王国靖

（中国石油天然气股份有限公司独山子石化分公司）

为政之要，贵在务实，重在落实。中国石油天然气股份有限公司独山子石化分公司（以下简称独山子石化公司）总经理办公室将定期开展专题、专项督查作为抓落实的重要方法手段，从小问题中发掘大政策，协助领导开展督促检查，推动专项工作落实。

2019 年 5 月 28 日，独山子石化公司总经理在视频晨会上批评回用水线检修作业反复安排、进度滞后、工期一拖再拖。总经理办公室根据管理层安排，立即抽调人员组成专项督查组，采取实地调研方式，开展专项督查。

一、案例调查基本情况

经了解，独山子石化公司为解决“高水低用”问题（高品质水用在低需求场合），2018 年 12 月 5 日重新投用深度回用水线，6 日发现管线有漏点，8 日消漏后又发现漏点并停送。因管线埋地较深，冬季处理不便，安排 2019 年开春后处理。2019 年以来，独山子石化公司分别于 4 月 10 日、4 月 22 日、5 月 6 日、5 月 28 日、5 月 29 日晨会上，5 次安排机动设备处、生产运行处牵头组织深度水回用线检修投用。

根据 2019 年 4 月 10 日工作安排，主管部门、责任属地、施工单位 22 日完成方案编制、开挖管沟，30 日消除前期发现的 3 处漏点。5 月 5 日投用时发现后端管线仍有漏点，6 日独山子石化公司视频晨会安排更换区间管线。因区间管线分属乙烯厂、热电厂两个属地，新发现漏点区域系热电厂属地，乙烯厂以不清楚地下管网情况为由，提出由热电厂组织深度水回用线后续动土作业，乙烯厂负责管线更换。

5 月 6 日，独山子石化公司主管部门组织两厂相关负责人召开现场会，确定由乙烯厂负责项目施工管理，组织管线更换，热电厂负责后续动土开挖及作业票办理，5 月 24 日完成检修。热电厂现场提出管线是乙烯厂的、整体管理应由乙烯厂负责的异议，未被采纳。

5 月 10 日，热电厂完成施工方案审批，组织施工单位自东向西开始动土作业，13 日开挖过程中碰伤一条在运中水线，汇报总调协调相关车间隔离，14 日修复投用。此事件发生后，热电厂汇报独山子石化公司主管领导，表示热电厂作为属地单位可以负责作业许可办理，参与施工作业现场交底，但不应负责动土作业。独山子石化公司主管领导同意安排主管部门调整由乙烯厂抓紧施工。

5 月 22 日，热电厂报告现场无人约票、无人作业。经了解，14 日至 22 日期间，现场只有施工人员修整围挡、清理土方，乙烯厂以下雨现场不具备施工条件、约不到板车、管材进不了场等理由未组织管线作业。

5 月 23 日，独山子石化公司主管部门再次组织现场会，明确工作分工及管理要求：一是乙烯厂为本次管线更换的责任单位，负责包括动土作业的施工组织、方案审定和现场管理；二是热电厂履行属地监督职责，负责开具作业票证，乙烯厂和施工单位接票；三是热电厂和乙烯厂分别确认各自埋地设施管线。

5 月 24 日，乙烯厂组织将 PE 管材拉运至现场，25 日、26 日周末未施工。

5 月 28 日，经总经理办公室现场协调，热电厂开具动土作业票，乙烯厂开具管线更换作业票，施工单位开始清理管沟、铺设管线、热熔接管，29 日完成检修，30 日投用。

二、分析工作滞后原因

（一）公司机关

生产运行处是厂区公用工程系统归口管理部门，负责公用工程系统运行及协调管理，负责系统管线划分管理。在此次管线漏点处理期间，仅安排调度配合热电厂确认现场，未提供准确地下管线图，管线挖漏后排查发现埋地管线图纸与现场实际不符，暴露出公用工程系统管理不到位，对现场埋地设施实际情况不清楚。

机动设备处负责公用工程系统设备设施检维修及鉴定的监督管理。5 月 6 日将动土作业安排由热电厂组织实施，但热电厂挖漏管线后施工停滞，23 日调整由乙烯厂全面负责施工。期间安排工作不够严谨，进度滞后协调不及时。

（二）直属单位

乙烯厂作为该项目的负责单位，在 4 月 28 日挖破其他管线，被独山子石化公司批评后，以属地是热电厂为由停止土方开挖。热电厂作为该项目的属地单位，在 5 月 13 日挖破管线，被独山子石化公司批评后，以施工管理责任在乙烯厂为由停止土方开挖。双方推诿扯皮，导致工期一拖再拖。反映出乙烯厂、热电厂相关部门、属地车间作风不实，执行不力，遇事不担当。

三、提出改进工作建议

一是加强学习提升能力。本起事件表明，工作不扎实、不细致现象和不愿担事、明哲保身的现象在独山子石化公司依然存在，与各级领导干部要勇于担当、敢于负责、善于协调的要求极不相适。究其根本原因是怕出错、怕追责、没有底气。干部要在熟悉现场情况、钻研专业业务、改进工作方法上多下功夫，增强本领能力，推进科学决策，推动工作落实。

二是持续强化作风建设。深入开展“转作风、强执行”专项活动，进一步加强队伍作风特别是机关作风建设，履职尽责，担当作为。机关要示范引领，以上率下，深入一线，加强协调服务；基层要强化执行，落实工作坚定坚决，不打折扣，确保工作部署有效落地。

三是改进工作流程管理。具体工作明确牵头主管部门，由牵头主管部门全流程负责工作落实，并赋予其协调各方、监督考核的权利，确保工作推进顺畅，一贯到底。梳理管理漏洞，杜绝类似事件。

四、汇报领导传阅反思

5 月 30 日，编制完成《乙烯厂至动力站深度水回用线检修滞后调查报告》呈送管理层。5 月 31 日，通过 OA 系统传阅《调查报告》，要求各部门单位对照报告反思工作、吸取教训，不断改进提升，勇于担当作为。机动处针对《调查报告》，梳理管理漏洞，提出九项管理要求。总经理办公室收集相关单位反思意见，汇编《督查专报》，督促机关转作风、强执行、抓落实，为独山子石化公司应对挑战、加快发展贡献力量。

五、专项督查几点体会

一是领导重视，推动有力。专题专项督查，需要领导事前批准，督查人员工作期间要及时请示汇报进展。脱离领导思路搞督查，再好的对策、再好的预案都没有意义。领导重视，有助于形成“决策—执行—检查—反馈—再决策”的良性循环，有助于督查人员由被动工作转变为主动服务。

二是以小见大，注重质量。专题专项督查，需要抓住主要矛盾，专题解剖重点工作，深入分析原因，提出督查建议。在推动工作落实的基础上，还要做到见微知著、见端知本，从调查一个小问题中发掘大政策，为“解决一个问题、提升一类管理”提出科学合理建议，为领导提供决策依据。

三是实事求是，规范站位。专题专项督查，需要坚持工作原则，遵循独山子石化公司程序文件，按照管理职责实事求是开展工作。要与相关人见面听真声，到现场调查摸实情，深挖问题寻求解决途径，同时要注意工作到位不越位，不能超越秘书人员身份轻易表态，只是综合协调各方推进问题解决。

四是快查快办，注重时效。专题专项督查，需要讲求工作时效，各个环节都要迅速及时，尽力缩短与事实发生的时间差，调查报告时间性越强，对推动工作的成效就越大。对各管理层级聚焦瓶颈问题，疏堵点、破难点、扫盲点，精准落实工作安排，具有举一反三的警示教育意义。

中吉项目落实党建责任专项督查

詹　华　关新来　潘文龙　刘国祥　徐建辉
（中油国际管道有限公司）

一、任务来源及背景情况

根据集团公司党组组织部《关于开展落实党建责任专项督查的通知》（组织〔2017〕1号）要求，2017年4月1日中共中油国际管道公司委员会下发了《关于开展落实党建责任专项自查的通知》。针对上级党委的要求，中吉项目党总支高度重视，成立了专项检查小组，对自查工作的落实情况进行了严格的督查。

二、针对的问题

针对上级党委要求，中吉项目专项工作检查小组讨论确定本次督查工作的覆盖范围，通过召开全体党员民主生活会、专项会议等方式认真查找项目党建工作中存在的问题和不足，发现有三方面的问题需要进一步改进或加强，一是关于理论学习还没有做到全面系统，学习型领导班子建设尚待加强问题；二是关于党建工作制度建设需进一步完善，“一岗双责”意识需进一步增强问题；三是关于如何创建具有中吉管道特色的企业文化问题。

三、方案策划

（一）组织机构的设立

针对本次党建责任专项自查工作，成立了中吉项目专项工作检查小组，项目党总支书记、总经理任组长，党总支委员、支部书记和各支部纪检委员为成员。

（二）明确指导思想

以不断提高中吉项目党建工作水平为目标，找出党建工作中的不足之处，并制定整改措施加以改进提高，使项目的党建工作特色突出，理念更新，积极探索适合海外项目党建工作的新途径，不断增强全体党员的凝聚力、战斗力和影响力，将项目的党建工作推上一个新台阶。

（三）确定工作范围

针对上级文件要求，专项检查小组确定了本次督察工作的覆盖范围，包括：贯彻落实上级精神方面；领导班子和干部队伍建设方面；基层党建方面；党风廉政建设和反腐败工作方面；宣传思想文化工作方面。

四、工作措施及取得的成效

（一）关于理论学习还没有做到全面系统，学习型领导班子建设尚待加强问题

一直以来，项目致力于学习型班子建设，项目党总支非常重视政治理论方面的学习。一是多措并举，强化学习教育效果。在开展“两学一做”、党的十八届六中全会和十九大精神学习教育过程中，注重采用个人自学、党课辅导、集体学习、知识竞赛、微信推送、交流研讨等多种形式，强化了学习效果，使“两学一做”学习教育真正达到内化于心、外化于行。二是班子成员带头讲党课。三是

领导干部带头学习研讨。在开展抄写党章活动中，党员领导干部带头上传学习内容，带头完成党章抄写，为普通党员树立了榜样。在“两学一做”和党的十八届六中全会精神学习过程中，项目班子成员都撰写并向总部机关上报了研讨发言提纲。在党的十九大精神学习过程中，项目党员干部撰写了九篇有关党的十九大专题研究的论文，并且每一篇专题研究论文都由撰写者向项目全体员工进行宣讲，整个项目掀起了学习党的十九大精神的热潮，其中《坚持全面从严治党，着力提升基层党组织组织力》以最高分获评中油国际管道有限公司优秀党建研究成果一等奖。四是借助微信平台，创新学习方式。采用了“线下学习，线上打卡”实时互动的学习方式，及时沟通学习进度和交流学习成果，同时也起到了相互督促、相互促进的作用。此外，还通过订阅“共产党员”微信号和中央纪委监察部微信号，经常性地向党员微信群推送党建工作相关文章。上述工作大大增强了党员干部理论学习的系统性、全面性和自觉性，学习型领导班子建设得到了进一步加强。

（二）关于党建工作制度建设需进一步完善，“一岗双责”意识需进一步增强问题

2016 年初，鉴于项目中层领导干部没有任命到位的现实情况，党总支决定由总支书记与党支部书记、支部书记与所属党员签订党风廉政建设责任书，弥补因岗位职责不明确可能出现的缺失。

中吉项目党总支注重落实“三基”工作要求，加强内部管理，完善各项管理制度。2016 年上半年党总支组织编制并下发《中吉项目党建工作制度汇编》，向全体党员进行宣贯，使项目党建思想政治工作进一步规范化、制度化、标准化。特别是明确了总支和支部委员的职责，成立了党群工作办公室，所有党务工作者“一岗双责”意识明显增强。

（三）关于如何创建具有中吉管道特色的企业文化问题

中吉项目对企业文化建设非常重视，注重宣传引导，扩大对外交流与合作，

努力塑造中国石油良好形象，充分展示中国石油人的良好形象。项目组织编制了《中吉天然气管道项目宣传手册》，对中油国际管道有限公司企业文化以及中吉管道项目进行图文并茂的介绍。通过宣传中国石油的企业宗旨、国际合作理念、企业精神，以及项目建设将采用的先进技术、安全环保理念、给当地政府和居民带来的利益等，对于在当地塑造和传播中国石油的企业形象和品牌价值，获得当地政府和民众对项目的支持和认同，发挥了很好的作用。

2018 年，根据吉尔吉斯斯坦社会、经济、政治形势及中油国际管道有限公司工作实际，中吉项目党总支主动策划，探索由中方项目主导推动合资公司企业文化建设方式，项目公司拟定了切合实际符合项目公司发展需要的企业文化建设方案。

2018 年 9 月，中吉项目公司选拔 30 名吉尔吉斯斯坦优秀高中毕业生集中派遣到中国的西安石油大学进行为期四年的语言和油气工程专业学习。学员学成后中吉项目提供就业机会，安排从事管道运行管理工作。该项目取得了良好的社会影响，展示了项目担当社会责任、推进海外用工本土化的良好企业形象，树立和宣传了中国石油在吉国的品牌形象。中吉天然气管道项目是中国石油建设能源新丝路的重点工程，具有重大的政治意义和经济意义。

2019 年 5 月，中吉项目公司举行了属地员工“我与国际管道的故事”主题演讲比赛，来自中油国际管道有限公司各部门的 9 名属地员工参加比赛，充分展示中油国际管道有限公司成立五年来的发展成绩和属地员工积极向上的精神风貌。本次活动既是一次演讲比赛，又是一次公司企业文化建设的实践，使企业文化建设得到了大力提升。

五、经验体会

（一）充分发挥项目一把手的关键作用，充分发挥项目领导干部的模范带头作用

作为企业党政一把手，重不重视党建工作是项目能不能做好党建工作的关键

所在。俗话说得好：领导重视的工作，多难都不难，领导不重视的工作，多容易都不好开展。

（二）加强党的组织建设

组织建设是党建的核心，是保证，要搞好党建工作，首先要抓好组织建设。中吉项目一直以来始终加强组织建设，夯实基层党支部建设，按照《党章》及上级党组织的有关规定，合理设置组织机构、配强班子，切实发挥党组织战斗堡垒作用，发挥党组织凝心聚力的作用。中吉项目选拔一批理想信念坚定、党性强、作风正、讲原则、讲大局、热爱党建工作并具备一定党建知识和理论水平的党员骨干担任党务、基层党支部书记和支部委员。

（三）党建工作要与时俱进不断创新

习近平总书记指出"网络发展到哪里党建工作就要覆盖到哪里"。为了落实总书记的指示精神，落实上级党组织的工作部署，中吉天然气管道项目第一党支部和第二党支部利用微信平台创建了"TKGP 第一党支部党务工作群""TKGP 第二党支部党务工作群"和"TKGP 全体党员群"，实现了"指尖上的党建"。该平台结合海外项目党建工作特点，充分运用新媒体优势，交流互动基层党建信息，大力推进学习型、服务型、创新型党支部建设。通过该平台实现了党务工作制度发布、支部工作信息发布、支部工作沟通讨论、发布上级文件精神、党内新闻发布、学习通知发布、活动通知发布、典型事迹以及讨论互动等功能。《中国石油报》以"指尖上的党建"为题做了宣传报道。目前，项目已建立起党总支党务工作群、支部党员群、家属交流群等多个沟通交流平台。微信平台在"两学一做"教育以及党员的日常教育管理中发挥了重要作用。

有序推进部门创新工作专项督查

李　鑫　罗　倩

（中国石油四川石化有限责任公司）

一、背景情况

2019 年是炼化一体化样板企业建设的攻坚之年，是中国石油四川石化有限责任公司（以下简称四川石化公司）高质量发展新征程的开局之年。生产五部深入贯彻四川石化公司二届五次职代会会议精神，瞄准高质量发展，向实现创新引领高质量发起攻坚。生产五部纪委通过专项督查活动，有效推进了部门创新工作的开展。

二、问题来源

四川石化公司二届五次职代会会议提出，各部门要用创新工作引领高质量发展。

三、方案策划和工作措施

为了积极推进部门创新工作的开展，2019 年 1 月 28 日，生产五部组织全体管理技术人员、员工代表及关联单位负责人集中学习四川石化公司二届五次职代会精神。会上传达学习了四川石化公司《打好炼化一体化样板企业建设攻坚战　昂首踏上高质量发展新征程》工作报告，《高质量完成全年生产经营目标任务　持续用力推进炼化一体化样板企业建设》生产经营报告。生产五部纪委书记参会并强调，要深入贯彻落实四川石化公司二届五次职代会精神，并从狠抓聚烯烃专用料开发生产、拳头产品扩产、实施技改技措三个方面积极开展2019年创新工作，推进部门高质量发展。

四、督查成效

（一）狠抓聚烯烃专用料开发生产

2月18日，生产五部召开新产品开发专题会议，全体纪委委员参会，会议制定了2019年新产品开发计划，预计全年开发DGDA6094、HS98G、CI73H、93M等4个新牌号，使高效产品比例加速赶上国内先进水平。会议讨论制定了五条措施保证新产品开发成功：一是与国内有生产经验的同类装置就生产情况进行技术交流，确定了反应器主要控制参数，找到了生产难点和重点，并根据难点和重点制定了相应的管控措施和应急处置操作卡等。二是与添加剂厂家就添加剂配方进行技术交流，确定了添加剂的种类和添加量，保证了产品的抗氧化，加工性能等指标。三是编制了详细的试生产方案，并由纪委书记主持会议开会评审，严格把关试生产方案，尤其对生产风险进行了辨识和评价，并制定了相应的风险管控措施和应急处置操作卡。四是对员工进行试生产培训，操作员工熟悉生产方案和试生产风险，做到有的放矢。五是试生产期间严格做到四有一卡，监督操作人员严格按照生产方案操作，加强现场巡检及控制室监盘，确保各反应参数在试生产方案的指标范围内。

线性低密度聚乙烯装置根据外部专家提供的转产建议并结合装置实际，认真编写了转产方案，与操作人员广泛交流，对转产过程中易出现的问题展开讨论，并制定相关预案。在转产和生产过程中，操作人员精心操作、稳打稳扎、反复摸索、大胆设想，克服了密度和熔融指数调整幅度大、静电波动大等一系列难题，于5月30日由DFDA7042向DGDA6094一次转产成功，产品质量合格。生产五部纪委积极参与DGDA6094转产的全过程，实时跟踪督导，为顺利转产奠定了基础。目前，CI73H、93M两个新牌号也顺利试产成功，HS98G计划于11月1日试生产，转产方案已编写完善，正在组织操作人员学习。

2019年上半年，HMCRP100N管材料有三起质量反馈，DFDA-7042有一起质量反馈，L5D98BOPP膜料有一起质量反馈。生产五部纪委高度重视，积极参与产品质量专题研讨会，督促技术服务工程师和装置工艺工程师赴下游厂家现场进行技术服务，指导厂家如何使用聚烯烃产品，详细排查设备问题、工艺问题，通过调节厂家设备工艺参数，解决厂家加工使用难题，并要求技术服务后及时跟纪委报告产品质量调研情况，进一步提高了四川石化公司聚烯烃产品在下游市场的适应性，提高了客户的忠诚度。

（二）拳头产品扩产

2018年12月17日，生产五部根据四川石化公司制定的2019年排产计划，召开专题会议部署高密P100N管材、BOPP膜、PP抗冲注塑料系列牌号等拳头产品生产，持续提升产品性能、扩大产量，创出更多效益。

HDPE管材料2019年1—5月共计生产12.9万吨。为了保证完成产量，进一步稳定产品质量，在部门纪委的督导下，高密度聚乙烯装置召开专题会议研究了四条措施：一是实施干燥床循环氮气增加袋式过滤器技改，大幅延长了干燥床运行周期，可以做到高负荷，长周期运行；二是优化工艺参数收紧工艺参数指标，大幅收窄熔融指数控制和密度控制指标，制定曲线，分析指标偏离原因，制定管控措施，使工艺控制进一步稳定、精确；三是优化一反氢气用量和确定一反熔融指数控制指标，优化二反丁烯加入量以及控制粒料密度等；四是解决管材料制品外观问题，使管材料制品麻点明显减少、变小。

PP抗冲注塑料2019年排产20万吨，计划创效2亿元，1—5月共生产7.4万吨。为了保证完成产量，6月3日召开专题会议研究了四条措施：一是将CI36D和K8003进行详细对标，经专题讨论，决定使用成核剂以提高产品的刚性，经详细对比刚性有了较大提高，提高二反床重，增加乙烯共聚时间，提高聚丙烯CI36D

中橡胶相含量，经过改进提高，CI36D 各项性能指标完全超过 K8003，在下游用户中的口碑越来越好，品牌效应越来越明显；二是专题研究装置平稳控制，持续收窄各种控制参数，并建立了熔指曲线，反应器控制越来越精准，操作人员操作能力大幅提高，为稳定产品质量提供了可靠保证；三是再次试生产高熔指抗冲专用料，5 月经过周密准备，根据上次试生产总结，完善了本次试生产方案；四是经对标市场相关王牌料，与石化院兰州中心交流，通过对比发现，CI73H 等中高熔抗冲料的橡胶相尺寸较小，将在下次生产时着力解决此问题，以进一步提高产品质量。生产五部纪委委员全程参与会议，并对试生产方案等严格把关。

（三）实施技改技措

针对 2019 年的重点技改技措项目即高密混配料改造项目，生产五部纪委高度重视，组织召开了两次督导会，听取装置专业工程师汇报，对项目的申请严格把关。高密混配料改造项目计划于 2024 年 12 月 31 日完工，为了保障项目按时保质地完成，生产五部纪委书记在会上要求高密度装置从以下两个方面做好保障工作：一是做好前期的可研；二是抓紧调研国内同类装置黑料项目，做好技术储备，给设计院提出具体设计要求。

五、经验体会

生产五部纪委认真贯彻落实四川石化公司职代会工作安排，高度重视部门创新工作，抓住“关键少数”，要求分管领导和专业工程师制定落实好工作计划，按期完成，真正把压力传导到位，把责任讲明白，把问题指出来，通过督节点进度，环环跟紧，步步紧逼，有力推进会议各项安排部署落地生根，及时帮助解决推进过程中的问题和矛盾，力求达到各项工作任务落实见效的目的，脚踏实地将工作做实、做细，强调精细化管理，要求三套装置持续做好优化运行，全面提升产品品质，坚守安全、环保底线，不断提升聚烯烃装置核心竞争力，促进部门高质量发展。

实现船燃业务实质性突破督办案例

宫　娜

（中石油燃料油有限责任公司）

中石油燃料油有限责任公司（以下简称燃料油公司）督查督办工作流程简介：上级单位及公司重要工作部署、工作安排事项立项——确立承办部门（配合部门由承办部门选定）——纳入督查督办系统跟踪落实情况——责任部门定期反馈推进情况——公司主管领导跟踪点评和批示——责任部门办结（延期）申请——公司主管领导审批——督办事项完成情况考核评比。

一、任务来源

为填补集团公司保税船燃业务空白，进一步优化完善产业链条，推动燃料油公司形成沥青和船燃“两终端发展、两条腿走路”的格局，并与原油业务形成相互促进、良性循环发展的有利局面。2018 年 6 月 14 日，经燃料油公司总经理办公会审议同意开展报税船燃业务，并向集团公司呈报了相关汇报材料。2018 年 6 月 28 日，集团公司主管领导到燃料油公司调研，特别提到了船燃业务，要求燃料油公司抓紧开展工作实现船燃业务实质性突破。燃料油公司积极制定落实措施，并根据实际工作推进情况于 2018 年 8 月立项督查督办，具体督办内容为“实现船燃业务的实质性突破，探索在其他燃料沥青公司及在具有区位优势的区域租赁社会库开展船燃调和业务。申请保税油牌照，在舟山成立公司开展保税船燃业务”，督办任务的重点在于开展船燃调和业务及做好开展保税船燃业务的前期筹备工作，责任部门销售中心。进入线上督查督办系统督办落实，线下协调推进。2018 年底此项工作取得阶段性成果后，2019 年将督办重点放在成功注册舟山子公司，早日拿到保税船燃经营资质开展相关业务上，列入年度重点工作继续督办。

二、背景情况

（一）时逢船燃业务发展的有利时机

一是随着港口基础设施的不断完善，中国保税油供油物流模式也在不断地创新变化，在东北亚船供油市场的竞争力不断增强，逐步抢占新加坡船燃市场份额。二是燃含硫 0.5% 新政的发布，大概率将重塑国际船燃供应市场。这一标准实施的预期时间点为 2025 年，导致窗口期全球范围内的低硫船用油供应不足。船燃升级期间，所有保税船燃企业均面临重寻调和原料、重研调和配方、重建价格体系的挑战，市场将重新洗牌，占据资源优势、渠道优势的保税船燃经营商将迎来发展机遇，在洗牌期发展保税船燃业务是最佳时机。三是浙江自贸试验区在舟山正式挂牌并对标新加坡，保税船燃业务加速发展，当时预计 2018 年全年可实现 300 万吨的经营量，将一举超越上海，占据全国保税船燃第一港地位。每年进出宁波—舟山港的外贸船舶 2 万余艘，但在中国加油的船舶数量不足 10%，未来发展空间大。获悉舟山自贸区将发放一块保税船燃经营牌照，获取此块牌照就是在最有利的地点打开了报税船燃业务的大门。

（二）业务拓展的迫切需要

一方面，中国保税船燃业务迅速发展，根据 2017 年以来的船供油相关数据，保税油成为国内市场供应规模增长的主要力量，预计 2020 年保税船燃供应量将达 1300 万吨，保税燃料油市场俨然成为中国油品市场最后一块大蛋糕；另一方面，对比竞合伙伴，中国石油在保税船燃业务的发展已相对滞后。目前中国石化全资或控股公司拥有 3 块保税油经营牌照，中国石化已将全球船燃业务中心落户舟山自贸区，近期高调宣布在舟山成功开展不同税号保税油的混兑调和业务并成为全国首家进行保税油混调的企业。中国石油仅参股中船燃，且股份正在被持续稀释。

（三）面临的困难和挑战

保税船燃经营牌照申请条件苛刻；炼厂缺少船燃调和生产经验；注册舟山子公司需要经过组织机构设置、人员配置、危化品经营许可证办理、工商注册及相关审核等较为复杂的工作程序，环环相扣，需要紧密衔接持续推进落实。

针对问题：一是要在舟山公司注册成功前取得获得保税船燃经营牌照优先权；二是生产上需尽快满足船燃生产调和要求，开展船燃业务；三是如何加快舟山公司的注册节奏，尽快具备开展保税船燃业务的条件。

三、方案策划及工作措施

预估此项工作需要的督办周期较长，将督办情况反馈周期定为季度反馈，督促协调开展工作。督办任务下发后，承办部门销售中心拟订工作方案，选定财务处、生产技术处、企管法规处、人事处为配合部门。公司领导高度重视，挂帅督办重点安排，督办部门线上督办、线下核实，承办部门按季度反馈督办落实情况。在此项工作落实过程中责任部门及配合部门抓住关键节点开展工作。

领导挂帅、团队协作，经过反复谈判磋商，赢得牌照优先获取权，同时获得集团公司及销售板块的政策支持。申报舟山保税油经营牌照需要满足以下条件：（1）在中国境内具有成品油批发经营资格；（2）具有符合相关技术和安全条件的双底双壳供应船舶至少 1 艘；（3）具有符合油罐安全技术条件、满足海关监管要求，库容不低于 1 万立方米舟山区域的油罐，具备接卸和转运保税油的配套设施；（4）取得港口经营许可证或备案；（5）申请企业和其股东 3 年内未发生较大及以上火灾、安全、环境污染事故和油品走私等违法行为;（6）取得进出口经营资格或办理对外贸易经营者备案登记。面对以上严谨苛刻的申报条件，燃料油公司总经理亲自带队赴舟山与自贸区管委会沟通协商，逐条对照分析满足的条件和需要进一步协调落实的工作及相应落实措施。管委会承诺新发放的这块牌照优先保留发放给燃料油公司。同时经过向集团公司及销售板块的多次请示汇报，2018 年 12 月，销售板块下达了关于同意燃料油公司成立舟山全资子公司的批复。2018 年底阶段性办结此项工作。

配合部门各司其职，积极推动工作开展。生产技术处经过调查研究，推荐燃料油所属高富燃料沥青公司为试点单位进行研究和实验，2018 年 6 月下旬开始与下游船燃客户合作，采购调和组分原料进行尝试性的船燃调和生产工作，7 月 9 日首批 6000 吨产品调和生产完毕，经检测各项指标均符合要求，具备了生产调和条件，开始开展船燃业务。财务处积极获取舟山子公司注册相关流程信息，准备相关材料。企管法规处配合财务处拟订舟山子公司章程。人事处积极探索舟山子公司的运营模式、机构设置及人员配置。

加快注册舟山子公司，努力拿到保税船燃经营资质开展相关业务。2019 年 1 月，销售中心及相关配合部门联合启动成立舟山全资子公司的具体工作，拟订注册登记舟山子公司相关事项的请示经燃料油公司总经理办公会讨论通过。会议明确了舟山子公司定位、公司章程、组织机构设置等事宜，相关工作随即全面展开。督办部门只需盯住责任部门，销售中心作为责任部门督促财务处、企管法规处、人事处各司其职，督办部门线下辅助提醒配合部门开展工作，并按季度提醒责任部门进行工作进度反馈和关注领导对下一步工作的重点安排。2019 年 6 月 14 日，收到舟山子公司危化品经营许可证的批复和工商注册答复。

四、实际效果

较好完成了督办事项需要完成的既定目标。一是公司所属高富燃料沥青公司在成功调和生产船燃产品，截至目前已销售5万吨，实现毛利300万元，并将持续开展船燃业务。二是顺利完成舟山子公司的工商注册工作，并获得了保税船燃经营牌照优先权。三是进一步明确了舟山子公司的发展定位。舟山子公司是中国石油旗下唯一专业化船燃公司，以“358”（即“3年之内市场占有率全国前三、5年之内市场占有率全国第一、8年之内成为世界一流的保税船燃经营企业”）为发展规划，为集团公司产业链高质量发展做出贡献。沿海直属炼厂油浆、渣油等产品作为保税船燃调和原料其价值将得到进一步提升；在销售板块的领导下，舟山子公司可以与省区成品油公司形成陆海联动的一体化优化运作；燃料油公司下属沥青厂通过来料加工生产船燃调和组分，盈利能力将进一步增强，同时燃料油公司贸产销一体化链条也得以完善，形成沥青、船燃“两终端发展、两条腿走路”的格局，进而形成与原油业务相互促进良性循环发展的有利局面。

五、经验体会

对于十分重要、程序复杂、多部门参与且工作周期相对较长的工作，一方面督办立项要根据工作任务完成的具体情况，阶段性地变更重点督办内容，使各个阶段的工作任务更加明确具体；另一方面要明确一个督办责任部门，由责任部门掌握整个工作的进展情况，牵头配合部门各司其职，合力推动工作高效开展，统一由责任部门在督办系统中向公司分管领导汇报阶段性工作完成情况和需要协调解决的难点问题。及时掌握整体工作在各阶段各环节完成的情况和公司领导的工作要求，迅速组织开展下一步工作。

严督实查促进安全生产管理升级

张紫榕

（大庆油田有限责任公司）

2018年8月，大庆油田有限责任公司第二采油厂综合办公室对落实大庆油田有限责任公司（以下简称大庆油田公司）领导安全检查整改工作进行了专项督查，此次督查工作动作快、力度大、效果好，进一步加强了站库管理和承包商管理。

一、案例简况

（一）背景情况

2018年8月6日，针对大庆油田公司安全生产面临的严峻形势，大庆油田公司主要领导前往第二采油厂第一作业区南八联合站检查指导工作，了解该单位安全生产管理水平和安全技能掌握情况，并深入生产区域检查施工现场规范标准。在检查过程中，大庆油田公司领导对该站正在进行的排水沟维修工程，现场指出了不符合安全管理规范的问题。大庆油田公司总经理办督办科针对问题整改进行督办。第二采油厂厂领导高度重视问题整改工作，作出明确指示，要求综合办公室认真落实督办并及时作出反馈。

（二）调查研究

接到领导批示后，综合办公室会同质量安全环保部对此事立项督查，深入第一作业区南八联合站进行调研。通过与相关人员当面沟通了解情况，深入生产现场实地查看，核实并掌握了大量第一手资料，进一步明确了存在的问题和产生的原因，为快速解决、提升水平奠定良好的基础。调研后，综合办公室督办小组与相关单位部门共同归纳总结出以下六个方面问题：一是入场教育不到位；二是施工人员工服穿戴不合规；三是施工人员携带手机进入现场，且手机处于开机状态；四是施工人员由施工单位临时外雇，不掌握施工前安全交底和安全告知；五是站内管理人员对施工队伍情况掌握不清；六是没有甲乙方监督人员现场监督。综合办公室将以上六个方面问题汇报给主要领导后，有针对性地开展督办工作。

（三）督办落实

由于调研翔实、分析深入、总结合理，得到了领导的高度重视和采纳，并要求综合办牵头督办，尽快解决问题。为此，督查小组从以下几方面加强整改落实。一是强化领导。弄清事情原委和突出问题后，召集组织大庆油田公司管理部、计划规划部、质量安全环保部、财务资产部、基建工程管理中心、规划设计研究所及第一作业区等相关部门和单位负责人，成立专项整改提升小组，在南八联合站召开现场会，共同商议解决提升方案。二是明确责任。在问题梳理清晰后，趁热打铁，下发督办通知单，要求责任部门和管理人员限期整改，并以照片和文本形式实时上报整改方式和进度。三是全程监督。为防止在承办过程中出现“踢皮球”现象，通过定期跟踪和实地回访等方式强化全过程督查，督促相关部门主动作为、解决难题。四是及时反馈。随时将整改情况上报总经理办督办科，并在上级的指导下，进一步完善整改内容，细化整改事项，加大督办力度，做到事事有着落，件件有回音。

（四）取得成效

在综合办公室和相关单位部门的共同努力下，上述六个问题快速得到解决。一是严格规范《外来人员入站登记表》填写，建立并整合施工入场风险告知单与入场安全教育为一体的告知单，要求填准填全施工人员姓名、施工单位、进站原因、进站时间等信息，并对入场风险做到应知应会。二是明确门卫职责，加大门卫监管和考核力度，劳保用品穿戴不合规坚决不准许入场。三是加强入站人员管理，进站前必须关闭手机方可进站。四是施工前，由厂基建中心组织作业区地面工艺办、属地基层单位、建设单位、施工单位等共同进行施工前交底工作，将施工内容、存在风险一并告知。在此基础上，进一步加强承包商管理，做到手续齐全方可开工，身份比对一致方可进站。五是完善施工干部交接程序与沟通机制，保证沟通畅快无阻，分工不分家。六是梳理外来施工人员管理流程图，明确干部、岗位、员工三级责任，做到主体清晰、责任明确、一级抓一级、层层抓落实。建立健全《施工现场巡查记录》，坚持岗位每日巡查，及时跟踪施工进度，发现严重问题有权责令立即整改，条件允许方可再次开工。

此外，针对在此次检查中暴露出的承包商管理方面的薄弱环节，相关部门共同研究制定完善了《大庆油田有限责任公司第二采油厂承包商安全监督管理实施细则》，明确管理机构及职责，强化 HSE 培训效果，加强现场监督管理，靠实承包商 HSE 业绩评估，并提炼出“四表两证一卡一卷”承包商安全管理标准化模板在全厂推广，进一步规范了承包商在施工过程中的主体安全行为，全面提升建设工程安全质量管理水平。

与此同时，在落实整改以上问题的基础上，主管生产副厂长带领大庆油田公司管理部人员对全厂所有联合站、转油放水站采取集中和随机相结合的方式进行“解剖式”检查，有效消除“低、老、坏”问题；对相关制度流程进行增补，完善更新机制，提升了制度的适应性和有效性。

二、分析启示

可以说，这是一次比较主动的督查活动，既高效完成了领导交办任务为组织决策提供有效依据，又推动了基层管理水平的全面升级。对此次督查督办工作进行总结分析，有以下三个特点：（1）反应迅速，措施有力。一是突出快，对于党委决策和领导交办的事情，本着“快办快查快结”的原则，做到件件有着落，事事有回音。二是突出严，坚持真查真改、边督边改的原则，做到定期跟踪反馈，随时解决矛盾，以督查之严确保工作之实，以问题解决推动工作开展。三是突出硬，敢于对矛盾较多的地方进行督查、督办，敢于一针见血指出问题，提出限期整改意见和要求，一督到底，务求落实。（2）深入调研，科学分析。督查工作要坚持实事求是的原则，察实情、说实话、办实事。为精准掌握实际情况，准确反馈督查结果，综合办公室发挥“五到现场”的优良传统，督办人员连续多天深入相关单位和生产现场，在一线收集情况认真分析、加工提炼。每晚反馈总结，提出操作性建议用于指导第二天工作，为高效完成督办工作打下基础。（3）举一反三，全面提升。督查工作不仅是对决策的落实和督查，更多的应该是以督查促发展，以督查促提升。由于本次督查解决的六个问题涉及点项多、部门广、人员杂，在统一思想和集中力量上存在现实困难。为此，综合办公室组织最适合的力量，运用最适合的手段，选择最适合的方法，不但圆满完成了单项督办工作，而且引起了全厂相关部门单位对站库及承包商管理的重新审视和管理升级，形成了以点带面、点面结合、整体推进的良好局面。

精督办抓关键　力促重点任务按期完成

——120 万吨 / 年柴油加氢装置检修工期优化专项督办案例

王建红　朱玉新　臧艳妲

（中国石油天然气股份有限公司兰州石化分公司）

一、任务来源

2018 年 5 月 28 日，中国石油天然气股份有限公司兰州石化分公司（以下简称兰州石化公司）主要领导在深入炼油厂 120 万吨 / 年柴油加氢装置检修现场调研后指出：要全力以赴抓好 120 万吨 / 年柴油加氢装置检修，科学优化检修工期，确保早日实现复工。

二、背景情况

120 万吨 / 年柴油加氢装置催化剂已延期使用 8 个月，装置运行瓶颈凸显，一定程度上影响着油品质量和产量。2018 年 5 月 23 日起，炼油厂 120 万吨 / 年柴油加氢装置按照计划检修换剂，原定工期 35 天。在国Ⅵ柴油质量升级的关键时期，120 万吨 / 年柴油加氢装置提前完成检修任务，缩短检修换剂时间对于降低兰州石化公司柴油库存、增强产品竞争力、实现全年盈利目标具有至关重要的作用。

三、存在问题

检修涉及装置首次拆除行车和多项容器打开作业，风险点多、危险性大，时间紧、任务多、技术要求高、安全环保管控形势严峻。在正常工期内完成此次检修，具有相当的难度和挑战，在保证质量的前提下，缩短工期更是难上加难。120万吨/年柴油加氢装置检修已经成为公司、分厂、专业科室工作的重中之重，除检修主体车间外，需要机动设备、生产技术、安全、环保等专业科室全力配合。

四、方案策划

在兰州石化公司领导明确指示要求后，炼油厂立即行动，厂主要领导要求炼油厂办公室全力督办，督促相关科室制定完善检修方案，打好工期优化攻坚战。办公室组织相关科室人员，精心策划督办方案，做到“三明确”，保证了督查督办的高效推进。

一是明确督办方法。准确领会领导意图，明确柴油加氢联合车间为督办主体，机动设备科和生产技术科为承办单位。经过协调研究，设定保底检修工期为28天。按照“定标准、建机制、抓考核”的工作方法，从方案制定、过程监督到奖惩激励环环相扣，督促检修任务高效优质完成。

二是明确职责分工。充分发挥统筹协调的功能，督促车间和设备、生产、安全、环保等科室共同制定检修方案，专门成立装置检修指挥部领导小组，下设安全环保组、检修施工组、质量验收组、物资供应组、生产处理组、后勤保障及宣传组共计6个专业小组，并将责任落实到个人，保证检修各项工作专人专责。

三是明确工作内容。针对现场检修24小时不间断、动火作业点多、有限空间作业复杂等特点，要求各专业小组对高危作业项目提出完善可靠的作业方案，并且车间保证现场作业全天候有监护人。针对催化剂装卸和回装，明确专业小组安排专人到厂家全程盯守，确保每一车催化剂按计划到厂再生。

五、工作措施

炼油厂办公室紧紧把牢督办立项、过程管控、评价考核各环节，及时帮助协调解决遇到的困难，加大精准激励工作力度，保证各督办单位高效执行。

一是压实督办链条。按照工作任务轻重缓急不同，将督办事项划分为“红蓝白”3色卡，即“一二三”3个等级。120万吨/年柴油加氢装置检修工期优化事项被列为“一级”，在兰州石化公司领导下发指示当天立项，由厂长审签后，办公室作为重点督办事项，明确任务目标、承办及协办单位、办结时限以及具体工作要求，将检修方案和督查督办卡一并交由承办车间，确保决策部署执行到位、精准落地。

二是落实专人专责。按照“一级”督办事项清单要求，采取实地调查、主动协调、积极参与、办中抽查、报后核查等办法，开展全程督查督办。办公室安排专人每天参加分厂级别生产调度会，听取柴油加氢联合车间检修情况汇报，会后按照“已完成、遇到的困难、下一步工作”的思路集中梳理信息；安排专业人员深入装置现场，了解检修实际情况，现场协调存在的问题和重点工作，进一步提高督查督办的时效性、针对性。

三是加强结果反馈。充分发挥办公室综合协调的桥梁纽带作用，利用信息反馈的职能优势，搭建车间与科室之间的沟通交流联系平台，对方案的落实情况进行跟踪反馈，将现场督查督办过程中遇到的问题，及时分享至工作平台，每天定时向主要领导汇报情况，并根据领导指示要求进行安排部署和任务调整，推动工作及时、高效落实。

四是量化评价考核。坚持有督办就有奖惩的原则，将督办结果与车间业绩挂钩，实施过程控制、节点奖励、可量化动态考核激励，加大责任追究力度，增强攻克难题的内动力。对此次检修工期优化事项，专项申请厂长奖励基金，根据完成情况给予一次性奖励。按照检修工作方案明确的奖励办法，27天内完成检修任务，申请使用厂长奖励基金一次性奖励 5 万元，工期每提前 1 天，多奖励 1 万元。此次检修工期优化督办事项中，办公室共申请厂长奖励基金 8 万元，全部用于奖励柴油加氢联合车间及相关专业科室。

五是提炼形成闭环。把“求实、务实、落实”贯穿到督查督办工作的全过程，根据承办单位反馈情况，厂领导按照“好、较好、一般、差”4 个等级予以评价并签字确认，最终 120 万吨 / 年柴油加氢装置工期优化事项被评定为“好”。办公室对督办卡进行编号归档，对督查督办立项、承办、催办、反馈等各环节进行总结，同时帮助车间总结在检修中涌现出的好经验、好做法。

六、工作成效

经过车间合理安排各系统处理工作，在确保安全环保受控的前提下，主线工作提前交出，催化剂再生及装填工作中做好各环节的衔接，优化反应器装填顺序，使催化剂装卸及再生工作提前完成，6 月 16 日产出合格产品，装置工期仅为 24 天，比计划工期缩短 11 天，比方案中制定的保底工期缩短 4 天，同时降低了柴油库存。8 月 20 日，炼油厂全部按照国Ⅵ标准生产柴油，比国家要求提前 4 个月迈入国Ⅵ时代。

七、经验体会

经过此次督查督办，并结合多年督查督办的工作经历，我们深深地体悟到：

（1）高效是督查督办的基础。督查督办的各个环节都应及时高效，增强立项的计划性，根据领导指示，全面分析研判督办的要点，自成体系，并及时督办、及时立项、及时催办、及时反馈，增强危机感和紧迫感，让领导的指示及时落地，让车间的执行力更加畅通。

（2）服务是督查督办的手段。办公室的重要职能之一，就是发挥好服务作用，综合协调，上下左右联动，协同作战，通过及时督办和有效的信息反馈，发现问题、解决问题，汇集各专业、基层车间力量，全力以赴完成重点工作任务。

（3）精准是督查督办的关键。根据工作实际，准确拿捏立项课题，准确把握督办难点、重点、关键点，将履行督办职能与服务生产经营紧密结合起来，精准落责、注重实效，紧盯每一个督办环节、持续跟踪，推动工作及时、高效落实。

（4）创新是督查督办的保证。督查督办不能一成不变，必须随着时代变化、实践的需要及时做出调整和优化，在原有督办体系的基础上融合信息化、智能化，提升督办的精准性和实效性；同时，对完成的督办事项及时总结特色亮点，持续改进不足，使督办体系日趋完善。

转方式提效能　精准督查促进工作落实

——"丁二烯车间波纹填料清理"微督查案例

回　涛　羊　丽

（中国石油天然气股份有限公司兰州石化分公司）

一、任务来源

2019 年 5 月 20 日，中国石油天然气股份有限公司兰州石化分公司（以下简称兰州石化公司）主要领导在乙烯厂检修现场检查指导工作时发现，丁二烯车间对波纹填料清理过程管理不细致，施工人员在简单冲洗后就开始组织回装。对此，要求兰州石化公司党委督查室组织有关部门和专业科室对乙烯厂丁二烯车间及其他有波纹填料清理作业的单位进行清理全过程系统督查和现场验证。

二、背景情况

2019 年 5 月，兰州石化公司正式开始三年一度的炼化装置停工大检修，共涉及 69 套炼油化工装置，各类人员 1.2 万余人，检修项目 5814 项。时间紧、任务重，能否高质量完成检修工作对下一步炼化装置长周期运行具有重要意义。为此，兰州石化公司成立大检修指挥部，精密部署、科学安排，制定了详细的检修计划、方案和标准。

波纹填料作为丁二烯车间汽油加氢脱 C9 塔加氢脱碳的关键，其清理质量对后续装置运行、塔体散热等方面影响深远，因其自身结构原因，在使用中易附着大量无机盐类、铁盐以及少量污泥，清理工作难度较大。

三、针对问题

一是缺乏相应的标准规范，质量标准把握不准。兰州石化公司在废旧填料清理利用方面没有建立相应的标准规范，清理质量验收主要由车间技术员通过目视观测的方式进行，因此存在质量标准把握不准、尺度不一的现象。

二是清理作业人员责任心不够，没有拆散填料逐片清理。波纹填料清洗属于现场人工作业，由工人用高压水枪反复冲洗填料，清除污泥水垢，对有些不易清除的杂质还需用50℃左右热水溶解高效除垢剂后进行清理，对于污垢严重的填料要拆散后逐片清理，工作难度较大。清理作业人员在无人监督下，清理效果不到位。

三是车间技术人员监管不够，现场验收不到位。乙烯厂丁二烯车间设备管理人员属地责任落实不够，对填料清理过程管控不细，缺少层层验收，对清洗后的填料外观没有逐一仔细验证。

四、方案策划

兰州石化公司主要领导作出指示要求后，党委督查室立即启动工作预案，从机动处、安全监督中心各抽调一人，成立联合督查组，快速进驻现场开展微督查。

五、工作措施

一是抓规范，开展联合督查。进驻现场后，联合督查组立即与乙烯厂、化肥厂有关专业技术人员进行对接研究，着手制定波纹填料清理及现场质量验证工作标准，明确施工前技术交底、现场作业规范要求、完工质量验收等工作流程，从作业参数、工序管控上进行明确规定，从而使清洗质量和督查效果验证有据可依。

二是抓过程，推进跟踪督查。联合督查组驻守装置现场，对照规范标准进行填料清洗全过程跟踪检查。由专业管理部门对现场作业进行指导规范，并对质量合格证、填料装箱单、检修施工对接卡、塔类设备检修质量验收单等单据逐一进行核对。

三是抓效果，实施结果评价。突出实效，通过对车间波纹填料清洗后最终效果的现场验证、对比分析，压实专业管理部门、属地单位和施工单位三方责任，找出问题环节并制定相应措施，积极实施结果评价，促进工作质量提升。联合督查组将丁二烯车间波纹填料清洗督查结果提交工程结算部门，督促对检修单位进行结算考核；督促分厂对车间质量验收不到位、现场管控不严情况进行通报；督促专业管理部门完善其他设备设施清洗管理规范。

六、取得成效

联合督查组通过两天的跟踪督查，督促相关专业部门完成填料清理的标准规范，彻底整改了丁二烯车间填料清理过程管控不到位等相关问题。清洗回填后的填料无堵塞、无杂物，外观清洁合规，已进行回装，既保证了修旧利废、降本增效，又确保换热效率和各项参数达标，符合检修施工质量标准。

七、工作体会

（一）督查要突出雷厉风行、马上就办

微督查最重要的就是时效性，对领导密切关注的重点工作应马上就办，转变方式、深入现场，力争 1 ~ 2 天内见到实效。在本次督查中，我们认识到大检修时间紧、任务重，不能简单下发督办卡等基层单位反馈就完事，必须快速深入现场实地督办有关问题，最大限度减少对检修工作的扰动，立督立办、立查立改，促进工作质量提升。

（二）督查工作要强化专业互动、协调配合

督查工作常常涉及多方业务，既需要专业部门的指导，又需要上下级的配合。党委督查室作为综合部门，在督办专业工作方面存在业务不对口、情况不熟悉的问题，必须统筹协调好各方力量，形成联合督查的局面。从 2018 年起，兰州石化公司形成了办公室、专业部门和公司、分厂、车间“两重点三层面”的全覆盖督查运行体系，使督查管理更具针对性和执行力。本次督查就是采取了专业部门、二级单位、车间配合的联合督查方式，提高了督查效率和成效。

（三）督查工作要由表及里、突出成效

督查的目的是抓好落实，助推同类工作高质量完成。这就需要各级督查部门切实负起责任，从管理层面查找问题根源，督查建立相关工作机制，实现同类工作举一反三有序推进。本案例中，联合督查组延伸督查内容，在高质量完成丁二烯车间波纹填料清理工作的基础上，督促制定了相应的清理标准，完善了现场质量验收的工作流程，形成了有考核、有评价的闭环管理体系，对同类清理作业产生了很强的指导意义。

督查督办显成效　丝绸之路树丰碑

罗　凡

（中国石油集团西部钻探工程有限公司）

一、任务来源

2009 年，集团公司将明 15 井提上勘探开发日程，并与乌兹别克斯坦国家石油公司经过 8 年分析论证，决定于 2017 年 7 月 6 日开钻。集团公司主要领导作出重要批示，要求中国石油集团西部钻探工程有限公司（以下简称西部钻探公司）把明 15 井打造成“一带一路”品牌工程，为乌兹别克斯坦能源经济发展做出积极贡献。西部钻探公司将“对明 15 井技术管理、安全井控、装备保障等方案进行完善，严把工程质量，为勘探开发重大项目提供有力保障，确保圆满打成”作为年度重点督查督办事项，列入督查督办计划并实施推进。

二、背景情况

明 15 井位于费尔干纳盆地中央坳陷带，设计井深 5918 米，是乌兹别克斯坦国家级重点工程，也是国家“一带一路”重点工程。钻探期间，乌兹别克斯坦总统沙夫卡特・米尔济约耶夫、副总理易卜拉欣莫夫等政府高层先后 7 次赴现场视察，并表示明 15 井是中亚地区绝无仅有的复杂井。

三、针对问题

近 40 年来，费尔干纳盆地明格布拉克构造区内钻井 15 口。其中，4 口因卡钻工程报废，5 口地质报废，8 口发生严重井漏，明 3、明 9、明 14 井发生井喷，明 5 井发生震惊世界灾难性井喷失控事故。已钻 15 口井平均钻井周期三年以上，仅 5 口井钻至古近系，平均钻井周期达到 1722 天。明 15 井钻探存在地质资料匮乏、“四高一超”、喷漏同存、环保要求高、保障难度大等钻探难题，井筒最高温度 170℃、压力系数 2.31、含硫 6%、高压盐水饱和度 26%，储层埋深 5200 米以上。

四、方案策划

一是搭建协同管理架构。坚决落实集团公司主要领导批示要求，成立西部钻探公司层面领导小组，主要领导担任组长，海外业务分管领导担任副组长，统筹协调明 15 井钻探工作，班子成员轮流驻井指导，打造多层级协同督查抓落实格局。

二是完善督查督办机制。西部钻探公司通过政务信息、督查简报等方式，及时向集团公司和西部钻探公司领导反馈工作进展，重大施工阶段和技术方案，得到上级批准后方可实施。按照逐级负责、分级办理的原则，积极协调各方力量，杜绝督查疏漏。

三是优化责任落实程序。建立责任落实清单，将工作目标、责任及完成时限分解落实到相关责任领导、部门和单位，确保目标责任落实到单位、落实到人、落实到具体时间点。建立重点事项专门负责、重点环节专人负责制度，帮助现场解决困难。

五、工作措施

（一）完善保障机制，增强督查工作效率

搭建人力资源支撑网络，选派三名领导班子成员驻井指导，8 名局级专家 24 小时盯守现场。同时，成立工作领导小组，组建工程、钻井液、固井、设备、井控等五组人员分工协作，形成强大的支撑保障网络，确保重点环节督查到位、执行到位。搭建信息交流保障平台，梳理沟通交流渠道，为确保督查信息顺畅传递，统筹建立网络系统、视频系统、监控系统，国内外专家面对面开展远程会诊。建立信息日报送机制，每日向集团公司办公厅上报明 15 井生产动态，为高层决策提供信息支持。搭建应急绿色保障通道，快速组建物资保障工作组，超前落实物资计划、货源、运输，推行“一站式”配送，组织化工材料 6000 多吨。统筹开展外事工作，高效保障 100 多人次正常出入境、23 人次紧急出境，做到人员“随要随到”。

（二）强化技术创新，提高督查工作实效

创新破解提速难题，创新使用“大尺寸 PDC 钻头 + 大扭矩螺杆”，推广稳定性、抑制性强的 XTW 等多种钻井液体系，成功破解高温高盐难题，形成大井眼优快钻井配套特色技术。探索破解堵漏难题，面对“漏失频发、喷漏同存”的严峻挑战，使用精细控压、液面监测、录井监测等多种技术手段，安全完成 44 个漏层 53 次堵漏，破解区块新生界古近系地层漏点多、漏量大、堵漏难等技术难题。

（三）深化多元合作，提升督查工作水平

深化甲乙方合作，坚持“成就甲方才能成就自己”理念，主动与甲方沟通交流，准确掌握甲方需求，累计与 CNODC 等多个单位开展交流 7 次，召开技术讨论会 32 次，共同研究调整优化施工方案，有效规避了风险，实现了平稳施工。

强化技术合作，以解决现场难题为导向，选择关键性、瓶颈性问题开展预判性、前瞻性技术攻关，先后联合西南石油大学、北京培康等高校和科研院所，开展有机盐、水泥浆、井控等技术研究，缩短了学习曲线，加快了问题解决。优化内部合作，以井筒为中心，现场钻井、钻井液、固井、井控、设备等五路专家团结协作，录井等七个专业化单位超前谋划、各司其职、紧密衔接，为圆满完成施工任务提供了良好保障。

（四）严格安全防控，夯实督查工作基础

强化井控责任落实，组织开展井控培训 100 余次，高频次开展防喷演练，加密每日井控设备检查次数，应用精细控压技术密切监控地层压力变化，配套高端液面检测设备精准测量液面波动，确保井控绝无一失。加强现场安全监管，按照“坚决保安全”要求，加大班组自查自改力度，消除安全隐患。细化应急预案，开展消防、防洪等安全演练，提前与周边消防、医疗机构签订应急服务合同，与领事馆、当地中资企业共享社会安全信息，随时做好应对突发准备工作。树牢绿色发展形象，将绿色作业作为品牌形象重要组成部分，严格处理生活垃圾、废水废铁，高标准完成 9000 多立方米钻井液和岩屑的无害化处理，实现钻井与环保同抓共管。

六、督查成效

明 15 井开钻后，西部钻探公司围绕目标，注重政务督查管理与创新，超前实施督查方案策划，研判“十大难题”制定周密措施，搭建“六大平台”精心支撑保障，严控“四大风险”确保安全施工。历时 431 天，于 2018 年 9 月 9 日圆满完成明 15 井钻探任务，攻克了一开超大井眼、二开超长裸眼、三开异常高压、四开喷漏同存、五开高低压同层等系列难题，探索形成大井眼优快钻井、复杂地层防漏堵漏等 8 项特色技术，一举创出区块机速最快、建井周期最短、固井质量

最优等 7 项施工纪录，在重点工程难题攻关、支撑保障、风险管控、多方合作等方面实践形成诸多宝贵经验和认识。优秀业绩多次受到集团公司党组领导肯定及中油油服、中油国际贺信表扬，打开了费尔干纳盆地深层油气宝藏大门，为中国石油海外勘探大突破奠定了现实基础，为“一带一路”油气合作做出了积极贡献。

七、经验体会

（1）领导重视，督查工作才能抓实。充分发挥督查工作“利剑”作用，从严压实督查责任，形成了班子层面统筹抓、主要领导带头抓、分管领导驻井抓、全体干部员工参与抓的良好氛围。领导干部的高度重视推动了各项决策部署保质保量执行落实，也感染和鼓舞了员工，形成了战斗合力。

（2）保障有力，督查工作才能抓好。围绕“井控风险管控、现场安全生产、绿色环保作业”三大重点，统筹成立多层面生产保障机制，层层盯关键，全员抓落实，为防范和应对各类突发风险和挑战做足了准备，确保了“四零”目标实现。

（3）注重细节，督查工作才能抓牢。将督查成效体现在工作细节，每周召开专题会议，组织专家对重点施工细节反复研究，牢牢盯住关键阶段的关键环节，时刻掌控各种情况，确保预期目标顺利实现，保证全井成功钻探。

（4）敢于创新，督查工作才能抓活。明 15 井钻探过程中，各级领导干部、技术专家在技术难题面前，超前谋划、研究攻关、精细调研、制定方案，技术集成及创新同步推进，贯彻执行不打折扣，多方合作优势互补，成为圆满打成明 15 井的制胜法宝。

明确目标　压实责任
推动物资管理效率效益双提升

贾博博　韩　鑫

（中国石油集团西部钻探工程有限公司）

一、任务来源

2017 年 9 月，集团公司领导到新疆区域调研时，提出进一步加强重点生产区域物资供保效率，适应油气勘探开发需求，推进作业现场零库存，要求在新疆玛湖等勘探开发重点区域，从大宗物资入手，研究通过集中配送、区域共享等方式，实现零库存，降低物资供应成本。中国石油集团西部钻探工程有限公司（以下简称西部钻探公司）研究决定在玛湖区域建立物资共享服务中心，办公室就该事项进行专项督查，要求责任部门统筹做好项目建设，推进构建物资集中供应新模式，打造集约化、规范化、信息化、“零库存”供应示范点，并在生产集中区域推广，确保实现“省人、省心、省力、省时、省钱”目标。

二、背景情况

2017 年，新疆油田在准噶尔盆地玛湖凹陷中心区突破性发现 10 亿吨级特大玛湖砾岩油田，集团公司决定全面加快玛湖油区勘探开发步伐，对勘探开发保障提出巨大挑战，构建玛湖物资共享保障高效勘探开发迫在眉睫。

三、针对问题

玛湖区域勘探开发工作量大，作业队伍点多、面广、战线长，物资需求种类数量庞大、门类庞杂，原有物资保障模式不足以保障高质量发展和高效勘探开发，面临着一些突出的问题。

（1）物资仓库归属分散，资源低效使用。西部钻探公司物资供应实行集中采购，各生产单位分散仓储供保模式，分散仓库管理在地理位置分布上比较有优势，但各仓库缺乏统一管理、协调调度，库存的物资不能得到有效的调拨，无法实现各自资源的共享利用，甚至由于受资产归属限制，易出现物资仓储失衡等问题。

（2）仓储设施设备落后，存在仓储风险。各仓库多为老旧库房，物资存放混杂，重晶石粉、润滑油等大宗物料主要使用袋装、桶装等，塑料袋时间长存放易腐蚀老化，配送周转、加注、余料回收等环节包装破损损耗大，卸搬运易造成浪费严重、环境污染和作业风险。

（3）分散管理和装载搬运，增加人工成本。仓储分散造成了业务重叠，物资服务人员偏多，综合运行成本较高。分散仓库物资装载不能实现机械化，人力搬运物资作业效率较低，劳动强度大，严重制约了物资仓储配送效率和快速应急保障能力。

四、方案策划

按照集团公司党组领导要求，西部钻探公司将物资共享中心建设列为重点督办事项，明确工作责任，分解任务目标，加大督查力度，统筹相关部门加强整体推进、督促落实。紧盯督查过程管控，抓实推进玛湖物资共享中心“信息化、标准化、集约化”建设，确保物资共享中心落地启用，提升效率效益。

五、工作措施

西部钻探公司采取领导牵头抓总，相关部门统筹推进，办公室协调督办的方式，推进物资共享中心建设有序开展。

（1）列清单定期限，紧抓督查进度。根据中心建设运营督查要求，分解督查任务和目标，建立督查运行台账，列举过程管控清单，以建设具有“一键式供应、超限额预警、大数据分析”能力的物资共享中心为目标，明确进度时限，办公室以重点事项任务单为抓手，定期对照时间表督查落实，出现进度逾期情况，强化原因分析，全力攻克难点，确保取得实效。

（2）频跟进严考核，狠抓督查落实。办公室坚持问题导向、目标导向，强化考核激励，将督办工作成效纳入机关部门业绩考核，权重为10%；事项办结后由西部钻探公司主要领导进行满意度评价，满意加1分、基本满意不加分、不满意扣5分。对于不满意事项，承办部门须提交整改报告，并重新立项办理。

（3）强协调勤通报，严抓督查成效。坚持靠前服务，对于基层单位不能及时解决的问题，机关部门主动担当，在西部钻探公司层面加强协调，促进中心快速建设。同时，下发月度督查通知书和督查简报，及时传达西部钻探公司新要求，通报每月工作进展，对工作推进不力的进行催办，提高了督查效率。

六、取得成效

2018年2月，新疆玛湖物资共享中心全面建成，并在6个生产集中区域得到推广，督查工作取得实效。

一是成立北疆、吐哈、青海、玉门、南疆、乌鲁木齐、苏里格等7个共享服务站，物资管理人员减少90人，仓储面积缩减8.7万平方米，年节约人工成本、场地租赁费2289.6万元，改变了作业队站层层设库、多级储备物资的现状，大幅提升了物资供保效率，实现了集团公司党组领导提出的“省人、省心、省力、省时、省钱”目标，成功经验在工程技术板块进行了推广。

二是通过建立管理扁平化、流程标准化、系统集成化、服务专业化和运营信息化的管理模式，在保障生产的前提下，实现零库存管理，降低了运营成本。2018 年配送物资 23556 项价值 2.69 亿元，减少材料房及化工搬家 278 次，节约搬家和送料车辆运费 244 万元；化工等大宗物资“一站式”直达配送，节约二次倒运费 450 万元；减少区域内各单位管理人员 40 余人，减少库存资金占用 2 亿余元，节约人工成本 800 万元、资金成本 400 万元。

七、经验体会

督查是确保政令畅通、各项决策部署落地生根的重要手段，也是提高工作效率和质量的重要方法。要做好督查督办，就必须增强责任感，坚持问题导向，强化督办追责，确保工作高效推进。

（1）高度重视，提高督查思想认识。增强大局意识，强化顶层设计，提高对督查工作重要性的认识，对集团公司的重大决策部署，第一时间开展督查策划，通过专项督查和日常督查相结合的方式，有选择性地立项，下发督查通知书。

（2）增强责任，狠抓督查工作执行。明确各项工作推进落实责任部门、责任人，细化任务分解，压实分工责任，抓住督查关键节点，坚持“快办快查快结”原则，做到件件落实快，件件回音快。

（3）求真务实，深化督查工作落实。坚持问题导向，直面问题和矛盾，尤其在督查重大事项时，不回避、不绕弯、不退缩，针对督查发现的问题提出有见地、可操作性的意见和建议，挖掘深层次问题，推动高效落实。

上下齐心抓落实　持续跟踪问实效

郭杨锋　朱莉莎　刘大龙

（中国石油集团测井有限公司）

“决策的制定和实施方案的部署，事情只是进行了一半，还有更重要的一半就是要确保决策和部署的贯彻落实”。督促检查是一个重要的领导环节和领导方法。以灵活务实的方法做好督查督办，使上级重要部署、公司重点工作、基层重大问题得到及时有效的落实和解决，是改进作风的有效手段，也是实现目标的重要方法。

一、案例回放

2017年7月6日，集团公司领导到中国石油集团测井有限公司（以下简称测井公司）检查指导工作，在谋发展、抓市场、抓技术、抓管理、抓安全、抓人才培养、抓党的建设等方面作出重要指示。在调研过程中，对测井公司技术中心机械加工车间发现的问题提出了明确要求。对于制造车间现场管理问题、装备介绍内容优化等工作，测井公司总经理在调研现场安排技术中心立即整改落实。技术中心当天就组织召开专题会议，研究具体整改方案，明确由技术中心主管制造的班子成员负责组织落实整改工作。

7月10日，测井公司召开总经理办公会专题研究落实集团公司领导检查调研时的指示精神，就落实岗位责任制、安全监控视频全覆盖、加强“三基”工作、研究拖橇设计、管理对标、机械加工中心联网等15项具体工作要求，研究制定具体工作方案，各项工作都明确由测井公司领导班子成员分别负责落实。会后，有关部门、单位按照总经理办公会部署和要求，就上述 15 项工作研究制定具体实施计划表。技术中心按照集团公司领导现场检查时指出的问题和提出的工作要求，多次召开会议研究整改落实方案，并派团队到宝鸡石油机械有限责任公司观摩学习制造管理工作，安排中心领导班子成员轮流在制造现场值班办公，实时掌握现场工作情况，切实抓好问题整改落实。

8 月 22 日，测井公司办公室对总经理办公会安排的 15 项工作进行了专题督办，对各项工作取得的阶段性进展进行汇总梳理，形成专题书面督办报告呈报集团公司办公厅。

8 月 30 日，集团公司领导再次来到测井公司，现场查看制造管理、研发设计、机械加工等工作整改落实情况，对整改效果好的工作给予肯定，同时对进一步提升工作效果、固化工作成果提出了新的要求。按照指示要求，测井公司积极开展管理对标，不断改进研发和制造工作，着力培育具有自主知识产权的核心技术，解决“卡脖子”关键技术和产品，同时加强数字化、信息化、标准化建设，深入推进精益管理、规范管理。

截至 12 月 4 日，测井公司办公室就各部门、单位落实集团公司领导指示精神、落实测井公司总经理办公会安排部署情况进行了两次专题督查，工作过程中陪同测井公司领导到制造现场检查督促多次，通过网络、电话等方式督办多次，并就落实整改情况先后两次形成专题督办报告向集团公司办公厅报告。采取有效督办方式，注重过程跟踪问效，在实际工作中也见到了很好的效果。高精度电成像极板、半线圈电磁波传感器、核磁共振探头等测井新型传感器自主制造取得重大突破、测井芯片研究取得实质性进展，装备制造车间规范化管理为精益制造提供了条件，拖撬完成 16 口井作业，装备介绍制作了统一规范的多媒体材料，安全生产、测井资料入库联网、管理对标、岗位责任制、班组核算、流程优化、“三基”工作等完成阶段性任务，并持续优化推进。

12 月 8 日，集团公司领导出席测井公司干部大会，对测井公司工作给予了充分肯定。

二、经验体会

习近平总书记在中央全面深化改革领导小组第 34 次会议上强调，督察是抓落实的重要手段，各地区各部门要把抓改革落实摆到重要位置，投入更多精力抓督察问效。

重要部署、重要事项能否在实际工作中有效地贯彻落实，督查督办工作显得十分重要。通过有力有效的督查工作，不仅要引起上下重视，而且要通过督查工作总结分析工作效果、亮点和不足，把好的做法变为规范，把规范变为制度。

（一）高度重视，汇聚起各方力量

此案例中能取得良好的工作效果，我们总结主要在以下几个方面原因：一是公司层面重视。集团公司领导在调研检查过程中指出的问题、提出的要求，测井公司领导班子高度重视，立行立改的马上安排整改，对重要问题召开专题会议研究部署落实整改方案，并明确由测井公司分管领导牵头组织开展各项工作，落实责任任务、明确时限要求。二是实施层面重视。落实上级领导的指示要求，不仅要解决工作本身的问题，更重要的是解决思想上的问题。在整个工作过程中，测井公司基层单位能够提高站位，从大局全局想问题、办事情，打破传统思维、习惯做法，主动走出去、请进来，通过对标对表找差距、查不足，对推动各项工作发挥了重要作用。三是督查主体重视。测井公司办公室作为督查工作主体，参与了集团公司领导调研检查工作的全过程，对领导指出的问题、作出的指示、关注的重点工作等做了全面的记录，并进行了整理汇总和分类，及时将贯彻落实领导调研精神列为测井公司党委会、总经理办公室的议题，研究讨论具体行动方案。在后续工作中，测井公司办公室持续跟踪问效，实时掌握情况、反馈问题、协调工作、报告进展，直到任务有效完成。四是领导高度重视。从 7 月 6 日到 12 月 8

日，集团公司领导先后三次到测井公司现场检查工作，体现了对测井工作的高度重视和务实严谨的工作作风。测井公司主要领导、分管领导多次到基层单位协调工作、解决问题，督促整改落实工作顺利开展。

（二）丰富手段，落实好上下责任

督查工作要丰富手段，深入基层、创新方法、善于总结，确保各层面的责任落到实处。一是专题督查。对特别重要事项开展专题督查，就是对特定事项安排专人进行督查督办，下达督查通知，通过书面报告、现场查看等方式进行督查，有利于找准关键、精准发力。二是现场督查。对于比较复杂的事项进行现场督查，就是实地查看走访，看现场、摸实情、做实事、问实效。这样便于检查落实结果，分析存在问题，特别是通过走访了解更多第一手资料，有利于解决复杂问题。三是电话督查。运用现代信息技术手段，实行重大督查事项从决策到落实的全过程动态管理，实现督查信息的快速传输、即时处理和高度共享，提高督查工作的质量和效率，督促实施单位加快工作进度，按时完成各项工作。

（三）及时总结，分析出亮点短板

每次督查工作都应及时形成督查报告，总结分析重要事项、重点工作是否有效落实，突出找亮点、抓问题、定措施、树典型。找亮点是为了推广有效的经验做法，把一些好的经验做法固化为工作规范，并逐步把规范提升为工作制度流程。技术中心在制造车间管理中就形成了 5S 管理规范，制定三级巡检制度、倒班制度等一系列制度流程，车间管理更加规范，有效提升了产品质量。抓问题是为了倒逼责任主体及时整改落实，坚持问题导向，通过督查发现问题，实时测井向公司反馈问题，及时弥补工作短板。定措施就是协调各方的工作，积极主动履行有关部门职能，修订完善相关制度流程，理顺工作机制，形成精准适用的意见建议，为公司决策提供参考。树典型是把重点工作中取得的较好经验、先进事迹等，加大宣传工作力度，形成良好舆论氛围，引导全员积极主动抓落实。

（四）持续推动，转化为自觉行动

很多工作都具有长期性，这就需要督查工作持续推动落实，不能浅尝辄止、半途而废。对于“三基”工作、岗位责任制建设、完善流程等具有长期性的工作，需要持续督查推进，可以适当延长督查间隔时间，作为普通督查工作进行办理，直到这些工作成为这些部门的日常性工作，这样这项工作的督查任务就基本结束了，也达到了重点工作有效落实的目的。案例中的岗位责任制建设最后形成全员岗位责任制体系，生产流程在全公司推广应用。一些持续推进的工作最终都融入公司制度流程，内化于心、外化于行，转化为干部员工的自觉行动。

督查的目的是督促工作的落实，通过督查的“润滑剂”功能，汇聚起各方面的力量，让各层面落实好责任，实现上下齐心抓落实，持续跟踪问实效。

跟踪督办参与国内原油期货业务

宫　娜

（中石油燃料油有限责任公司）

中石油燃料油有限责任公司（以下简称燃料油公司）督查督办工作工作流程简介：上级单位及公司重要工作部署、工作安排事项立项——确立承办部门（配合部门由承办部门选定）——纳入督查督办系统跟踪落实情况——责任部门定期反馈推进情况——公司主管领导跟踪点评和批示——责任部门办结（延期）申请——公司主管领导审批——督办事项完成情况考核评比。

一、任务来源

燃料油公司提质增效、稳健发展的重要工作规划和部署。开展原油期货业务可以获得丰厚的仓储收入，积累经验开展期货业务和保税业务，同时还有利于抢占区域市场，树立公司良好形象，扩大公司影响力和竞争力。

在获悉上海国际能源交易中心将于 2018 年 3 月进行原油期货上市后，燃料油公司迅速启动相关工作，2018 年 2 月 26 日将“做好原油期货准备工作，并参与上海国际能源交易中心原油期货上市的首笔交易”作为 2018 年重点工作立项督查督办，进入燃料油公司线上督查督办系统随时跟踪督查落实情况。

二、背景情况

（一）开展原油期货的优势

燃料油公司在 2004 年注册成为上海期货交易所（以下简称上期所）自营会员，同期燃料油公司湛江油库申请注册成为首批燃料油期货交割库。2004 年上期所 180 号燃料油标准合约上市以来，湛江油库作为交割中转量最大的交割库，不但在期货交割的仓储费方面创造了可观的经济效益，而且对该库所处区域的燃料油价格也发挥了重要的指导作用。上期所于 2013 年 9 月推出沥青期货合约，燃料油公司作为专业沥青公司对该合约进行积极应对，同时将下属三家沥青厂（秦皇岛、佛山高富、江苏燃料沥青）注册为上海期货交易所沥青交割厂库；将公司下属四家沥青厂（秦皇岛、佛山高富、温州、江苏燃料沥青）所使用的“昆仑牌”沥青商标，参与在上海期货交易所的沥青期货品牌注册（以便今后在上期所进行商品交割）。

长期以来，燃料油公司与上期所建立了紧密友好的合作关系，同时积累了期货业务的大量宝贵经验。

（二）开展原油期货业务的时机

上海国际能源交易中心（以下简称能源中心）是上交所的全资子公司，2013 年 11 月 6 日在自贸区成立，主要组织安排原油、LNG 等能源类衍生品上市交易、结算和交割，也是全国唯一组织安排原油期货交易的能源中心，新的交易品种的增加无疑是降本增效的又一抓取点，但原油期货迟迟未上市。2014 年 6 月 16 日，经燃料油公司总经理办公会（2014-12 期）审议同意申请开展原油期货业务，并将湛江油库、宁波大榭油库申请为原油保税交割库，安排资源处持续跟踪能源中心原油期货上市情况，开展相关工作。

（三）面对的困难

要在原油期货上市前完成业务审批许可；要执行极为严格的期货交割库需执行的规章制度；要提前做好罐容调整准备；要投入较大精力实时跟踪价格走势、研究交易策略、评估交易风险，找准交易时机。

针对问题：能否克服时间紧、风险大的困难，抓住时机，争取将湛江油库、宁波大榭油库申请为原油保税交割库，并顺利完成能源中心原油期货上市的首笔交易。

方案策划：督办任务下发后，督促承办部门资源处拟订工作方案：一是申请开展原油期货业务；二是积极推动业务开展，做好交易前期准备工作；三是拟订交易方案，并报燃料油公司金融衍生品委员会及总经理办公会审核通过。

工作措施：领导重视，例会汇报，重点安排；督办部门线上督办、线下核实。在此项工作落实过程中，督促责任部门抓住关键节点开展工作。

（1）经过与上海国际能源交易中心的反复磋商，得益于公司主要领导的多次亲自谈判，得益于燃料油公司丰富的期货业务经验和与上交所的紧密良好的合作关系。3 月 15 日，燃料油公司宁波公司和湛江公司被指定为上海国际能源交易中心原油期货交割仓库。

（2）及时上报集团公司《关于开展原油业务的请示》，每周公司处室例会责任部门汇报工作进展情况，2018 年 5 月 11 日获批；与此同时，公司领导会在关键时间点通过处室例会或面对面交流提醒责任处室跟踪价格走势、研究交易策略、评估交易风险，提前打通交易流程，为公司开展国内原油期货业务做了充分的准备工作。

（3）集团公司审批通过燃料油公司开展国内原油期货业务后，责任部门资源处立即做出交易方案报金融衍生品委员会及总经理办公会审议并落实。紧盯 SC1809 合约交割套利窗口打开的关键时期，紧紧抓住有利时机迅速进行期货交易锁定交割利润。在期货操作的同时开展交割油品的采购工作，对交割过程中存在的风险进行评估，尤其对汇率波动和油品到港时间等重点风险因素进行压力测试和情景模式测试，制定相应风险控制措施，圆满完成首批国内原油交割，实现了预期交割利润和仓储收益。

在各关键节点，督查督办部门及时提醒责任部门做线上工作进展情况反馈，线下问询核实，督促工作进度。

三、实际效果

较好完成了督办事项需要完成的既定目标，此项工作获得了燃料油公司管理工作单项奖励。

原油期货业务的开展，首先成功为燃料油公司增加了新的降本增效抓取点，SC1809 合约实现交割收益 1100 万元，截至 2018 年底实现仓储收益 2304 万元。其次该业务从交易策略的制定、交易时机的选择以及风险的把控都比较成功，为公司开辟了新的交易模式，丰富了期货交易手段。另外，公司此次原油交割业务和仓单转让业务，使公司成为上海原油期货首批交割单位和完成首笔仓单转让业务的单位。该业务的顺利开展，为我国原油期货健康发展产生了积极作用，得到了上海国际能源中心的高度认可，进一步增强了公司在行业内的影响力，塑造了良好的企业形象。

四、经验体会

对于较为重要的且有关键时间节点的工作，督办立项要任务清晰明确具体，主管领导要高度重视主动推动，督办跟踪要及时有效，督办反馈要规范准确，办结后要及时点评。发挥督查全过程各个环节的作用，推动工作高质高效完成。

生产经营协调会安排工作督查案例

廉　锐

（中国石油天然气股份有限公司独山子石化分公司）

中国石油天然气股份有限公司独山子石化分公司（简称独山子石化公司）坚持定期召开生产经营协调会，传达学习集团公司会议精神、重大决策，通报生产经营阶段情况，针对生产、经营两条主线焦点难点进行详细工作安排，明确责任部门、单位并限期落实。

一、督查难点

生产经营协调会安排工作数量多，督促检查工作量大。2019 年 4 月 9 日前，一直按照一周 1 次频次召开，每次会议安排 20 余项工作。从 4 月 9 日起，改为两周召开一次。生产经营协调会安排工作涉及部门、单位较广，一项工作多为 4 个及以上部门、单位参与，多时达 10 余个。同时部分部门、单位的督查员变更频繁，存在督查反馈内容质量不高，相关工作协调能力不够等问题。

二、督查方法

总经理办公室实行书面督查、现场督查、滚动督查、末梢督查“组合拳”，督促检查生产经营协调会安排工作，取得较好成效。

（1）高质高效书面督查。制定督查反馈标准模板，明确反馈内容包括工作是否完成、阶段性工作内容、计划完成节点等关键要素，提高督查反馈质量。例如，组织好“防泄漏、防着火爆炸”专项整治活动，需反馈针对性开展了什么检查、发现了多少问题、整改了多少、剩余问题是否制定纠防措施、计划什么时候完成整改等内容。

（2）实地验证现场督查。坚持从实际出发，在加强书面督查的同时，每日到一线开展现场督查，并拍摄重点工作落实过程、完成效果，制成视频短片《重点工作落实情况》，在生产经营协调会上进行通报。通过展现正反典型、曝光现场违章，增强督查实效性权威性。例如，会议安排组织好 1 月 9 日某车间循环气压缩机更换安全栅四级风险作业，视频通报公司、分厂、属地领导及技术人员，逐项落实作业风险管控措施，属地单位、检修单位员工精准操作，仅耗时 4.5 小时完成更换、恢复生产，展现了干部扎根一线、一丝不苟抓安全的作风及员工娴熟的操作技能。

（3）清单闭环滚动督查。实行重点工作“清单制”，组织各部门单位制定生产经营协调会工作落实清单，明确阶段性、延续性工作完成节点，按月销项。办公室定期清理，持续滚动跟踪未完事项进展，落实全流程闭环管理。例如，2018 年会议安排加快推进新建 9 号裂解炉项目，督促总包单位制定时间节点清单，我们对表持续动态跟踪进展，推动项目“关键动作”均踏点完成，2018 年 8 月完成裂解炉基础浇筑，12 月 18 日完成辐射段钢结构 A 室吊装，2019 年 4 月 21 日完成对流模块吊装，6 月 9 日完成 92% 钢结构安装。

（4）“四不两直”末梢督查。深入生产一线、施工现场，直插车间、班组，向员工了解第一手信息，掌握第一手资料，多角度、多层次了解工作进展，避免出现工作棚架。例如，会议安排组织分厂和施工单位学习某石化粉料闪燃事故案例，我们先后到 6 个属地单位、13 个车间，现场咨询 21 名员工及施工人员，20 人可以说清事故过程及原因，并结合实际举一反三识别岗位风险，1 人因休假不掌握事故情况，督促属地单位安排补充学习。

三、督查成效

近五年来，生产经营协调会安排工作落实率一直保持100%，有力保障了独山子石化公司指令畅通、决策落地。2019年1—5月，完成生产经营协调会16期督查，落实工作271项；制作《重点工作落实情况》视频通报16期，通报焦点工作进展183项；滚动督查62项延续性工作，有力推动了“生产优化、停工大修、项目建设”三大攻坚任务落实，得到管理层肯定。

四、督查体会

督促检查是推动党委决策部署有效贯彻落实的重要手段，根本职能是围绕中心、服务大局。有以下几点体会。

一是压实责任。坚持“一把手抓、抓一把手”，要求各部门单位反馈内容须经本部门单位主要领导审核，督促掌握重点工作进展，抓住工作主要矛盾、矛盾主要方面，主动上手落实工作。各部门单位均安排专人紧盯具体工作进展，细化分解每项工作至责任人，限期办理，避免遗漏，出现迟办漏办，严肃追责。

二是优化流程。每项工作均明确牵头部门，负责协调各方履行职能，形成合力，全流程推进工作落实。例如，会议安排安全质量环保处牵头协调处置热电厂六氟化硫废旧钢瓶。经研究，六氟化硫属惰性气体，不是危险废物，安全质量环保处仍发挥牵头作用，参照氮气钢瓶处置程序联系机动部门完成处置。

三是加强学习。定期开展督查员培训，分享典型案例，开展有效交流，提高业务素质、工作能力。深化信息沟通，使督查员及时了解领导意图，针对性开展督查。鼓励各级督查员建言献策，择优采纳，进一步优化督查程序。

四是创新方法。在传统督查基础上，善于探索创新，推动督查方法与时俱进，适应新形势下督查工作需要。随着办公信息化建设加快推进，信息化平台在公司各类业务中广泛应用，开发了“信息督查平台”，及时在平台上分解领导安排的工作，要求承办部门单位按时限要求办理，并录入进展、结果。如临近办结日期未反馈，还可发起任务催办，实现工作全流程监督，进一步提升督查工作效率。

“乙烯满负荷生产”督办事项案例解析

郑红宝　彭志翔　陈　勇

（中国石油四川石化有限责任公司）

一、任务来源

发起人：王彬

发起日期：2018 年 6 月 18 日

完成时限：2018 年 8 月 10 日

任务内容：深入分析一季度生产波动因素，研究方案，制定措施，确保检修开工后乙烯装置满负荷生产。同时深挖潜力，用足装置能力，尽量达到 110% 负荷生产。

二、督办事项背景情况

2018 年，中国石油四川石化有限责任公司（以下简称四川石化公司）面临着巨大的效益指标压力。因大检修，上半年账面亏损，全年生产时间短，完成全年盈利指标任务艰巨，必须在提高装置负荷、降低能耗方面找突破口，才能有效增强盈利水平。

四川石化公司装置进行大检修，全厂各套装置检修后处于稳定调整期，期间又遇到自然灾害导致天然气中断，有效生产时间损失近 100 天。

三、攻坚克难，快速推进督办事项落实

生产四部接到督办任务后，马上召开党政班子会，研究部署解决方案。抽调精兵强将逐项排查高负荷生产的技术瓶颈，邀请外部专家把脉，协调处理技术攻关，具体做法如下。

（一）协调优化裂解原料

与原设计相比，原料变化大，乙烯裂解产物分布偏差大，是影响乙烯装置高负荷运行的关键问题。干气、裂解汽油等组分收率高，导致后系统（尾气精馏塔、脱丁烷塔、汽油加氢单元）超负荷运行；现有原料含硫量超高，导致废碱氧化装置出现生产瓶颈。

因此，生产四部积极开展工作，主动协调业务部门，对裂解原料进行优化，切实改善裂解原料。

（二）严控外购原料质量

兰成原油管道输送的原料含 MTBE，外购的液化气等原料夹带二甲醚、甲醇等杂质，对乙烯装置生产平稳影响较大。

生产四部将问题及时梳理反馈给四川石化公司，推动加快实施混油处理装置，严控外购原料质量，防止对乙烯装置平稳生产造成冲击。

（三）探索优化工艺操作条件

生产四部邀请石化院兰州化工研究中心持续对裂解原料进行全面评价，对不同裂解条件下的产物收率和分布进行标定。通过深入了解裂解原料组成，摸索不同裂解原料对应的最佳裂解温度，为工艺优化和调整提供有利数据参考。

部门对班组的操作水平提出了更高要求，班组严格把控裂解炉出口温度波动范围，有效提高乙烯装置乙烯、丙烯等产品的收率，降低装置能耗，延长裂解炉

运行周期。

（四）节能减排，降低蒸汽消耗

生产四部持续加强装置蒸汽、燃料气、循环水等用能管理。及时对废热锅炉进行清焦，增产超高压蒸汽；专人专责及时关注循环水温度。

（五）重大机组做好运行维护

部门要求助剂厂家实时监控裂解气压缩机等大机组运行效率，根据方案及时调整压缩机阻聚剂注入量，班组加强工艺监控，减少不必要的返回物料，从而保证压缩机保持较高效率运转。

（六）增强上下游协调

乙烯装置原料需保持性质、组成相对均衡。生产四部积极与调度中心、仓储运输部沟通协调，确保在罐区切罐、起停泵操作过程中保持原料管网压力稳定，避免造成乙烯装置波动。

（七）强化部门设备管理

生产四部通过强化设备管理，消除因为设备原因引起的生产波动，为乙烯装置长周期满负荷运行提供有力保障。每周由设备副部长带队开展设备专项检查。通过“两提升一强化”，确保生产设备管理受控。提升设备操作管理，有效遏制因各类原因导致的生产波动；提升设备安全管理，消除设备管理短板与隐患；强化设备检维修质量管理，提高设施完整性和设备可靠性。

（八）积极探索技术创新，突破装置大负荷瓶颈

生产四部积极与设计院沟通，通过技术改造，增设一台低压甲烷氢压缩机。将过剩甲烷氢升压后外送至化工区燃料气管网，不仅解决后续系统尾气精馏塔高

负荷生产瓶颈，而且每年回收甲烷氢 5.6 万吨，为四川石化公司创效 1 亿多元。

四、督办事项取得成效

圆满完成了督办任务，乙烯装置已满负荷生产，正在努力向 110% 负荷生产调整。

截至 2018 年 10 月 31 日，乙烯装置累计加工原料 154 万吨，生产乙烯 48.45 万吨、丙烯 25.38 万吨，乙烯收率 31.46%、丙烯收率 16.48%，平均负荷 100.18%（包括碳二轻烃），大检修后乙烯综合能耗 534.1 千克标准油 / 吨，加工损失 0.15%，综合能耗和加工损失都创历史最好水平。

五、经验体会

生产四部党政班子明确督办任务，将督办事项拆解成具体工作任务，统筹规划，分工落实。定时召开调度会跟进督办进度，协调解决技术难题。

在督查督办过程中，生产四部团结带领干部员工，立足实际，紧紧围绕生产经营任务，扎实推进各项工作的稳步开展，全面完成各项生产经营指标，圆满完成了四川石化公司下达的各项生产任务。

飞天公司企业法人减压督办案例

冯　晋　张　敏
（中国石油天然气股份有限公司江苏销售分公司）

一、任务来源

按照中国石油天然气股份有限公司江苏销售分公司（以下简称江苏销售公司）2018 年度企业法人减压工作要求，要在 5 月 31 日前完成飞天公司注销工作，此项工作同时也是集团公司考核江苏销售公司的一项重点工作。连云港分公司将此项工作列为上半年重点督办事项，多措并举推进了任务提前完成。

二、飞天公司注销基本情况

（一）飞天公司历史沿革

1993 年 5 月，经兰州炼油化工总厂批准注册成立中石化兰炼国际事业公司连云港分公司，主要开展仓储业务。1998 年 6 月，中国石油、中国石化两大集团重组，兰州炼油化工总厂划给中国石油。1999 年 2 月，中石化兰炼国际事业公司连云港分公司更改为连云港兰炼经济发展公司。2000 年 5 月，因公司名称含炼厂名，连云港兰炼经济发展公司更名为连云港飞天经济发展公司（以下简称飞天公司），为独立法人企业。2006 年 2 月，经中国石油兰州石油化工公司批准，撤销飞天公司法人实体，停止一切经营活动。2007 年 12 月，按照股份公司专业化重组工作要求，兰州石油化工公司设在江苏连云港的飞天公司划转给江苏销售公司，至此江苏销售公司持股飞天公司 100% 股权。

连云港飞天经济发展公司 2002 年与徐州铁路大陆桥公司、连云港港口集团公司共同出资注册成立连云港三源物流有限公司，股权比例分别为徐州铁路大陆桥公司 51%、连云港飞天公司 30%（出资额为 282 万元）、港口集团 19%。2015 年 3 月，大陆桥公司将 51% 的股份按账面净值转让给港口集团，并进行资产交接。最终港口集团持股 70%，飞天持股 30%。

（二）注销过程中遇到的问题

飞天公司注销须在三源公司注销结束后，方可开展税务和工商注销。

因港口控股集团属连云港市国资委管理，三源公司清算注销需报连云港市国资委备案，期间江苏省港口集团成立，港口集团进行改制，人员调整变更，直到 2017 年 8 月才获得连云港市国资委对三源公司注销的备案批复，9 月初港口集团财务部开始办理国税注销。三源公司由于历史账务不规范，清算过程中不断暴露出问题：发票丢失、未缴房产税、漏缴企业所得税、下属分公司配送中心被吊销（需先对配送中心注销再办理公司注销）、证照丢失（补办证照）、银行账户冻结等。

同时飞天公司划转江苏销售公司后，工商注册资本、股东、法人一直未变更，与财务入账不一致，公司历史变革期间资料缺失，面临涉税等问题。

上述情况，加大了飞天公司注销的工作难度。

三、采取的工作措施

（一）领导重视、统筹协调

为了顺利完成压减目标，连云港分公司领导高度重视，根据实际情况，成立了以总经理为领导的清算小组，统筹安排各项工作，具体由财务部门牵头组织开展，制定了清算注销工作方案。

一是理清公司历史沿革，领导出面与兰州石化沟通协调，收集历史资料。

二是三源公司注销期间，领导多次带队到港口集团与大股东沟通协调，督促推进三源公司清算工作。

三是每周四上午召开清算协调会，听取本周进展情况汇报，安排下周任务，并及时上报江苏销售公司企管处。

（二）明确分工、落实责任

连云港分公司根据目标时间和工作方案，梳理清算注销流程，掌握每个流程的时间进度，倒排时间节点计划表，明确每个节点责任人。

一是做到飞天公司与三源公司清算同步进行，提前准备清算资料，完成公司资产、负债清理。

二是保证公司内部管理规范，资料完整，由办公室负责与工商部门、兰州石化和江苏销售公司对接，完善公司历史资料。

三是积极与税务局加强沟通，邀请税务师事务所进行沟通咨询，提前分析注销过程中涉税问题，制定应对措施，提前整改到位，化解风险。

（三）积极主动、过程监管

积极主动抓住各关键环节，确保任务按时完成。

一是加强与港口集团沟通，每周两次与港口集团对接，了解三源公司注销进展情况，积极配合整改暴露出的问题，加快推进三源公司注销进度，2018 年 3 月 5 日完成注销。

二是加强与税务、工商部门沟通协调，了解税务工商政策、注销流程，提前准备资料与每个流程负责人沟通汇报，争取对方理解，加快办理审批进度。

三是发扬“钉钉子”精神，关注流程走向。2018 年 3 月 6 日开始提交飞天公司税务注销申请。盯住每个流程进展，配合税务机关提供补充说明资料，做到事不过天，当天能处理的，不等到第二天。期间在税务稽查和风险评估阶段，财务工作人员正常是 2 天跑一次税务局，甚至一天跑两趟，税务部门人员也被公司工作人员认真积极的工作态度所打动，积极给予加快办理。通过多方面的沟通协调，在符合政策的条件下，节省税费 10 万元，4 月 19 日顺利完成国地税注销，从提交申请到税务注销结束仅用 45 天时间（正常注销国税需 3 个月完成）。

经过多方努力，最终飞天公司工商在 5 月 10 日完成注销，提前 20 天完成任务。

四、经验体会

此次飞天公司注销的企业法人减压工作属于解决历史遗留问题，特点是年限长、涉面广、问题多、难度大。在此过程中，连云港分公司通过统筹协调、分工明确、过程监控等措施攻坚克难，推进了任务的提前完成。

运用此次飞天公司注销的成功经验，连云港分公司在 2018 年度顺利完成灌南新春油品项目历史遗留问题的解决（灌南新春油品项目因 2012 年 11 月灌南县调整规划，后期建设用地一直未落实置换土地，无法进行建设，逐步变成了公司的历史遗留问题。2018 年，连云港分公司将此项目作为一项重点督办事项，通过多方努力，使新春油品项目安置方案得到了落实：一是灌南县政府指派金路源公司与中国石油成立合资公司，中国石油占比 51%、金路源公司占比 49%，将政府东腰加油站进入合资公司。二是积极与灌南县政府沟通协调新春油品土地政府收储补偿，获得灌南县政府补偿金额 915.51 万元。三是灌南县政府定向挂牌李集土地给连云港分公司，并以 872 万元的价格取得了李集站的建设用地使用权。目前项目正在建设中，拟于 2019 年底前投运）。

实践探索

深化“三项制度”改革督查实践案例

白广田　宋艳钊　傅骏雄　曾海涛
（中国石油天然气集团有限公司人事部）

近年来，集团公司上下深入贯彻落实党中央、国务院关于全面深化改革的决策部署，坚持问题导向、稳准原则、业务主体、统筹督导，稳步推进各路改革不断取得突破的同时，围绕建立适应社会主义市场经济和现代企业发展规律要求的人事劳动分配制度体系，大胆探索实践，推动“三项制度”改革取得了积极进展。但与中央对深化国有企业改革精神、集团公司党组要求和基层期望相比，改革进展不平衡不协调、改革原生动力不足、改革压力传导不到位等问题依然突出。作为集团公司“三项制度”改革牵头部门，集团公司人事部（以下简称人事部）坚持目标引领，紧紧围绕改革总目标和重点任务，压实责任、狠抓落实，强化督查考核，充分发挥专业公司业务主导作用和企业改革主体责任，各项改革工作正步入协同发力、纵深推进的关键阶段。

一、主要做法

（一）层层压实工作责任，强化改革任务督促落实

一是健全组织保障。成立集团公司深化“三项制度”改革专项领导小组，健全完善了改革专项领导小组统一领导，总部相关部门统筹协调、分工负责，专业公司谋划设计、主导推动，企业组织实施、具体落实的工作机制，构建了上下联动、各负其责、统筹推进的责任体系。二是细化制定改革推进计划。年初根据改

革重点任务，逐项分解制定落实改革任务责任清单，下达推进计划，明确总部机关、专业公司和试点企业层面重点任务推进安排及时间节点，定期开展督查督办。三是建立沟通协调例会制度，分板块对接改革行动计划，集中审核企业改革实施方案，汇总分析各专业公司、企业改革进展情况，整体推进面上工作。

（二）深入开展督导检查，问计问需问效于基层

集团公司 2016 年出台《关于进一步深化人事劳动分配制度改革的指导意见》后，人事部于 2017 年组织开展了人事业务专题督导检查，先后召开 9 个片区研讨汇报会，听取了 104 家参会单位改革进展情况汇报，并围绕改革重点和难点问题进行了深入研讨。各督查调研组深入基层站队、作业现场和生产车间，与基层干部员工沟通交流，广泛听取基层干部员工对人事制度改革等工作的意见建议。2018 年，在梳理剖析人力资源管理现状、督导调研掌握企业改革需求的基础上，人事部组织制定出台了深化人事劳动分配制度改革实施方案和 6 个配套制度办法，并召开集团公司深化人事劳动分配制度改革推进会议，进行了部署安排。

（三）督查与考核相结合，有效传导压力激发动力

将“三项制度”改革工作纳入集团公司业绩考核指标，组织开展对专业公司和企业 2018 年度“三项制度”改革工作考核评价，重点考核“贯彻执行集团公司‘三项制度’改革决策部署情况、改革行动计划和实施方案编制质量、改革推进力度和重点工作实施进展”等内容，分五档适度拉开考核评分，有效激发企业改革动力。同时，组织修订《2019 年度“三项制度”改革工作考核评价标准》，进一步简化评价考核指标，突出差异性、带动性、挑战性，重点考核试点工作推进、重点改革任务落地和关键指标改善情况。

（四）掌握企业改革动态，努力营造浓厚改革氛围

探索建立企业改革情况总结报送机制，督查跟踪企业改革试点推进实践，加

强总体情况调度了解，发掘先进典型经验，做好情况上报宣传。在集团公司网站人事部主页深化人事劳动分配制度改革专栏发布改革动态、工作部署、经验分享、典型做法等各类宣传报道和专项总结100余篇。与中国石油报社策划了2019年“三项制度”改革宣传方案，开设专题专版，先后刊发专题报道10余篇。总结、挖掘企业在改革实践中的典型经验、创新举措，形成5篇改革动态由集团公司办公厅通过企业动态形式刊发。通过一系列的宣传引导，不断营造形成关注改革、支持改革、参与改革、理解改革的良好改革氛围，同时促进企业间学习借鉴，以点带面，促进改革面上平衡推进。

二、工作成效

通过采取协调会、推进会、现场调研督导、强化考核等多种方式，推动企业加快改革政策落实落地。分板块确立了一批改革先行示范区和示范标杆，15家综合改革试点单位和30家专项改革试点单位全部启动运行并初见成效。在业务结构和生产组织模式创新方面，专业公司和成员企业制定完善了业务归核化发展方案和实施计划，推进“油公司”模式建设，正在全面推进实施。在干部制度改革方面，优化调整所属企业领导体制，着力推进去行政化改革。在劳动制度改革方面，从严控制员工总量，加大内部人员挖潜盘活力度，推进用工方式转型升级。在薪酬改革方面，持续完善工资总额决定机制，强化重点人员激励，稳定核心骨干人才队伍，进一步搞活了内部分配。

通过督导，各单位改革步伐显著加强，改革节奏明显加快，改革力度不断加大，改革呈现出协同发力、蹄疾步稳的良好态势。

三、经验体会

推进“三项制度”改革，是集团公司深化改革的重点，也是难点、焦点。人事部按照集团公司全面深化改革总体部署，注重顶层设计和基层探索，着力构建改革制度框架体系，突出责任落实和压力传导，聚焦重点领域和重点任务，狠抓“三项制度”改革任务督办落实，取得了改革实效，丰富了改革经验，坚定了改革信心。实践证明：推进“三项制度”改革任务落实，要加强顶层设计，制定计划方案，明确责任分工，细化进度安排，分步推进实施；要坚持目标引领、压实责任，紧紧扭住改革总目标和重点任务，坚持业务驱动、配套推进，强化总部机关统筹协调，发挥专业公司业务主导作用，落实企业改革主体责任，形成改革合力；要把督促检查工作贯穿到推进改革任务全过程，通过督查问计问需于基层，通过督查发现问题、解决问题，通过督查总结经验、提升工作；要把督查与考核充分结合起来，坚持以创造价值为导向深化改革，强化企业改革工作考核评价和问责问效，切实增强企业改革行动自觉性，充分调动各方面积极性主动性。

四、下一步工作思路

（一）压实领导工作责任

从企业改革的进展和效果看，企业领导特别是一把手重视程度高、决心大，改革的进展就更快，效果就更明显。要加强督促检查力度，探索开展改革进展动态评估，对改革滞后、措施不力、不在改革状态的主要领导进行约谈，对落实不力、进展缓慢的企业通过发提醒函、督办单，切实引起领导和企业的警醒。建立公司领导联系企业改革制度，明确集团公司领导层成员和企业领导班子成员根据分管业务，分别联系 1 ～ 2 家试点企业督导协调。

（二）创新丰富督查方式

一是要加强重点领域和重点任务的跟踪督查。强化过程控制，落实计划方案要求，围绕推动业务结构调整、生产组织模式创新、用工方式转型、薪酬分配改革、干部人才队伍建设等改革重点任务，以及 15 家综合试点单位和 30 家专项试点单位改革进展情况开展重点环节或全过程跟踪督查。二是要与专业公司开展联合督查。充分发挥领导小组综合协调作用，适时分板块组织召开“三项制度”改革现场推进会，开展阶段性督导和总结验收，加快试点经验的复制推广步伐，做好典型选树培育、配套政策支持、基础标准规范保障等工作。三是要加强对改革滞后、措施不力的重点难点企业的现场督查，及时掌握基层真实情况，现场指导企业解决改革瓶颈问题。四是充分利用信息化手段，创新督查形式，减少检查考核和材料报表填报频次，简化督办程序内容，切实减轻基层负担。

（三）健全督查保障机制

一是优化“三项制度”改革工作考核评价标准，拉开考核评价差距。对业务及机构优化、用工总量压减等方面表现突出的单位，给予工资总额方面奖励。对改革政策落实不到位、措施不得力、效果不明显的，坚决严肃追究主要领导责任。二是将改革进展、取得成效等因素纳入领导干部提拔任用中，加大对改革工作的考核力度，把敢于担责、攻坚克难、实绩突出的干部坚决用起来，旗帜鲜明地树立注重改革创新的用人导向，让改革者放开手脚，大胆闯、大胆试。三是充分发挥新闻媒体作用，为改革创新造势发声。会同中国石油报社、电视台，举办改革论坛，设置改革专栏，跟踪调研改革成果，做好政策解读、动态报道和典型宣传，形成一批形式多样、生动活泼的精品力作，为传递改革正能量。

（四）加强总结提炼

兼顾全面，突出重点，在对健全完善市场化经营机制、改革推进力度较大或具有鲜明改革特色的所属企业进行全面总结的同时，对“三项制度”改革取得突破的重点领域和关键环节进行深入剖析，讲清改革的方法，厘清取得的成效，形成有益的经验，加强在集团公司内部推广应用。

“督”家观点

深化“三项制度”改革督查实践案例

改革增添活力，改革重在落实。人事部在推进“三项制度”改革的过程中，创新了压实责任、现场督导、考核约束、营造氛围的有效做法，强化督查落实，取得了改革实效，并积极采取跟踪督查、联合督查、问责督查以及信息化应用的督查新方式，为下一步工作的顺利开展提供保障。

——大庆油田有限责任公司

党委办公室（总经理办公室）主任　李　勇

抓实抓好领导调研 125 项问题督办落实

赵志忠　于鑫泰

（中国石油天然气股份有限公司塔里木油田分公司）

调研督办，是办公室督办工作的重要内容，一般具有问题多、涉及面广、协调难度大等特点。2018 年，中国石油天然气股份有限公司塔里木油田分公司（以下简称塔里木油田公司）办公室在做好决策督查、专项督查等日常督查督办的基础上，通过抓实抓好油田公司领导生产一线调研 125 项问题的集中督办落实工作，对做好综合性调研督办工作进行了有益探索，实施了一套行之有效的工作措施和方法，不仅顺利完成了督办任务，也提升了办公室督查工作的影响力。

一、基本情况

2018 年 5 月 15—29 日，塔里木油田公司党政主要领导深入生产一线调研，收集整理出员工群众提出的 125 项问题，并多次强调公司上下要高度重视、认真研究、加快解决，及时回应员工关切，广泛接受员工监督。同时要求办公室高标准、严要求开展督促检查，明确责任分工、任务时限、目标效果，逐项检查问题解决和方案落实情况，统筹谋划推动 125 项问题解决，实现开门整改、闭环管理，确保整改高效进行。

二、特点难点

一是覆盖面广。经过分类梳理，125 项问题涉及生产保障、安全环保、生产经营、设备物资、维稳安保、承包商管理、生活保障、机关管理、人事劳资 9 个方面，涵盖油田从地下到地面、勘探到开发、生产到经营、产运到储销等各业务链条。

二是工作量大。125 项问题的形成涉及时长近半月、行程 4000 余千米、生产一线单位 9 家、作业区 14 个、场站 27 个、井场 12 个、专题汇报 17 次、座谈会 16 场、一线员工 400 多名，讨论通过的整改落实方案和进展情况汇编合计近 15 万字。

三是涉及单位多。问题的提出涉及 50 多家甲乙方单位，问题的解决涉及 19 家机关处室和部门，并且多数问题需要不同单位协作配合，给精准落实责任、高效协调推进带来难度。

四是专业性、政策性强。125 项问题中除了少数问题可以立督立改外，大量问题涉及物资采购、设备质量、管线腐蚀、技术参数、药剂管理等专业领域，尤其是涉及人事劳资的多达 33 项，政策理论性很强，督查工作人员需要快速学习掌握相关知识理论。

五是关注程度高。125 项问题事关油田改革发展稳定，事关员工群众切身利益，受到公司领导、职工群众的高度关注，为有效推动督查工作带来了有利条件，同时也为开门督办提出了更高要求。125 项问题整改落实情况公示后，一周内访问量超 6000 次。

三、思路举措

坚持摸底调查和政策研究相结合、问题导向和目标导向相统一、高位推动和全面推进相促进，快速介入、紧密跟踪，切实抓实抓好督办工作。

一是快速对接，摸清摸准问题。第一时间成立专项督查小组，负责与基层单位、机关处室一对一沟通联络。多次召开跟踪研讨会，开展问题分析研判，对同类问题进行合并，对综合问题进行分解，实现一问题一处室业务归口管理，确保督查对象明确、思路清晰、问题准确。小组成员以“会督、能督、善督”为目标，加快熟悉掌握政策理论，强化相关知识储备，找专家询政策、剖问题、定措施，快速实现了由“外行”向“内行”转变，为深入细致、准确有效督查打下了组织机构和政策理论基础。

二是明确责任，层层传导压力。针对每一项问题提出了“分管领导牵头、专业处室负责、相关部门配合”的分工建议，在为领导决策提供依据的同时，得到领导批示或指示，借势推动工作。第一时间印发工作提示，要求各责任单位“一把手”亲自谋划、亲自部署、亲自协调、亲自推动，建立起横向到边、纵向到底的工作落实机制，理清了职责界面，实现了业务的归口管理和责任的层层落实。

三是真抓实督，推进问题整改。整改方案由业务处室牵头编制、分管领导审查把关，按照“成熟一个、上会一个，通过一个、实施一个”的原则，提交总经理办公会逐项逐条审议，高位推动问题整改。从问题梳理分类、分工方案编制到问题整改落实，建立督查反馈机制，对整改进展实施全方位、全过程跟踪。在整改过程中，通过定方案、定时间、定责任、定奖惩，有力促进了问题的整改落实。

四是考核评比，实现奖优罚劣。创新采用“打分”的考核评比机制，由公司领导与基层职工代表组成评委团，从情况掌握、方案编制、进度安排、整改效果四个维度对整改方案进行打分，将打分结果直接与责任单位考核挂钩，对分值前 5 和后 5 的单位分别加减业绩分值，并将 125 项问题整改情况及时在油田公司门户网站主页进行公示，接受全体干部员工的监督检验。

四、工作成效

一是解决了一批实质问题。推动解决了修井作业效率低、探评价井转开发井技术细节不清晰等生产经营问题 56 项，解决了公寓设施老化、技能取证周期偏长等民生问题 39 项。对于甲乙方融合党建不深入、生产经营结合不紧密等整改周期长的30项问题，制定了整改计划，分阶段督办落实。

二是配套了多项工作制度。推动制定了加大“双序列”指标向一线倾斜、规范和精简审核检查活动等58项工作实施方案，出台了《钻井环境保护管理办法》《专项奖励实施办法》等39项管理制度，切实将督查成效体现到夯实管理基础、提升管理水平上。

三是促进了生产经营。125项问题与油田生产经营密切相关，通过125项问题的督办落实，有力促进了油田各项生产经营工作。2018年，油田新增三级储量当量4.13亿吨，生产油气当量2673万吨，实现收入441.4亿元、利润146.2亿元，上缴税费78.3亿元，超额完成集团公司下达的业绩指标，展现了较强的发展实力。

四是锻炼了督查队伍。专项督查小组及时总结经验、查找差距、改进提升，探索形成了在综合性调研督办工作中有效落实责任、打分评比、量化考核等工作经验和做法，有效提升了督查工作的能力和水平。同时，通过全过程督办落实125项问题，进一步拓宽了知识领域、丰富了知识结构，加深了对油田勘探开发、生产经营、炼油化工等专业领域的认知和把握，提升了观察问题、分析问题、解决问题的能力。

五是凝聚了干部员工共识。坚持不抓落实不松手、不见成效不罢休，全过程督任务、督进度、督成效，查认识、查责任、查作风，督不落实的事、查不落实的人，在125项问题整改落实的同时，推动油田各级党员干部工作作风更加务实、各项决策部署贯彻落实更加迅速，提升了塔里木油田公司党工委的凝聚力、公信力和领导力，增强了干部员工的幸福感、归属感和获得感。员工群众亲切地称“125项问题清单为125项幸福账单”。

五、督查体会

一分部署、九分落实。在125项问题督办落实的过程中，专项督查小组通过在“准、快、活、新”等方面下功夫，确保了督查取得良好效果。

一是立项突出了一个“准”字。督查工作是一种领导行为，开展督查是领导行为的延伸，“准”是根本前提。督办前期，专项督查小组通过开展调查研究、组织协调会议、学习政策理论等途径，全面收集掌握相关信息，实现了督查精准立项，为后期督办工作奠定了良好的基础。

二是督办突出了一个“快”字。督查工作作为推动决策落实的重要手段，“快”是属性要求。督办过程中，专项督查小组坚持雷厉风行、事不过夜，按照“快办快查快结”的原则，定期梳理台账、及时协调问题、按期反馈进展，做到了件件有着落、事事有回音。

三是方法突出了一个“活”字。督查工作需要面临不同对象、不同事项，尤其是 125 项问题督查专业多元、层次纵深，“活”是形势需要。督办过程中，专项督查小组改变遥控督办、电话督办、文件督办的单一形式，主动分析研判新问题、新情况，超前谋划、视角前移、借势推动、学督结合，由一次性督查向跟踪式督查转变，由单一方式督查向多种督查方式转变，提升了工作的主动性和前瞻性。

四是考核突出了一个“新”字。督查工作只有不断创新，才能实现效果提升，“新”是提效之举。本次督查创新采用了打分考评机制，分工明确、责任清晰、任务到人、考核到位，营造了浓厚的比学赶超氛围，取得了好于预期的工作效果。

·“督”家观点·

抓实抓好领导调研 125 项问题督办落实

该文结构层次清晰，逻辑性强。围绕领导调研 125 项问题的督办落实，真抓实督、开门整改，督查目标明确具体、思路举措靠实灵活、工作成效显著、亮点纷呈，推动了问题高效解决，体现了“准、快、活、新”的鲜明特点。

——大庆油田有限责任公司

党委办公室（总经理办公室）主任　李　勇

督查督办信息化管理的探索与实践

李　刚　高　攀　潘志林
（中国石油集团东方地球物理勘探有限责任公司）

中国石油集团东方地球物理勘探有限责任公司（以下简称东方物探公司）始终坚持把督查督办作为推动工作落实的尖兵利器，不断做好督查督办工作的及时性、精准性、便捷性和有效性，有效推动各项工作的落实。

一、背景

从中央要求、集团公司重视和企业自身来讲，加强督查督办对东方物探公司都具有重要现实意义。

（1）加强督查督办符合中央精神。党的十八大以来，党中央对抓落实和加强督查督办高度重视，全党上下大力倡导“马上就办、真抓实干”的工作作风，有效推动了中央精神在基层落地生根。推动中央精神落地是国有企业重大政治原则和政治担当，也是督查督办工作的出发点和落脚点，必须适应新要求，在强化督查督办中增强贯彻落实中央精神的责任感和使命感。

（2）加强督查督办符合集团公司要求。集团公司高度重视督查督办工作，强调要把督查督办作为推动决策部署到工作落实的必经之路，充分发挥督查督办落实功能。作为具体执行层，我们要把加强督查督办作为提升公司执行力和管理效率的有效手段，保证集团公司决策部署有效落地。

（3）加强督查督办符合公司高质量发展需要。东方物探公司作业范围涵盖了国内29个省（直辖市、自治区）和海外73个国家，是全球最大的油气地球物理承包商，在40个国家建有分支机构。勘探战线长、业务领域广，以及靠前、全球化布局给东方物探开展督查督办工作增加了难度。尤其是近年来，各项工作节奏快、要求紧、任务重，给传统督查督办方式和手段带来了极大的挑战，按季度、月度督办的要求明显不适应当前工作节奏，迫切需要改进督查督办方式，通过信息化手段提高督查督办效率和质量。

二、主要做法

东方物探公司通过不断探索实践，持续创新督查督办管理，全力推动公司各项决策部署加快落实、落地。

（一）创建三级督查督办体系，强化责任落实

搭建了以公司管理层成员为“总牵头”，以公司办公室（党委办公室）为“总枢纽”，以承办机构为主体的三级督查督办工作体系，形成整体“一盘棋”的工作格局。

一是明确公司管理层成员为督办第一责任人。所有任务都明确了由公司管理层成员牵头的责任领导。责任领导把推进工作落实作为重要职责，第一时间召集部门对部署工作进行安排实施，实时关注和督促任务进展，及时协调和解决落实过程中遇到的问题和困难，定期在公司领导工作例会上通报进展，确保各项工作任务都能够落到实处。

二是发挥公司办公室（党委办公室）总枢纽作用。公司办公室（党委办公室）作为督查督办的归口管理部门，承担督查督办工作的计划、组织和实施，发挥枢纽作用，创新工作方式和手段，加强统筹协调，整合部门单位主体力量；总结督办工作经验，提升督查督办质量和效率。

三是充分调动承办机构落实的积极性和主动性。承办机构是各项任务落实的

主体力量，实施牵头单位负责制，明确一个部门负责牵头抓总，将各方力量进行有效配置、有效结合；协办部门发挥业务优势，主动做好支持、配合，形成推动落实的合力。

（二）搭建信息化督办平台，提升督办质量效率

依托公司办公自动化（OA）系统，东方物探公司开发了督查督办信息化平台，明确了管理流程，采取分类分级管理，有效解决了以往督办效率低、时效性不强、质量不高的问题，避免了督办工作“文字搬家”的现象。

一是实现“即时性”督办。按照“一事一督”的原则，形成了督办任务发布、办理、协调、反馈、审核、通报和归档等7个环节的具体管理流程，明确了具体责任和要求。公司办公室（党委办公室）第一时间发起督办任务，并通过即时消息实时通知承办机构，承办机构第一时间协调落实并反馈进展，责任领导第一时间查看进展情况，掌握动态并提出要求，实现了信息的即时交互，形成了环环相扣、紧密衔接的督办网络，大幅提升了督办任务推进的效率。

二是实现“差异化”督办。东方物探公司安排部署任务类型多、体量大，给督查督办增加了难度。为此，我们对任务实行分级分类管理，根据任务的来源，将任务分为上级部署、年度安排、公文批示和日常工作等四类；按照重要紧急程度分为重要紧急事项、重要事项、紧急事项和常规事项等四个级别，对不同类别、级别的任务进行区别对待，采取不同的方式、频次和要求，做到督查督办有的放矢，避免了“眉毛胡子一把抓”的现象。

三是实现“高质量”督办。做到每一项任务的来源、完成时间、责任领导和责任部门等信息全面、准确，做到了每一个岗位、每一个环节的任务明确、责任具体、时限清楚，真正把目标任务分解到部门、具体到项目、落实到岗位，形成了一级抓一级、层层抓落实的工作局面。责任领导可以实时对任务进展提出要求，对部门确认完成的督办任务进行审核确认，有效发挥了责任领导的监督约束作用，避免承办机构文字应付，杜绝了把“办成”异化为“任务交差”和“走完过场”。

（三）健全四个运行机制，推进督办任务落实落地

经过多年的探索和实践，围绕信息化平台应用，东方物探公司逐步完善了四个机制，有效推动了督查督办工作的开展。

一是建立协调落实机制。推动督办任务落实不能“单打独斗”，需要多方协调、多方配合、广泛参与。东方物探公司建立责任领导与承办机构工作联系机制、牵头部门与协办部门沟通协调机制，便于从更高层面协调资源，整合各方力量，推动任务落实。

二是建立通报公示机制。对领导班子关注的重要紧急任务，责任领导定期在工作例会上进行通报；制作专门的督查督办报告模板，公司办公室（党委办公室）每季度在公司层面大会上全面通报；专门设立网络公示平台，将月度、季度和年度督查督办报告定期发布到平台，接受全员监督。

三是建立销项管理机制。明确了管理部门发起任务—承办机构落实反馈—责任领导确认完成—管理部门销项归档的 PDCA 管理闭环。牵头部门负责判断事项是否完成，责任领导负责审核确认，管理部门对已完成或视为完成的任务进行销项。

四是建立考核评价机制。将督查督办工作落实情况纳入各部门（单位）年终综合考核进行考评，把督办任务完成率作为考核的主要依据指标，业务分管领导根据督办任务完成情况对部门进行考核打分。强化考核结果的应用，把结果作为绩效考核和干部考核的重要依据，有效提升了各部门（单位）抓好任务落实的积极性。

三、认识体会

在信息化督查督办平台建立和应用实践中，东方物探公司不断摸索，总结经验、吸取教训、改进提升，对督查督办信息化有了一些粗浅的认识和体会。

（1）信息化平台的建立要与领导抓落实的需求相结合。推动决策部署落实是

各级领导的重要职责，信息化平台的启用，一方面方便了责任领导及时掌握分管工作进展，便于协调解决问题，对于推动工作落实起到了“事半功倍”的效果。另一方面减少了管理链条，实现了责任领导和承办机构的“面对面”，减少了中间环节，增强了承办机构落实任务的积极性和主动性。

（2）信息化平台的建立要有配套的体制机制作保障。建立适应企业实际的督查督办管理体系和运行机制是推动督查督办信息化平台落地的关键。三级工作体系和四个运行机制是保障信息化平台运行的基础和保障，是确保任务真正落实落地的关键。责任不明确、机制不到位，落实的效果和质量就会差强人意。

（3）信息化平台的建立要形成管理闭环。任务安排部署了，不能不了了之，必须要有落实、有反馈、有交代。通过构建闭环式工作流程，各个环节相互影响、相互制约，发挥了相互之间的监督约束作用，有利于企业执行力的构建。

·“督”家观点·

督查督办信息化管理的探索与实践

本文详细完整地展示了东方物探公司督查督办信息化管理工作的背景、主要做法及实施过程中的经验体会，结构严谨、层次清晰、内容充实。尤其在具体实践中，提到了“信息化督办平台实现了即时性、差异化、高质量督办，提升了督办效率”，具有很强的借鉴意义，值得推广和学习。

——中国石油天然气股份有限公司勘探开发研究院

办公室（党委办公室）主任　张　宇

专项立体督查辽河重工清理处置工作

万 鹏 李 敏 赵 伟

（中国石油天然气集团有限公司改革与企业管理部）

推进处僵治困工作是党中央国务院做出的重大决策部署，是深化供给侧结构性改革、推动经济高质量发展的重要举措。中国石油天然气集团有限公司（以下简称集团公司）认真贯彻党中央、国务院决策部署，突出重点、狠抓落实、强化督查，建立专项督查督办机制，全力以赴做好处僵治困相关工作，打赢了处僵治困攻坚战。下面以处置“僵尸企业”辽河重工有限公司（以下简称辽河重工公司）为例作简要介绍。

一、辽河重工公司基本情况

辽河重工公司是集团公司所属渤海石油装备制造有限公司（以下简称渤海装备公司）的全资子公司，主要从事高端海工装备和陆地石油钻机的研发、设计、制造、集成以及装备技术服务等业务。

近几年来，受低油价影响，海工装备产能严重过剩、钻机市场持续疲软，在不断恶化的市场环境下，辽河重工公司销售收入锐减，加之人员多、资产大，固定成本居高不下，连年大额亏损，资不抵债，资金链断裂，日常经营基本靠贷款维持，“僵尸化”特征明显，成为制约渤海装备公司解困扭亏、稳健发展的瓶颈。2016 年，该公司被确定为国务院国资委挂牌督导的“僵尸企业”，其资产总额达 32 亿元、负债总额达 54 亿元、人数 1490 人，分别占集团公司退出类“僵尸企业”的 81%、65% 和 14%，体量大，问题多，治理难度大。

二、督查工作主要做法

面对辽河重工公司实际情况，集团公司坚持目标引领和问题导向，构建领导亲自主抓、部门协同推进、企业主动督办的专项立体督查机制，上下联动、齐抓落实，密织一张督查网，形成了工作整体协调，问题及时解决，督办检查落实的闭环管理机制，保障了清理处置工作顺利开展。

（一）科学决策，充分发挥公司领导引领推动作用

为贯彻落实党中央、国务院决策部署和国资委工作要求，集团公司总部成立了“三项专项”工作领导小组，统筹部署和组织推进“僵尸企业”处置和特困企业专项治理工作，并与企业负责人签订目标责任书，纳入年度绩效考核，层层传递压力。辽河重工公司体量庞大，所在地社会依托差，员工思想观念陈旧，人员分流安置工作一旦处理不好，极易引发稳定风险，情况非常复杂，处置难度极大，是“保”是“退”，内部存在较大争议。面对诸多清理处置难题，集团公司领导从大局出发，结合企业经营状态、生产能力、市场变化和未来前景，充分研判、科学决策，果断采取关闭撤销的改革方式，同时要求集团公司上下进一步解放思想、统一认识，敢于碰硬、敢于担当，及时调整实施方案，确保按期完成清理处置工作。2017 年，集团公司总经理三次专题听取汇报，协调解决企业难点问题，推动处置工作，业务分管领导亲自赴现场指导调研，召开专题会议讨论处置方案，推动辽河重工公司处置方案的落地执行。

（二）协同施策，充分发挥部门业务指导和政策支持作用

集团公司成立专项督导组开展督导检查，多管齐下、多措并举，协调解决具体问题。一是改革与企业管理部作为处僵治困牵头部门，领导多次带队到渤海装备公司和辽河重工公司现场调研，指导处置工作；并根据部门职责分工，细化分

解任务，协调规划计划、财务、资金、人事等部门专项研究改革事宜，推动具体清理处置工作。二是总部相关职能部门密切配合，研究制定并落实资产处置、债务清理、人员分流等支持政策，凝聚合力、协同推进。人员分流安置政策方面，在现有政策的基础上，适当放宽僵尸特困企业离岗歇业办理年限 1 ~ 3 年，组织制定“僵尸企业”和特困企业人员安置费用补助政策，对国家财政补助范围外的人员安置费用给予 50% 的配套政策支持，在集团公司内部其他企业协调提供近 200 个工作岗位，帮助企业人员“走出去”，减轻了企业负担。债务清偿政策方面，出台支持政策，帮助具有发展前景、带息负债高的企业降低负债、减少财务费用，为渤海装备公司实施注资减债和挂账停息，偿还金融债务，缓解了资金压力。资产处置政策方面，计提资产减值准备 26 亿元，并协调集团公司内部需求单位接收 4 个钻井平台，减轻处置压力。

（三）强化督办，充分发挥企业保障任务落实的主体作用

一是渤海装备公司成立由主要负责人为组长的辽河重工公司“僵尸企业”处置领导小组，下设资产及债权债务处置和企业发展及人员分流安置两个工作组，组长均由渤海装备公司领导班子副职担任，抽调公司机关业务处室骨干专职从事“僵尸企业”处置相关工作，常驻辽河重工公司现场办公，第一时间汇报处置工作中存在的风险、需要解决的问题，搭建信息传导、问题决策的快速通道，提升处置工作效率和效果。二是清算处置方面，将固定资产、土地、存货、平台、应收款、债务等处置清算工作落实到人，渤海装备公司总会计师细致安排部署，建立工作及会议制度，按周汇报工作进展，重要事项实行日报制度。人员安置方面，渤海装备公司分管领导指导起草人员分流安置、组织机构设置、竞（选）聘等方案，统筹协调资源，细化竞聘流程，采取日报、周会、运行大表等方式，强化工作机制建立与运行，平稳完成岗位竞（选）聘工作。同时与大唐电信（盘锦）公司签订劳务输出协议，在当地寻找工作岗位，实施“自救”。三是渤海装备公司、辽河重工公司两级领导班子通过召开动员会、形势宣讲会、政策讲解会以及

"主要领导亲自讲，班子成员挂点讲，重点人员重点讲"等方式，确保形势、政策宣讲全覆盖，为顺利开展处置工作创造良好氛围。

三、取得的成效

截至2018年7月底，辽河重工公司全面完成"僵尸企业"处置任务，顺利实现税务注销。一是辽河重工公司千余名员工全部得到妥善安置，处置期间未发生一起风险事件，始终保持队伍人员的稳定；二是基本完成资产及债权债务处置，所有资产登记造册，4座海工平台等重点资产实现了平稳移交，"辽河一号"功能船达成赔偿协议，并在北交所进行资产处置，闲置土地已与内部企业达成划转意向；三是完成税务注销，不再产生新的经营性亏损。目前，正在按计划稳步推进后续处置工作。

四、工作体会

（一）督查工作要"上下齐动、左右互动"

督查工作是一项全局性的系统工作，面对工作量大、涉及面广的实际情况，只有采取立体督查，高位推动，齐抓共管，才能推动工作有效落实。集团公司领导的强力推进，有助于各方强化使命担当、凝聚改革共识、形成工作合力，增强改革推进的紧迫感，确保层层压实责任、级级传导压力。多部门联合督查，整合资源，把督查人员队伍"串"起来，充分发挥各职能部门业务精、底数清、情况明的优势，避免发生相互推诿、互相扯皮的情况。建立上下贯通、左右互连的立体督查机制，是有效开展督查工作的关键。

（二）督查工作要"督中有帮、督帮结合"

督查工作不是简单的发号施令，而是在充分了解企业实际困难的基础上，通过督查督办的方式积极协调相关部门及时解决。督查事项往往困难多、任务重，凭借企业自身难以完成，一味简单地催人办事，会影响工作人员的积极性，欲速则不达。督查工作应践行“督中有帮、督帮结合”的理念，既要坚持原则、秉公办事、公平公正开展督查，让督查成果落地有声，体现督查工作的严肃性和权威性，也要全方位考虑基层的实际困难，帮助企业想办法、出思路，针对问题关键点，研究制定相关政策并抓好落实，为基层服好务。

（三）督查工作要“依法合规、坚守底线”

稳定推进辽河重工公司处置工作是一项政治责任，合规操作是不可逾越的红线。督查工作强调依法合规、稳妥推进，渤海装备公司按照集团公司批复文件中关于“充分履行民主程序”“依法合规推进相关工作”的要求，专门聘请专业律师团队作为处置工作的法律顾问，全程负责处置过程中的法律风险把关，同时就人员分流方案分别在渤海装备公司以及辽河重工公司两个层面履行民主程序，切实保护了员工合法权益，保证了处置工作依法合规开展。

·“督”家观点·

专项立体督查辽河重工清理处置工作

该案例围绕集团公司辽河重工处僵治困工作督查，以科学决策为引领，建立上下贯通、左右互通的立体督查机制。在督查过程中，践行“督中有帮、督帮结合”的理念，切实帮助企业想办法、出思路、解难题，保障辽河重工全面完成僵尸企业处置任务，充分诠释了督查抓落实、促发展的“利器”作用。

——中国石油天然气集团有限公司人事部

综合处处长　白广田

发挥督办职能　助力提质增效

袁　威　陈　静　付松安

（大庆油田有限责任公司）

一、事项背景

长期以来，油田各企业因油而生，在资源配置和运行管理上，计划色彩浓厚而市场机制欠缺，逐步形成了相对封闭的生产运行模式，带来了诸多矛盾和问题。在油价高位运行、企业效益好的时候，问题往往被掩盖，而随着油田产量下降和效益下滑，很多矛盾和问题日益凸显，企业运行仍是以行政命令为主导，效益观念不强，部分单位缺乏危机意识和市场竞争意识，上市与未上市单位同属内部企业，甲乙方之间不能完全按照市场规则办事，很多问题都需要上级部门的评判和协调，难以从根本上提高运行效率效益。

为改善这一情况，近一段时间，大庆油田有限责任公司（以下简称大庆油田公司）也在进行积极研究探索，转变传统观念，提升管理水平、提高生产效益。在此背景下，按照大庆油田公司主要领导要求，党委办公室会同公司人事部、开发部、财务部、质量节能部、审计部、企管法规部、综合经济管理部，成立了联合调研组，在大庆油田公司范围内开展管理提升、降本增效督办调研，旨在了解大庆油田公司在生产经营和运行管理方面存在的矛盾和问题，并对重点问题进行解剖分析，提出综合性对策与建议，为领导决策提供科学依据。

二、方式方法

调研组深入采油各厂、工程建设有限公司、矿区服务事业部、装备制造集团、创业集团、井下作业公司、物资公司、文化集团等近 20 家二级单位，通过座谈交流、现场查看、资料收集、问卷发放等形式开展工作。

（一）采取“自下而上”的方法

按照通常规律，督查工作的开展，一般采取“自上而下”的方法，先听汇报，再下去调查，按部就班。但事实上越是深入基层，了解到的情况越真实。突破传统的方式，采取逆向思维，对一些涉及基层的工作，直接到第一线，与群众面对面地了解情况，发现问题的症结，才能得到真实的答案。例如，调研组在了解各单位生产用车情况的时候，没有听取相关部门的汇报，而是直接和生产调度岗位人员和司机师傅进行交流，了解到部分单位作业机、修井机等特种车辆由于超宽超长，按现有规定无法落户的情况，上路行驶经常被执法部门扣留。某单位一部作业机被扣留 26 天之久，相当于一支作业小队一个月没有工作量。调研组当即责成相关部门给予研究解决。

（二）采取“收拢五指”的方法

要解决事关全局的重点问题，靠一个人或几个人的力量是远远不够的，如果能发挥各业务部门的作用，就能够弥补因督查工作人员少而带来的缺憾，特别是各业务部门情况熟、业务精、感受深，意见建议最能切中要害。此次调研由党委办公室牵头，会同大庆油田公司人事部、开发部、财务部、质量节能部、审计部、企管法规部、综合经济管理部 7 家单位成立了联合调研组，开展联合督办，科学整合资源，形成督办合力，同时，也避免了多头督办，真正起到了为基层“减负”的目的。

（三）采取“督查回访”的方法

督查回访是督办工作的再督办，在实际工作中，针对某项重点工作、重大决策的督促检查仅仅在初期，或者是中期进行一次督查，掌握的情况不可能全面准确，更不可能发现落实过程中出现的深层次问题，也就难以有针对性地解决问题，推动落实。督办工作只有采取“督反复、反复督”的形式，才能避免承办单位虎头蛇尾、流于形式。在此次管理提升降本增效大调研之后，党委办公室督办科又针对新井产能建设钻机缺口问题、不良资产存货处置等调研中涉及的几项具体问题进行了后续跟踪督办，及时掌握事情进展情况。

（四）采取“督研结合”的方法

督查工作从某种意义上讲，目的就是发现问题，找到不足。但发现问题不是我们的根本，只有解决问题才是目的。如果我们在工作中一味强调“督”，查出问题无人过问，势必削弱督办工作的权威性。只有坚持“督”“研”结合，既注重找到问题，又研究解决办法，工作才能扎扎实实，稳步推进。在此次督办过程中，调研组在发现问题的基础上，通过与各业务部门研究探讨，提出了一系列跨系统综合性对策与建议。要进一步简政放权，增强企业自主行为能力；要坚持问题导向，优化整合制度流程；要建立市场机制，提高运行效率效益；要强化激励约束机制，增强发展活力；要改进机关作风，及时解决突出问题等等。这些建议在提高大庆油田公司精细化管理水平方面起到了一定的作用。

三、几点体会

很多时候，我们在督办过程中，发现基层出现不落实、难落实的现象，往往都有很复杂的原因，甚至会触及经营管理深层次的矛盾。督办人员只有勤于思考，求真务实，组织最适合的力量，运用最适合的手段，选择最适合的方法，才能达到最佳效果。

（1）突出一个“高”字。督办工作从某种意义上讲，是领导行为的延伸，督办人员要善于站在全局的高度去分析和思考问题，破除“我认为”“我感觉”的局限性，善于用“牵一发而动全身”的理念，在综合分析的基础上，搞好论证，提出建议，为领导把握全局、科学决策提供重要依据。

（2）注重一个“深”字。督办工作要在全面掌握情况的基础上，对督办事项进行深入研究，特别是对督查督办中发现的新情况、新问题，要进行去伪取精、去伪存真、由此及彼、由表及里的深入研究和精心分析，切实找到他们的内在联系和深层次矛盾，准确把握客观事物的内在规律，找准解决问题的新思路和新办法，从而达到推动决策落实的目的。

（3）把握一个“细”字。督办工作要避免“断章取义，各取所需”。既要看到落实工作中好的一面，又要看到阻碍或干扰决策顺利实施的梗阻环节。尤其要对影响决策落实的原因进行分析判断，区别主观与客观、主要原因与次要原因，“解剖麻雀”，找准根由，及时把切合实际、便于操作的工作建议提炼出来。

（4）讲究一个“活”字。督办工作涉及面广、范围大，无论是重大决策落实，还是中心工作推进，情况都十分复杂。这就要求督办方式灵活多变，才可以查出实情，问出实话。书面督办、现场督办、跟踪督办、联合督办等多种方式，既可以借他山之石，攻我之玉，也可以借鉴以前的成功经验。面对新情况、新问题，督办工作只有不断地创新，才能永葆生机与活力。

·“督”家观点·

发挥督办职能　助力提质增效

该案例以发挥督办职能、助力提质增效为题，阐释了督办工作的重要性，并在实际工作中探索形成了“自下而上、收拢五指、督查回访、督研结合”四个方法，总结了站位要“高”、研究要“深”、工作要“细”、方式要“活”四点体会，这些方法和体会对办公室做好督办工作具有很强的启发性和借鉴意义。

——中国石油天然气股份有限公司塔里木油田分公司

总经理助理、办公室（党工委办公室）主任　李　虎

做好全过程督查　助推“双序列”落地

汪梦诗　徐　斌　张红超　孔　娅

（中国石油天然气股份有限公司勘探开发研究院）

督查督办工作是推动上级领导决策部署落到实处、保障工作按时保质完成的重要手段，对于提高企业管理效能、提升工作执行力、确保政令畅通起着十分重要的作用。近年来，中国石油天然气股份有限公司勘探开发研究院（以下简称勘探院）明确狠抓督办厉政、力促部署落地的工作思路，切实转变观念、提高思想认识，建立健全督查督办工作机制，及时跟踪反馈并准确掌握工作动态，有力促进了集团公司党组各项决策部署和院领导安排要求在基层落实落地，为推动世界一流勘探开发研究院建设提供了坚实保障。

本文以勘探院“双序列”职级体系改革为例，简要介绍督查督办工作的主要举措、取得成效和经验体会。

一、督查督办工作与“双序列”改革同启动同部署同实施

长期以来，国内科研单位人事管理在一定程度上存在着薪酬分配平均主义、个人成长论资排辈等问题。如何为科研人员拓宽发展通道、完善激励机制，以更好的发展前景和薪酬待遇来吸引和留住优秀人才，使他们潜心科研、笃志创新，已成为勘探院人才制度改革亟待解决的重要问题。

为此，勘探院自2011年起，就开始进行专业技术序列改革的探索和设计工

作。2013年，新一届领导班子成立后，进一步加快启动改革进程，积极开展工作调研，在广泛征求专家和职工意见的基础上，于2015年初步形成了“双序列”改革方案，并选择物探所和开发所两个基层科研单位进行“双序列”试点，在岗位设置、选聘标准、选聘程序、“双序列”责权利划分、激励考核等方面积累了宝贵经验，为全院全面推广奠定了坚实基础。2016年，集团公司党组批复同意勘探院开展综合改革试点工作，“双序列”改革作为其中一项重点任务，正式进入了全面实施阶段。

为确保综合改革工作稳妥顺利向前推进，勘探院专门成立了综合改革试点领导小组，统筹负责改革工作的组织领导、任务分工和推进落实。领导小组下设督查督办专项小组（以下简称专项小组），将督查督办“双序列”改革工作作为一项重要职能全力抓好抓到位，坚持“先调研把脉，再建章立制，最后启动实施，突出稳和准，力戒急和浮”的原则，建立起一套行为规范、运转协调、公正透明、廉洁高效的督查督办运行机制，有力促进了“双序列”改革等重要综合改革任务稳妥有序推进，确保改革方向不偏、节奏不乱、落实有力、成效显著。

二、狠抓“三个关键点”，督查督办工作为“双序列”改革保驾护航

改革能否快速见到成效、能否稳妥收获红利，督查督办工作是关键一环。督查督办得好了，可以让管理者和职工群众心往一处想、劲往一处使，可以推动改革部署尽快落地，可以随时化解改革进程中不断出现的新矛盾、新问题，改革就会事半功倍。为此，勘探院专项小组狠抓督查督办的“三个关键点”，不断创新督查督办工作举措，努力为“双序列”改革推波助澜、保驾护航。

一是定准目标，层层压实改革任务，确保重点工作件件有着落、事事有回音。“双序列”改革的目标有三个，第一是建立勘探院合理的人才结构，实行岗位管理；第二是真正实现评聘分开，把业绩和贡献作为科研人员晋级的标准，为

优秀科研人员提供施展才华的舞台；第三是实现技术管理分开，使管理岗位和技术岗位分工明确，各负其责。针对三大改革目标，专项小组认真抓好“双序列”改革的顶层设计，明确分两个阶段开展院两级专家和五级工程师选聘工作，制定了“双序列”改革全面实施工作运行大表，从前期准备、宣贯政策、制定和完善规章制度、选聘各级专家和工程师、配套保障措施等方面细化了33项重点工作任务，每项任务都指定至少一名机关部门主要领导负责落实，同时明确了各项任务开始时间、结束时间和工作日天数，动态更新任务完成情况，定期向综合改革领导小组汇报改革进展。通过一系列责任分解和抓时间节点措施，历经半年多的“双序列”改革任务全部落实到位、无一空项，督查督办工作取得了良好成效。

二是抓住重点，突出思想纾解和答疑释惑，确保改革深得人心、稳妥推进。“双序列”改革的实质是双向互利，一方面科研人员可以从双通道的职级体系中畅通成长渠道，更快实现个人价值；另一方面科研管理和人事部门也可以更加规范管理，更好地提升管理效率。制定改革方案，明确责任人和时间节点，这是从管理者的角度做好了改革实施的整体设计；但如果基层执行有阻力，科研人员不理解甚至不支持改革，再好的方案设计也是空中楼阁、水中月亮。在探索“双序列”改革过程中，专项小组发现一些科研人员还存在固化思维，认为“学而优则仕”，只有“当官”才是自己成功的唯一出路，没能从全院整体利益和贡献自己聪明才智也是成功的角度思考问题。为此，专项小组在“双序列”改革启动伊始，先后在京内、京外组织了两轮次20余场政策宣贯和调研会议，为全院科研人员讲解“双序列”改革的利弊得失，正确对待改革涉及的利益格局的深刻调整；同步开展专家选聘摸底工作，鼓励优秀科研人员走专业技术序列通道。通过多轮次、多层面、多地区的政策宣贯，保证了全院科研人员都对“双序列”政策有充分了解，为院级专家和工程师选聘工作的平稳顺利开展奠定了坚实基础。

三是及时反馈，充分发挥以文辅政作用，确保领导决策动态调整、科学准确。改革是一个逆水行舟、爬坡过坎的过程，不进则退，慢进也是退。“双序列”改革没有量身定做的改革措施，更没有成熟的经验做法能够照搬照抄，一切都要摸着石头过河。勘探院“双序列”改革并非一蹴而就，在改革过程中，也出现了新的矛盾和问题。例如，专业技术序列和管理序列选聘后，有专家提出按照目前的制度设计，专家只能走技术序列，所长只能走行政序列，职业通道被限制死了，这样并不合理。针对这一问题，专项小组会同人事部门多次召开会议专题研究讨论，形成书面报告向勘探院改革领导小组反映情况。在领导小组的统一组织和推动下，专项小组又多次向集团公司有关部门呈送专题报告，建议将专业技术序列岗位任职经历与管理序列岗位任职经历相对应，畅通管理人员和技术专家身份选择渠道。经过反复论证、多次争取，最终集团公司有关部门批复了勘探院建议，同意建立“双序列”岗位转换通道，解除了科研人员的后顾之忧。

在改革领导小组的正确领导下，在业务部门的全力推动落实下，在专项小组强有力的督查督办下，经过前后近一年时间，勘探院圆满完成了“双序列”改革任务，选聘产生了院一级专家17名、二级专家57名以及一至五级工程师1760名，有29名行政干部转任技术序列，开辟了科研单位去行政化的新途径，也为优秀专业技术人员提供了独立、通畅和稳定的职业发展通道。

三、创新督查督办工作机制，形成可推广、可复制、可借鉴的工作经验

在此次“双序列”改革中，专项小组充分发挥督查督办主体职责，始终坚持围绕全院科研生产中心工作抓好“双序列”改革的推进，坚持以人为本充分考虑科研人员基本诉求，创新形成了三项工作新机制，确保了改革任务快速准确落到实处。一是强化分工协作，以改革领导小组为统领，人事部门全面负责改革实施，科研管理部门负责专业技术岗位设置、选聘标准等政策制定，计划财务部门负责专家财务授权管理等政策制定，企管法规部门负责修改相关规章制度避免交叉冲突，专项小组负责统筹协调。二是建立“双推动”模式，即推动改革任务落地过程，以业务部门为主，督查督办部门为辅；检查工作完成情况和考核评价

过程，以督查督办部门为主，业务部门为辅。三是选准工作切入点，真正将领导关注的重点、基层关心的难点、职工关切的热点真实准确地反映出来，帮助和促进各业务部门等承办主体在具体落实过程中围绕中心工作，推动各项工作顺利开展。

下一步，勘探院将在集团公司办公厅的指导下，继续加强重大决策、重要事项和重点工作的督查督办，坚持围绕全局、紧扣中心、突出重点、推进落实，加强督查考核，建立健全全程跟踪、督办联动、评估反馈等制度机制，创新督查督办手段，加强信息化建设，促进规范化，强化权威性，不断提高工作实效和水平，确保政令畅通、执行落地，为集团公司创建世界一流示范企业做出新贡献。

·“督”家观点·

做好全过程督查　助推“双序列”落地

本文以“双序列”改革为案例，全方位、全过程展示了督查督办工作在推动改革落地中的思路、方法和成效。着重围绕定目标、抓重点、快反馈“三个关键点”，系统梳理了督查督办工作举措，并升华为可推广、可复制、可借鉴的实践经验。文字逻辑严密、思路清晰，对推动改革任务落地有着较高的参考意义和实践价值。

——中国石油集团东方地球物理勘探有限责任公司

办公室（党委办公室）主任　李　刚

全力构建督查督办“四位一体”新模式

李　鹏　曹爱志

（中国石油天然气股份有限公司湖南销售分公司）

中国石油天然气股份有限公司湖南销售分公司（以下简称湖南销售公司）认真学习贯彻习近平新时代中国特色主义思想，落实集团公司督查督办工作要求，从树牢“四个意识”、坚定“四个自信”、坚决做到“两个维护”的高度，狠抓落实，构建起督办机制、网上督办、督办方式、考核体系的“四位一体”新模式，推动督查督办工作向制度化、规范化、程序化转变。

一、典型案例回顾

（一）任务来源

2017 年新一届领导班子组建以来，湖南销售公司勇于担当，敢于啃难啃的硬骨头，将历史遗留问题清理作为重中之重，列入督查督办工作重要内容。仅 2018 年，纳入督查督办项目的历史遗留问题就有 10 项。

（二）背景情况

由于历史原因，2017 年，湖南销售公司投资遗留问题面临的形势极其严峻，可以用“重、多、杂、难”四个字来概括。一是资产包袱重。湖南销售公司销量排名区外公司第 11 位，资产总额却高居区外公司第 3 位，资产创效能力低。在建工程近 21 亿元，占整个销售系统在建工程总量的四分之一，其中长期停滞的历史遗留项目，付出巨额投资却是零回报。二是待清理项目多。遗留项目 53 座，数量位居销售板块前列，其中多是司法和纠纷项目，清理工作受外部因素制约严重。长期停业站103座，停业站数量区外公司最多。三是成因复杂。遗留问题项目既涉及长期未投运加油站项目，又涉及油库项目。长期停业加油站停业原因就有7类之多，很多时间跨度超过10年，问题经长期堆积演变得愈发复杂。四是解决难度大。司法诉讼和纠纷加油站项目多，开发过程的许多波折产生了错综复杂的矛盾，清理任务异常艰巨。

（三）工作措施

一是研判形势寻求机遇，逐项分析研究对策，以解决思想问题为基础，以灵活解决方法为抓手，倾全湖南销售公司之力推进遗留问题的解决。

二是制订详细的遗留问题工作方案，明确机构、明确责任、明确方法，实行“两表一书”管理。遗留问题和遗留项目要盯紧“三减目标”，即减在建工程、减长期未投项目、减长期停业加油站。

三是密切关注停业站道路及周边商圈，实施“甘特图”管理，确保停业站复投过程有效率、结果有效益。

四是严格执行“三重一大”决策制度，确保每项决策于规于法有据、运行风险可控、稳妥推进可行。

截至2019年7月，湖南销售公司已清理在建工程11.38亿元，清理遗留项目18座，长期停业站恢复47座，实现销售量4.36万吨。2019年下半年，将继续推进遗留项目建设投运及长期停业站恢复22座。

二、督查督办经验做法

湖南销售公司坚持创新，敢于亮剑，敢于碰硬，在服务决策、推动落实、改进工作作风、保障政令畅通上狠下功夫，推进新时代督查督办工作不断取得新成效、迈上新台阶。

（一）创新督办机制，实现有章可循

提高工作落实水平，提升督办工作质量，创新督查机制是根本。建立一套系统完善、行之有效的督查机制，必会达到事半功倍的效果。

党委领导确保“求实求效”。湖南销售公司高度重视督查督办工作，成立以党委书记、总经理为组长的督查督办工作领导小组，各分公司成立以分公司党政主要负责人为组长的督查督办工作领导小组，形成在湖南销售公司党委统一领导下，分级负责、分级办理的工作机制。党政主要领导在专题会议上强调，开展督查督办工作必须发扬钉钉子精神，紧紧围绕中心工作，从问效、问策、问责上狠抓落实。2019 年 5 月，党政主要领导再次明确要求，对各分公司提出的需要纳入湖南销售公司协助督办事项进行督促检查，确保件件有落实、事事有回音。坚强的组织领导，成为机关作风转变、工作方式创新、工作效率提升的核心支撑，为督查督办工作提供了强有力保障。

建章立制确保“管常管长”。督查督办工作以问题为导向，通过制度建设破解难题，用制度管经常、管长久。针对督查督办工作过程监督难、考核标准不明确等问题，督查督办工作领导小组办公室在 2019 年 1 月着手起草督查督办工作实施办法，以“简单实用、切实可行”为原则，经过深入调研论证，多次征询意见，反复研究修改，在 5 月发布实施了《中国石油湖南销售公司督查督办工作实施办法（试行）》，细化督办内容，完善工作程序，明确奖惩标准，建立了约谈问责机制，实现有章可循、有据可依，为推动督查督办工作制度化、规范化、程序化迈出坚实一步。

（二）实施网上督办，实现三个转变

从 2018 年 10 月开始，湖南销售公司机关和 13 个分公司全部实现网上督办，改变了传统的督办方式，实现了三个转变。

实现由“纸质传递”向“网络传递”转变。利用督办信息平台开展督办工作，在网上进行立项、反馈、办结、延期和审核，有利于简化工作流程，节约督办成本，提高督办效率，让信息多跑路、基层少跑腿。

实现由“资料存档”向“全程留痕”转变。督办信息平台包括“督办立项”“督办反馈”“督办办结”等流程，涵盖了督办工作全流程，经办人的每一步操作在系统中都清晰可见，实现了督办工作留痕可溯。

实现由“静态监督”向“动态监督”转变。通过督办信息平台，对每个督办事项进展进行实时监督，从督查事项立项、执行到落实进行全方位的动态监督，并定期提醒即将到期的事项，及时督导未按期完成的事项，确保工作落实效果。

从实施情况看，在督办工作量大幅增加的情况下，督办事项反馈办结的及时性进一步提高，督办工作效率得到有效提升。2019 年上半年，湖南销售公司机关和 13 个分公司开展网上督办 480 余项。以 2019 年 5 月为例，实现“当月立项、当月办结”的督办事项有 47 项，占 5 月立项总数 85 项的 55.3%，其中在 15 日内实现立项到办结的事项就有 21 项。

（三）完善督办过程，实现闭环管理

能不能发现问题、敢不敢反映问题、会不会解决问题，关键在于能否创新督查督办方式，提高工作效能。

凡督必核织密监督网。湖南销售公司总会计师、督查督办工作主管领导指出，“对每一个提交办结的督办事项，必须开展核查核实，必须收集实施证据，必须经过流程审批。”办结核查核实环节非常重要，可以倒逼工作责任落实，直接关系到督办工作质量和效果。开展办结核实核查，需要“三步走”：第一步是与责任部门进行充分沟通，掌握工作进展情况；第二步是采取“多方验证”的方式印证督办事项完成的真实性和实效性；第三步是收集、整理和审核实施证据。

首建督办事项实施证据库。为实现可追溯性，湖南销售公司在 2018 年 9 月建立督办事项实施证据库，对督办事项涉及的工作资料进行核查、收集和整理。凡能证明与督办事项执行相关的，且属实的，皆纳入证据库中。2019 年上半年，实施证据库收集整理各类佐证资料 590 余份。

（四）建立考核体系，实现有效激励

考核是手段，不是目的。督办考核的终极目标就是调动员工的积极性，提高员工的责任心，让员工有主人翁精神。

定期考核形成机制。坚持月度考核。湖南销售公司绩效考核实施细则规定，对分公司和公司机关处室的月度考核中，督查督办工作考核权重占 20%，督查督办工作的重要性由此凸显。2019 年上半年，共计考核 10 个单位，对屡督不办、执行不力的 7 个单位进行考核扣分，对督办工作开展规范、执行有力的 3 个单位进行加分奖励，起到了一定的警示和激励作用，形成了“干好干坏不一样，干多干少也不一样”的工作导向，有力地促进了各项工作的落实。坚持年度考核。考核中，月度考核平均得分占 70%，年度办结率考核得分占 30%，督查督办工作考核结果作为单位和个人评先选优、年度考核的重要依据。

每月通报已成常态。对督办开展情况，在每月的经营会议上进行通报，在 OA 办公平台发布通报文件，并开展半年度和年度总结分析和通报。在一定程度上调动了各单位落实督办任务的积极性，维护了督办工作的严肃性，保障了督办工作的实效性。

•“督”家观点•

全力构建督查督办“四位一体”新模式

湖南销售公司全力构建新时代督查督办工作“四位一体”新模式，通过创新督办机制、实施网上督办、完善督办方式、建立考核体系，实现有章可循、效能提升、闭环管理、奖惩激励的目标，推动督查督办工作向制度化、规范化、程序化转变，充分发挥了督查抓落实促发展的利器作用，可操作性较强。

——中国石油天然气股份有限公司山西销售分公司

办公室（党委办公室）副主任　任海永

“1+N”模式整合督查督办力量确保各项工作落地生根

张心愿　王　浩　彭志强

（中国石油天然气股份有限公司新疆油田分公司）

一、任务来源

督查工作是推动企业重大决策和各项工作部署落实的重要手段，是促进决策完善的重要途径，是改进工作作风、密切联系职工群众的重要渠道。如果将企业决策见效落地的过程比作一条“反射弧”，那领导层决策就是“神经中枢”，基层落实就是“效应器”，督查督办则充当着“传输神经”的角色。

近年来，中国石油天然气股份有限公司新疆油田分公司陆梁油田作业区严格依照工作程序常态化开展督查督办工作，紧密跟踪工作进展，压实各层级管理责任，取得了一定成效。但随着油田的不断发展，特别是各主力油藏进入“双高”开发阶段，各项生产经营任务日益繁重，专业化程度不断提高，工作量持续增大，常规的督查督办方法已无法完全适应新形势、新要求。同时由于人员紧张，督查督办职能往往由 1 名员工兼职承担，工作负担重，推进速度慢、难度大，而被督查单位因业务多、工作忙，工作开展情况主动报告少、反馈不及时，依赖督办提醒，造成管理层对部署工作进度掌握得不够准确、不够全面。

二、方案策划

面对油气生产新形势，陆梁油田作业区结合自身特点，紧紧围绕中心任务，积极探索“1+N”模式整合督查督办力量，以推动工作落实为出发点，以提升产量为落脚点，把握关键环节，找准重点要素，着力推进作业区各项生产经营决策在基层高效落实。

三、主要措施

持续优化人力资源配置，充分发挥退居二线科级干部专业化技能，着力构建“1+N”督查督办模式，“1”即经理（党委）办公室，负责牵头抓总，对作业区管理层交办的重要事项开展督查督办；“N”即由退居二线的科级干部组成“抓落实促上产工作专项督查小组”（以下简称小组），负责作业区工程项目、采油现场基础工作、党群工作、现代化管理等各专业领域督查督办，并提供专业指导。

同时，在原有督查程序的基础上，对督查督办工作进行细化。一是明确任务，小组成员按时参加作业区周生产例会及月度、年度重点会议，全面了解作业区生产经营形势、存在问题、工作部署，围绕中心工作分头制定督查任务，并与各承办单位做好对接，根据轻重缓急制定督办运行大表，由主管领导审核后实施。二是及时反馈，按照“已落实的事项报告工作成效，正在落实的事项说明进展情况，未落实的事项分析原因并提出工作建议”的要求，由承办单位安排专人进行督办反馈。三是提升服务，经理（党委）办公室督查岗每周对管理层安排工作进行汇总、跟踪、整理，帮助协调有关工作；每季度汇总整理事项进展，并向管理层汇报情况。四是注重落实，改变以往遥控督办、电话督办、文件督办的单一方式，经常性采取不打招呼的方式进行现场调研、检查，验证工作推进实际成效，实现由“重视”向“重实”转变。五是完善制度，修订完善绩效合同，提高督查督办项目考核占比，实行“严考核、硬兑现”；修订奖金考核发放办法，提高小组内退居二线科级干部待遇，激发其工作积极性。

四、取得成效

“1+N”督查督办模式是原有工作的“再优化、再细化、再提升”，与油气生产中心任务结合得更加紧密，作业区油气生产、安全环保、经营管理、党群工作等各项业务提速明显，原油产量运行呈现稳中有进、进中求质的良好势头，取得了较好成效。

一是督查工作“科学化”。将原本由一人兼职承担的督办工作扩展到“1+N”人，有效降低人员工作强度，促进工作质量提升；同时，大多数督办事项属于督办小组成员本职工作范畴，通过开展督查督办、自我加压，提高了既定工作的完成效率；督办成员各司其职，突出工作重点，把握要点难点，避免了“眉毛胡子一把抓”现象，集中力量推动作业区重大决策、各项安排部署按期落实。二是督查工作“专业化”。坚持“术业有专攻”，督办小组人员均是油田蓬勃发展的见证者、参与者、推动者，是各业务领域的“行家里手”，工作经验丰富，能够更好地参与落实督办事项的全过程，充分发挥“参谋”“助手”作用，找准症结所在，给予专业指导，积极沟通协调，推动工作落实。三是督查工作“制度化”。广泛征求各单位意见建议，制定《陆梁油田作业区加强督促检查工作实施办法》，明确督查督办工作流程。督办工作质量与绩效考核挂钩，充分发挥绩效考核“指挥棒”作用，提高督办小组成员工作积极性、主动性。四是督查工作“表单化”。制定督查督办工作推进运行大表，明确督办事项、牵头单位、责任人、完成时限、完成进度、督办来源等内容，保障督查工作有序运行。

“督”家观点

“1+N”模式整合督查督办力量　确保各项工作落地生根

该文结构完整、层次清晰，围绕陆梁油田作业区提升产量这一中心任务，把握关键环节，找准重点要素，探索实施“1+N”督查督办模式，调动和发挥专业化督办力量，推进各项生产经营决策在基层高效落实。

——中国石油天然气股份有限公司华北油田分公司

办公室（党委办公室）主任　王海涛

创新机制抓督查　强化落实促发展

李　力　张红奎　班　瑶

（中国石油天然气股份有限公司新疆油田分公司）

一、背景介绍

中国石油天然气股份有限公司新疆油田分公司采气一厂（以下简称采气一厂）成立于 2007 年 12 月 3 日，是新疆油田公司唯一的专业化采气厂，负责准噶尔盆地天然气开发和管理。累计生产天然气 330 余亿立方米、凝析油 240 余万吨，油气当量近 3000 万吨，油气产量连续十一年实现“双超”；先后荣获国家级荣誉 20 余项、省部级荣誉 90 余项，2017 年获评“全国文明单位”称号。近年来，采气一厂党委瞄准建设国内一流天然气生产企业目标，结合国企改革政策、行业发展趋势、集团公司及新疆油田公司战略布局，确定了现代化采气厂建设目标，配套制定了一揽子工作部署，全力以赴保发展、保安全、促稳定，加快实现企业高质量高效益可持续发展。与此同时，在工作推进过程中，执行力不强、互相推诿、办事拖拉、执行效果不好的现象依然大量存在，严重影响党委部分决策部署推进质效。为充分发挥督查工作的导向、监督、激励作用，进一步调动执行主体的积极性、主动性，确保改革的总体设计、发展战略、决策部署、具体措施在推进落实中“不变形”“不缩水”“不打折扣”地推进落实到位，采气一厂探索创新督查工作方式，有力促进“规划图”变成“施工图”、“时间表”变成“计程表”，有效提高了管理效率、促进了决策落实。

二、具体措施

（一）“督促检查”与“考核监督”并重，把建立长效机制作为“第一目标”

坚持督查与考核协同推进，有效提升督查工作服务效能。在构建“大督查”工作格局方面，细化督办细则，明确督查责任，理顺督查程序，完善《督办通知》《督办通报》等督查载体，明确各单位分管督办工作的领导和督办事项具体联系人，形成了主管领导负总责、督查部门集中抓、业务部门具体抓、全员合力推动的“大督查”工作格局。在督办事项进展通报方面，按照“对已经落实的说效果，对正在落实的列进度，对没有落实的讲原因”的工作要求，督促承办单位据实反馈督查工作进展，并对反馈结果进行验证审核。坚持年度立项重点工作通过 OA 系统“按月通报”、短期重点工作通过门户网页、生产例会“按周通报”，及时反馈重大决策部署进展落实情况。在绩效考核方面，加大考核权重，针对未按时按质完成的督办事项，请示主管领导同意，扣减月度综合绩效分值每项 1 ~ 3 分，不设上限；对于两个及以上单位共同承办的督查事项，由牵头单位根据各协办单位责任大小扣减协办单位相应综合绩效分值；对一项工作重复滞后的采取递增式考核，将扣减分值提高至 3 ~ 5 分，并给予责任单位通报批评。

（二）“结果管控”与“过程管控”并重，把精准细分任务作为“第一靶向”

改变以往只督结果的做法，推动督查向既督结果又督过程的模式转变。每年年初根据年度工作计划及重点专项工作汇报会议定事项，进行目标任务分解，提出拟办事项，在与承办单位进行充分沟通、征求意见的基础上，明确责任领导、工作目标、措施要求、责任人、协办单位、办结时限，绘制形成“运行大表”，并根据实际情况进行滚动完善，针对比较紧急的事项，由办公室请示领导同意，及时下发《督办通知单》，督促落实。同时，为了确保督办事项推进落实强效有力，按月、季细化明确阶段工作目标。例如，在推进班组自主化建设项目过程中，在明确完成时限的前提下，细分为3月完成推进方案编制、4月完成基层培训、8月完成基层班组自主化建设、10月完成厂级验收等阶段推进内容，每个时间节点核实工作进展。积极推行“工作安排”与“督办任务”同部署、同落实，有效延伸督查工作“触角”。例如，在每周生产经营例会上，管理层将对本周主要工作进行统筹安排和部署，办公室在整理会议纪要的同时，筛选出具体督办事项，安排专人负责跟踪落实。上述做法，有效改变了以往工作落实过程掌握情况不够全面、发现梗阻不够及时、工作推而不动的情况，以控制“秒针”的速度，确保了“时针”的准度。

（三）“加强协调”与“促进落实”并重，把解决实际问题作为“第一任务”

任务下达了，落实得好不好，重点还要看抓得紧不紧。在实际工作中，坚持通过综合协调促落实、强化权威促落实、以点带面促落实，全力推动决策部署落地执行。

一是综合协调促落实。通过电话询问、参会了解等多种方式，适时掌握督办事项进展情况，研判完成效果，及时督促提醒。同时，针对发现的落实决策部署过程中存在的具体困难，特别是涉及多个单位的，由责任单位提出可行有效的处置方案或推进建议，督办部门及时提请牵头领导予以协调落实。例如，集团公司投资的重点工程——克拉美丽气田和玛河气田增压及深冷提效工程，是采气一厂成立以来管理的投资金额最高、工程量最大、涉及面最广、工艺流程最复杂的工程项目，牵头部门多次反映工作协调推进难度大，导致部分工作较计划滞后。为此，督办部门及时建议由主要领导、主管领导每周召开工作推进会，协调解决存在的问题和困难，有力促使该项工程踏点甚至超预期推进。

二是强化权威促落实。为增强督查工作的权威，坚持让督查工作负责人员列席重要会议，传达落实领导最新要求，有力促进督查人员既能够深刻理解决策背景、工作重点，又能准确地把握领导意图和工作尺度，切实增强了督查工作的针对性、时效性。

三是以点带面促落实。注重通过个案办理，分析决策执行情况和存在问题原因，总结经验、提供借鉴，推动面上问题的解决。例如，我们通过下基层调研、与员工座谈发现，“庸、懒、散、浮、拖”等现象依然存在，“低、老、坏”等问题未根治，执行标准不高、执行速度不快、执行力度不强等等，影响了工作推进质效。为此，我们建议并经主要领导批准，启动“转作风、解民情、抓基层、促和谐”机关部门干部下基层与一线员工同吃同住同劳动活动，进一步促进机关干部工作关口前移，工作重心下移，把工作场所搬到生产现场，体会基层甘苦，帮助基层解决实际问题。同时针对 194 名干部下基层收集到的“热点”“难点”问题及现场调研中收集到基层单位反映的问题，及时组织科室部门进行答复，并督促及时解决，受到基层单位好评。

三、经验启示

启示一：建立有效机制是干好督查工作的前提。严格、规范的制度是督查工作科学、高效、有序开展的保障。通过健全工作制度，统一明确督查任务、责任主体、运作程序、奖惩措施等，可避免工作无序性，增强承办单位执行力、提高工作效率，极大减少工作中的人为因素，降低了考核偏差，让考核的人有理有据、让被考核的人心服口服，也为督查工作开展树立权威、提升规格营造了良好环境，提升了督查效果。

启示二：领导高度重视是干好督查工作的关键。督查督办属领导工作范畴，督查督办是领导授权，能否符合领导思路、体现领导意图、切合发展需要，领导支持至关重要。对重点工作亲自部署、重大问题亲自过问、重要环节，若管理层能亲自协调、亲自督办，将大大减少工作阻力，增强督查工作的权威性和时效性，推动决策落实。

启示三：突出督查重点是干好督查工作的关键。需要督查的事项是非正常工作程序运作下的特殊推动方式。由于督查力量有限，不可能对所有的工作都立项督查，要有所为、有所不为，要学会“弹钢琴”，抓重点推进、抓热点化解、抓难点突破，不能眉毛胡子一把抓，通过督促重点工作的落实，保证中心任务的完成，推动全局工作的开展。

·“督”家观点·

创新机制抓督查　强化落实促发展

该案例逻辑清晰，文字精练，将新时期下的督查工作与企业实际相结合、与基层重点难点相结合的特性充分体现出来，创新了方式方法，量化了具体工作，提高了管理效能，体现了督查工作抓落实、促发展的重要作用。

——中国石油集团长城钻探工程有限公司

办公室（党委办公室）主任　纪宏博

督查目标任务分解　提升执行落实成效

王　迺　李福贵　李铁鹏
（中国石油天然气股份有限公司吉林石化分公司）

一、实施背景

中国石油天然气股份有限公司吉林石化分公司乙烯厂（以下简称乙烯厂）于1996年9月建成投产，现有70万吨/年乙烯、30万吨/年高密度聚乙烯、27.4万吨/年低密度聚乙烯3套主要生产装置，可生产乙烯、丙烯、低密度聚乙烯树脂、高密度聚乙烯管材料等40多种化工原料及产成品。

2015年以来，国际原油价格低位运行，化工市场复杂多变。如何通过管理提升，实现精细管理保障装置安全平稳满负荷长周期运行，成为企业增产增效的首要前提。乙烯厂积极适应市场变化，通过严格督查年度工作目标任务分解落实，深入推进精细化管理，提高管理质量和工作质量，增强核心竞争力，有效促进了装置安全平稳生产和企业质量效益提升。

二、督查事项内涵

乙烯厂对年度工作目标任务分解落实开展督查，总的要求是保证年度工作目标任务在分解落实过程中，权、责、利三者清晰明确，而且相互对称，所有目标方向一致，环环相扣，相互配合，形成协调统一的目标体系；基本内容是将吉林石化公司下达的考核利润、产品产量、技术指标等抽象的数字转化为若干项具体工作；核心思想是将乙烯厂的整体目标逐级分解，转换为各科室、各车间每名员工的分目标，让所有干部员工明确工作“干什么”“怎么干”“什么时候干”“干到什么程度”“谁来干”“谁检查确认”；最终目的是实现工作具体化、标准化、制度化、专业化、可量化、易考核，实现由粗放型、传统型管理向精细化、科学化管理的转变。只有每名员工瞄准方向和目标，履职尽责，精准施策，努力完成自己的分目标，才能确保乙烯厂总体目标的实现。

三、主要做法

（1）准确设置目标。乙烯厂首先根据吉林石化公司下达的各项任务确定年度目标，明确机关各科室和基层车间的责任关系，组织确定下级目标，提出目标框架。由乙烯厂领导班子成员组织各科室对年度设立的目标进行反复讨论和修正，立起标准，靶向对标，使实现目标既不简单，也不至于无法实现，充分激发员工的工作热情与动力。

（2）组织实施分解。工作目标任务分解是一种把个人需求与组织目标结合起来的管理制度。乙烯厂统一制定分解表模板，分单位、分专业组织召开研讨会，统一分解思路，科学制定目标，明确实施措施。管理人员对自身负责工作进行描述，并分解细化为可实施的具体内容，同时对工作标准进行描述，对完成时间进行界定，形成工作手册。不仅使员工对自己的工作内容有更加清晰的梳理和认知，也为日后他人接手该项工作做好充分准备。同时，可以督促员工对工作中的成绩、不足、失误进行对照总结，经常自检自查，不断提高工作质量。

（3）把关数量和质量。2015 年乙烯厂工作目标任务分解 3057 项，2016 年分解 4218 项，2017 年分解 8073 项。2018 年，乙烯厂做到措施更细、标准更清，责任到人、指标到岗，分解目标任务 9028 项。自开始实施工作目标任务分解以来，任务分解得一年比一年细、措施制定一年比一年实、完成质量一年比一年高。特别是通过督查，各项措施更加贴近实际，具有可操作性，有效避免了走形式、走过场、模棱两可、照搬照抄。

（4）注重过程管理。工作目标任务分解不是目的，关键看措施是否落实，乙烯厂坚持做到每季度进行督查，总结通报落实进度。同时，积极协调解决工作中出现的难题，当出现意外、不可测事件严重影响目标实现时，通过一定的审批手续，修正原定的目标，确保工作始终以目标和问题为导向，真抓实干，务求实效。

（5）严格考核兑现。工作目标任务分解以制定目标为起点，以目标完成情况的考核为终点。工作成果是评定目标完成程度的标准，也是人事考核的依据，是评价管理工作绩效的有效标志。达到预定的期限后，员工首先进行自我评估，提交书面报告；然后上下级一起考核目标完成情况，决定奖惩；同时讨论下一阶段目标，开始新的循环。如果目标没有完成，应分析原因总结教训，真正形成工作闭环。

四、实施效果

乙烯厂通过对年度工作目标任务分解落实开展督查，从源头抓问题，从问题中找原因，从具体工作安排和措施落实中实现了安全环保、生产优化、节能降耗、增收创效和管理提升。

（1）安全环保基础不断夯实。乙烯厂将安全环保目标进行分解，将“零事故”“零伤害”“零污染”目标有效转化为风险排查、施工监护、安全培训、点源治理等具体工作。通过强化安全检查，落实安全责任，开展 HAZOP 分析，最大限度降低了装置运行风险。通过强化点源控制，积极推进 VOCs 管控项目，动力锅炉增设注氨系统，烟气实现连续达标排放。

（2）装置生产运行持续优化。乙烯厂将工艺参数控制落实到岗、到人，抓住关键点，制定调整措施。通过实施乙烯裂解炉专题周例会制度，形成“会前现场检查、会中问题研讨、会后整改跟踪”三步管理法，先后解决关键难题 22 项，有效降低了裂解炉故障率。通过加强装置运行监控，做到“提前分析、预知调整”，保证了安全高负荷运行。2016年，乙烯产量创建厂以来最高纪录，乙烯加工损失率、综合能耗创历史新低，七大技术经济指标创历史最好水平。

（3）设备保障水平得到提高。乙烯厂将目标任务分解到设备基础管理、攻关项目、日常维护和大检修等工作中。通过扎实开展“标准化”整治工作，创成标准化岗位66个，两套聚乙烯高质量创成公司级HSE标准化装置。实施32台套关键机组和设备特保特护，连续稳定运行周期不断延长。通过强化大检修过程控制，实行四级质量包保，成立质量检查组对关键环节进行跟踪检查，确保了检修质量创历史最好。

（4）挖潜创新能力有效提升。乙烯厂将挖潜措施列为目标任务分解的重要内容，强化对标管理，三年实施126项挖潜增效项目，累计创效2.1亿元。通过开展产品质量攻关，PE100级管材产品质量达到国际同类产品水平，成为中国石油拳头产品，7042膜料成为中国石油品牌产品和吉林省名牌产品，市场供不应求。通过实施新产品开发，成功生产大口径管材专用料、7047TQ膜料、PE100级管件料、耐温耐压管材等新产品，培育了新的效益增长点，展示出强大的科技创新能力。

（5）企业管理水平稳步提高。通过强化操作平稳率考核，充分利用操作平稳率管理系统，自主开发DCS画面监控软件，研发参数集中显示、超标报警监控系统，加强内操监盘管理，有效提高了生产受控管理水平，操作平稳率实现99.93%，创历史最好水平。通过突出“领导能力、管理能力、操作能力”三个重点，实施绩效考评，干部员工作风持续转变，企业凝聚力不断增强，员工获得感和幸福指数不断提升。

五、经验总结

如果一个领域没有目标，这个领域的工作必然被忽视；如果一个领域没有完成目标的具体措施，这个领域的目标实现也很难保证。因此，乙烯厂坚持通过目标对下级进行管理，对分解落实情况进行督查，在确定工厂目标后，每年对其进行有效分解，转变成每名员工的分目标，并根据分目标的完成情况对下级进行考核、评价和奖惩。

通过对年度工作目标任务分解落实情况进行督查，乙烯厂生产装置负荷稳步上提、运行平稳率大幅提高、产品质量获得高度认可、各项技经指标持续向好、员工收入逐年增加，生产经营及管理水平不断提升，员工的主动性、积极性明显增强，工作规范性、条理性更加清晰。2015 年乙烯厂盈利 16.74 亿元；2016 年盈利 25.46 亿元，创历史最好水平；2017 年盈利 20.39 亿元，保持较高水平；2018 年盈利 11.1 亿元，四年累计盈利 73.7 亿元。乙烯厂先后荣获吉林省“五一劳动奖状”、省市文明单位、吉林石化公司先进单位、吉林石化公司“十年无事故工厂”等称号。

实施“三三”一线督办法 有力保障哈齐高铁顺利通车

姜　猛

（大庆油田有限责任公司）

一、事项背景

哈齐高铁是国家“十二五”规划的重点工程，是我国首条高寒高纬度高速铁路，2009 年 7 月 5 日开工建设，2015 年 5 月 21 日起进行联调联试，计划 2015 年 7 月中旬至 2015 年 8 月 7 日进行试运行。哈齐高铁占压大庆油田天然气分公司（以下简称天然气分公司）管辖的北区丁字口至总外输天然气管道，存在安全隐患，亟须穿涵改造。7 月 30 日，天然气分公司收到油田公司下达的北区丁字口至总外输天然气管道铁路穿涵管段改造工程的临时计划（庆油计建发〔2015〕51 号），项目投资 190 万元，主要工程量包括 2 条直径 508 毫米 ×9.4 毫米管线，长度共计 540 米，其中穿越铁路涵单线 70 米，共计 140 米。

该项目进展直接影响高铁试运通车。当时，社会关注度极高、政治影响力非常大。政府部门与大庆油田多次召开项目协调会，大庆油田总经理、黑龙江省省长、省委书记等领导先后到现场视察工作，作出重要批示，要求天然气分公司在确保施工安全的前提下，加快施工进度，必须在 8 月 15 日前完成迁建工作，确保 8 月 17 日哈齐高铁通车运行。天然气分公司将该项目作为首要的政治任务，全力组织施工建设，并将该项目纳入重点督办计划，持续协调督办，有效保障了项目的安全、质量和进度。

二、督办思路

天然气分公司综合办公室（以下简称综合办公室）面对哈齐高铁按期通车的艰巨任务，充分发挥主观能动性，与相关部门单位一起，克服工期短、风险高、施工条件复杂、协调工作量大等难题，理清思路、统筹兼顾、突出重点、敢于担当，按照“三三”一线督办法，即“三个参与、三个盯住、三个协调”，全过程参与组织、全方位监督协调，对具体事盯紧不放，对具体人夯实责任，对具体环节逐一解决，较好地完成了各项工作。

三、方式方法

（一）三个参与，全过程跟进项目进展

一是参与决策。注重督办向决策前延伸，项目下达后，综合办公室协同相关责任部门单位全面收集信息，逐一明确施工作业需求，查找存在的主要问题，以及潜在风险和突出矛盾，进行统一整理和细致分析，便于天然气分公司领导对事项有深入、细致了解，为决策提供充足、准确支持。

二是参与执行。在天然气分公司领导下，协调计划、基建、物资、生产、安全、属地单位等相关责任部门和单位成立项目组织机构，多次召开会议，按照天然气分公司抓主线、各责任单位部门抓具体的工作思路，进一步明确各节点的责任人、工作内容和进度安排，制定突发事项的应急处置措施和备选方案，采用督办任务分解表、下达督办单等方式确保各项任务得到有效落实。

三是参与反馈。深入到一线，深入到工作进展的最前沿，真正了解掌握实际工作情况，跟紧工作进度。采取实地督查、电话询问、定期通报等形式，对议定事项进行专项督办、随时督办和跟踪督办，每日一汇报、三天一通报，及时向天然气分公司领导反馈情况，向油田公司、地方政府部门汇报项目进展，向关联单位通报相关信息，并通过网页、电视台等形式向社会公开，始终保持督查工作与

项目进展的同心、同向、同步。

（二）三个盯住，全方位保障工作落实

一是盯住重点单位，压实责任。穿涵施工项目涉及单位多，跨系统协调工作量大。综合办公室协同生产、安全等管理部门，与物资、基建、油气储运二大队等单位紧密沟通，明确相关方既是落实工作的责任人，又是督查人，把工作职责和目标任务细化、量化到人，一级抓一级，层层负责任，全员抓落实。

二是盯住关键环节，破难推进。把穿涵施工中的薄弱环节和难点作为督查重点，努力做到“督在关键处、查到点子上”。将穿涵工作分解为物资供货、施工作业、现场监督、施工进度等主要环节，协调相关部门和单位，制定切实可行的督查工作方案，反复确认，持续督办，做到各个环节任务明确、工作步骤有序、措施落实到位。

三是盯住突出问题，拔钉清障。穿涵作业地下障碍复杂，管线路由与已探明地下障碍交叉 11 处，施工区域处于城市核心区域边缘，地下情况极其复杂，穿涵位置埋深超过 6 米，地势低洼，存水多，塌方风险大，且临近高铁、滨洲铁路，施工区域上方电力线路多，空间小，施工难度和危险性极大。综合办公室及时跟进，将难题列项成表，逐项明确责任方和措施，一个一个地狠抓，一项一项地破解，一件一件地落实，做到问题不解决不松手，事情不办妥精力不分散，目的不达到注意力不转移。

（三）三个协调，全流程促进项目组织

一是纵向协调。综合办公室作为天然气分公司的接收、传达信息的主责部门，与油田公司、地方各级政府部门保持密切沟通，及时接收任务指令和工作要求，反馈存在需协调解决的问题，实时报送项目工作进展，并把督办与指导相结合，消化吸收上级要求，站在分公司角度提出问题，给予指导性意见，推动工作进一步开展。

二是横向协调。在项目推进过程中，综合办公室按照“归口办理、分流督

查”的原则，将专业性较强的督查事宜交由相关部门和单位去办理，确保各责任部门单位既分工明确，责任清晰，又能够协调配合，发挥各自作用。综合办公室认真做好各方协调，及时汇总整理督办结果，报送给相关领导，及时处理施工过程中存在的问题。

三是跨区域协调。穿涵项目影响下游天然气用户供气，建设地点穿跨部分村屯，项目建设存在一定阻力。综合办公室发挥宣传优势，在施工现场悬挂宣传标语，与相关天然气用户和村民进行沟通交流，讲解穿涵工作的重要性和工期严峻性，传达上级部门的方针政策和处置意见，消除误解，凝聚共识，为项目的顺利推进提供了有力保障。

四、心得体会

一是统揽不包揽。综合办公室督查职能由具体执行向统筹组织转变，督查要由以往的催办、督办向积极协调组织的督促检查转变。要通盘考虑，总览全局，将天然气分公司的决策部署、工作要求及时传导到各落实部门和单位，做好沟通的桥梁。通过组织协调，发挥各责任部门、单位的职能作用，形成齐抓共管、分工协作的工作模式。

二是牵头不出头。按照在工作组织协调中，明确各方任务，落实责任，协调各方力量做好统筹协调，督促抓好工作任务的执行和落实，形成落实工作的整体合力。对各方工作中遇到的困难，充分发挥组织协调优势，认真负责解决，为各方工作的顺利开展排忧解难。

三是监查不监管。始终绷紧监督检查这根弦，围绕工程建设进度、质量、安全这条主线，收集信息，加强综合分析和研判，加大监督检查力度。项目推进过程中，按照谁主管、谁负责，谁的业务、人员、属地，谁负责的原则，各方承担各自责任，各自对本职工作进行监管，形成既统筹协调、统一指挥，又各司其职、各负其责的工作格局。

以“全流程督查”为抓手
推动公司年度决策部署落地见效

孟鹏伟　刘秀云　赵　辉

（中国石油天然气股份有限公司山东销售分公司）

一、督查工作存在的不足

东营分公司年度决策部署和工作计划涵盖内容点多面广、工作要点多、管理难度大，涉及生产经营、网络拓展、安全环保、党的建设等方方面面，在抓落实和督查工作过程中还存在一些不足。一些工作存在“政策悬空”“卡在最后一公里”等现象，影响了工作推进、项目落地和政策效力；个别专业线和加油站在东营分公司决策部署出台后，工作抓得不够紧不够实；有的照搬照抄政策，没有消化吸收；有的对需要主动探索的改革发展任务，主动性创造性不够强。东营分公司对不同任务督查工作开展得不够平衡，重视程度存在差异，督查制度还不健全，督查方法仍需进一步改进，还没有形成较好的督查合力。对此，东营分公司高度重视，采取有效措施，以“全流程督查”为抓手，加大落地实践力度进一步扬长补短。

二、全流程督查落地实践

（一）绘好“任务图”——事前任务分解和细化对标

东营分公司将上级公司和公司 2019 年工作会议决策部署进行提炼总结，首先向公司全员传达各级工作会议精神、决策部署要点，重点解读“完全市场化”“构建新秩序”的理念、机制、部署等；随即，召开专项会议，集思广益、群策群力制定“行动计划”，各党支部、各加油站下大功夫、迅速动员，按照“一人一事”工作指示，集中学习、探讨交流、研究落实，统一思想、凝聚共识；然后，东营分公司编制了《工作会议精神落实方案》和《工作会议决策部署任务分解表》，将工作部署条分缕析，逐项对照制定“任务清单”，要求各专业线、党支部和加油站按照动员学习部署、立足实际对照落实、总结巩固深化“三个阶段”高效落实，明确时间进度节点和落实效果，阶段性总结、通报和改进。

督查工作始终在大局下行动、处处为大局服务。为此，东营分公司聚焦重大决策和中心工作，在健全年度工作重点分层督查、日常会议确定事项每月督查、重大事项和工作指示专项督查模式上狠下功夫，提升督查针对性和实效性。在《工作会议决策部署任务分解表》的基础上，编制《年度督查任务分解表》，选取12项重要工作开展跟踪督查，每月收集、汇总和通报信息，其他事项每季度督查一次。年度决策部署落实是不断调整、完善和深化的系统过程，在动态调整中，认真梳理公司日常重要会议议定事项，选择立项、建立台账，2019年上半年督查事项不少于54项、完成率不低于90%，环比分别增长7%和5%。东营分公司重大综合性任务进行专项督查，上半年列题不少于3项，包括整治形式主义和官僚主义、新秩序市场构建、基层党支部党建质量提升等，同时，深入基层一线跟踪问效，选取3项重点工作进行现场实地督查，确保“任务图”保质保量。

（二）跟好“任务图”——事中合力督查和创新落实

挂图作战，内容“对表”。严格按照“任务图”指标，对责任专业线、加油站实行挂图交办督查，明确工作具体内容；对工作事项的督查实行表格化管理，即对东营分公司年度决策部署及动态过程中领导批示实行“一张表”式督查，督查的交办、签收、反馈以及工作目标任务、责任人、当前完成情况、未完成情况及原因、时序进度节点、下一步举措等内容全部在一张表格中体现，实现督查办理全程留痕，“一张表”鸟瞰督查全过程。当前已对年度决策部署重点工作任务、办公会议议定事项等全部实现表单化管理，累计达212项内容。

统筹联动，合力督查。督查事项往往既涉及专业线，又涉及党支部、加油站基层单位，要防止多头督查、无效督查，核心要点是整合资源、合力攻坚。办公室专业线发挥好牵头抓总作用，加强机关、党支部和加油站“三级联动”，聚焦工作措施和推进节点发力，把牢交办、催办、反馈等重点环节，实现多频共振的督查效益。严格实行清单式管理、销号式督查，对关键环节、难点任务、敏感指标的重点突破，按照“工作条目化、条目目标化、目标节点化、节点责任化”的要求，督查责任单位、责任人对未完成事项进行深入分析，督促有关单位纠正整改、尽快完成。建立各专业线负责人、党支部书记和站经理“第一责任人”责任机制，把督查工作纳入重要议事日程，既推动年度决策部署在各自单位的贯彻，又强化对本专业系统落实情况的督查，明确督查对象、重点、方式、责任分工和时限要求等，确保件件有着落、事事有回音。对事关全局、公司整体级别的需由 2 个及以上单位共同开展的督查，办公室专业线牵头开展联合督查；对情况复杂、需要较长时间才能办结的重要事项，在阶段性督查基础上，实施动态跟踪，一督到底、督出实效。

完善流程，推进创新。东营分公司在执行《山东销售公司督查督办管理办法》的同时，总结近两年工作实践经验，完善任务分解、回访调研、指示办理、联合督查、通报简称等督查内容，以及立项、交办、催办、反馈、审核等督查程序，促进督查工作规范化、标准化。一是创新线上督查和线下督查相结合。在执行“护网行动”和保密管理要求基础上，使用内网协同办公系统，充分利用督查模块，将督查任务分解、逐项列入模块，按照责任人、进度表、落实情况在线上逐级督查；同时，对于长期落实的、重大决策、重要批示指示等工作，利用协同办公系统“联络单”模块，定期进行联络督查；利用协同调查问卷模块，开展“双向考核”，精准倒逼提升责任人执行效率，有力促进决策部署落实。二是创新定性定量相结合。将督查任务分解为Ⅰ、Ⅰ、Ⅲ三个层次，Ⅰ为已完成或基本完成；Ⅰ为部分完成，正在有序推进；Ⅲ为预计无法完成或到期未完成，填报Ⅲ的事项需简要说明原因，通过分层的方法，既突出重点，又减轻被督查工作负担。三是创新明察暗访相结合。采用“四不两直”“神秘顾客”等方式，瞄着问题督、盯着实绩查，采取重点检查和随机抽查相结合、明察和暗访相结合等方式，进一步提升督查工作质量。创新“一线工作法”，利用责任人自行拍照留存记录、监控稽查等手段，拍摄工作进度，呈现最真实的落实进程；推行“步行工作法”，督查人员走出办公室、走进支部和加油站现场、走入员工当中，察看第一个现场、搜集第一手素材、听取第一线声音，在项目一线督成效、查实情。创新不定期“回头看”，深入督查不落实的环节，对交办事项落实不到位的情况如实记录在案；对督查期内未完结，以及领导对办理结果提出新要求的重要事项持续追踪，上半年完成 12 项工作任务二次督办并及时报告办理结果；同时充分利用互联网协同系统平台，在平台上实现督查信息收集汇总、整理编发，工作效率大幅提高。

（三）用好“效果图”——事后奖惩督促和改进提升

一是督查工作与业绩考核等激励机制挂钩。办公室专业线完善年度督查事项完成率考核规定，将完成率与控制类考核融合，对督查事项承办情况、落实情况、信息反馈的及时性和准确性等进行量化评价，考核结果提交人事专业线，以考核倒逼提升督查效果。二是注重形成闭环管理。坚持问题导向，督查实行“清单式交办、跟踪式推动、销号式管理”，确保督查工作有序、有力、有效开展；应用好 PDCA 工作法，通过“晾晒”督查进度、奖优罚劣督促，进一步跟踪，强化反馈落实，形成“螺旋式上升”闭环管理。三是注重以党的建设为统领，强化责任担当意识，培养主动抓落实、主动抓督查的良好工作作风；对具体的矛盾问题深入分析、主动发声，对定下来的工作要求，发扬“钉钉子”精神，咬定目标不放松，一抓到底、一督到底，督出成效。

2018 年以来，东营分公司创新实施“全流程督查”机制，有效促进了年度决策部署和年度工作计划落地见效。2018 年，纯枪销量同比增长 3.3%、完成预算的 107.8%；非油收入同比增长 28.9%、完成预算的 109%。2019 年 1—5 月，纯枪销量年销售完成进度山东销售公司排名第一，督查事项办结率超过 92%，办结事项超过 43 项，经营管理质量迈上新台阶。

抓住督查重点　用好方法资源
全力推进旋转导向系统落实落地

史江博　张弘彬　郭杨锋

（中国石油集团测井有限公司）

旋转导向是大斜度井、水平井钻井中一种极为重要的特殊工具，能够在钻铤旋转钻进时实时完成导向功能，确保钻头一直在储层中穿行。旋转导向钻进时具有摩阻与扭阻小、钻速高、成本低、建井周期短、井眼轨迹平滑、易调控并可延长水平段长度等特点，已成为现代导向钻井技术的主流方向，中国石油各钻探公司对低成本旋转导向系统有着迫切的使用需求。为此，中国石油、中油油服对加快推进旋转导向工作提出进度要求。中国石油集团测井有限公司（以下简称测井公司）是中油油服的成员企业，中油油服将旋转导向的组装、维保等工作交由测井公司集中管理。完成好旋转导向的各项工作，不仅是测井公司贯彻上级要求的具体体现，也有助于测井公司技术服务能力的提升。基于以上情况，不能视若等闲，一定要抓好旋转导向各项工作的督查，推进工作落实落地。

一、明确任务抓住督查重点

不能管中窥豹，要从中国石油、中油油服全局着眼，系统分析，明确测井公司在旋转导向工作中承担的任务，才能在旋转导向工作督查中抓住重点。测井公司主要承担三项任务。

（一）旋转导向系统维修保障任务

按照中油油服有关要求，测井公司于 2018 年 8 月成立页岩气维修保障中心，集中开展页岩气开发过程中旋转导向系统的保养与维修、旋转地质导向技术支持和远程服务、维修备件的采购储存管理。

（二）旋转导向散件组装、自研的随钻系统与引进的旋转导向头互联互通任务

中油油服和中国石油物资装备部牵头组织采购国外公司的旋转导向散件后，交由测井公司集中组装为成套系统，供 5 家钻探公司使用。测井公司自研的随钻测井系统与引进的高造斜率导向头集成，实现互联互通。

（三）旋转导向集中研发的保障任务

2018 年 11 月，中油油服印发《关于做好旋转导向集中研发保障工作的通知》，要求测井公司为集中研发项目提供高效的保障服务。

二、用好方法和资源紧抓督查推进工作落实

采取书面督查与实地督查相结合的方式，因事、因时、因势而为紧抓督查。

（一）书面督查能把握实效性、具有针对性，督查报告重点突出，便于领导决策时参考

2018 年三季度以来，测井公司先后在 8 月、10 月、11 月和 2019 年的 3 月、5 月、6 月召开总经理办公会专题研究、细致部署旋转导向有关工作。

公司办公室开展书面督查的思路、方法有四个明显特点。一是没有在工作部署后立即督查，而是在为相关单位留足充分的落实时间后，分别于 2018 年 12 月和 2019 年 4 月、6 月中旬向有关部门、单位发督查通知。二是在督查通知中明确要求，要说明工作当前进展及下步计划、信息反馈时限。三是对涉及多个部门和单位的工作任务，给涉及的每个部门和单位发督查通知直接收集情况，而不仅仅

是由牵头落实的部门或单位汇总信息后单独反馈给公司办公室，确保信息的全面性、丰富性和可对照性。四是在信息汇总、向公司汇报阶段，公司办公室按照工作进度、存在问题一一梳理旋转导向有关工作，将重点突出、条理醒目的督查总结汇报给公司领导，供决策时参考。

（二）实地督查能提高站位，善于因事、因时、因势而为，推动工作落实

在实地督查中，主要有两类人员发挥了好的督查作用。

一是办公室系统的督查工作人员。办公室系统的督查工作人员政治站位高、责任心强，心中时刻有“督查事项”，能利用有利时机有利条件掌握工作信息，即因事、因时而为。

在日常因其他事务赴涉及督查工作的单位、工作现场时，能深入车间、厂房和相关人员办公场所、驻地等，了解、核实需要督查的工作进展情况。2019 年 2 月下旬，公司办公室人员前往公司所属的随钻测井中心开展其他工作时，在与随钻研发人员和旋转导向系统维修保障人员座谈中，就旋转导向系统组装、维保、使用等情况提出若干问题并得到回复，了解了更多的紧要信息。涉及相关工作的随钻测井中心、测井技术研究院等单位的办公室督查工作人员也能利用有利条件，深入现场调查，与本单位的科研、制造、作业人员密切沟通，了解工作信息并及时向公司反馈。

二是其他承担督查角色的人员。在旋转导向相关工作中，测井公司因事、因时、因势而为，让领导干部承担督查角色，推动重点工作落实。

2019 年 5 月针对检查发现的旋转导向维修保养较好、但现场利用率不高的情况，测井公司及时调整旋转导向维保中心的考核指标，把旋转导向现场利用率作为重要考核指标，落实维修保障承包制等多项措施帮助钻探公司用好旋转导向，同时指派 1 名副总工程师前往旋转导向维修保障中心驻点督促工作措施的落实。

在旋转导向集中研发方面，测井公司在测井技术研究院专门成立保障组，由

公司总工程师任组长，由测井技术研究院院长、公司科技处处长任副组长，成员包括公司多个部门的负责人。保障组成员不但管业务，还承担工作督办角色，推进工作落实。

三、督查推进旋转导向有关工作取得的成效

在推进各项具体工作中，取得的主要成效如下：

一是旋转导向系统维修保障方面。在现场使用中，6 月以来，旋转导向系统日平均利用率由原来的不足 40% 提升到 55% 以上，日最高利用率达 90% 以上，比上半年日平均利用率明显提高。

二是旋转导向散件组装、自研的随钻系统与引进的旋转导向头互联互通方面。已交付部分组装的旋转导向系统，应用效果良好。自主组装的旋转导向系统于 2019 年 1 月完成首口井 XXX–4 的施工，于 4 月完成的宁 XX–2 井的施工，施工周期比川渝地区页岩气水平井平均指标提高 129%。旋转导向互联互通项目完成系统测试，在长庆油田多口井现场验证了系统功能。

三是旋转导向集中研发保障工作方面。截至 2019 年二季度，申报物资需求计划 28 批次，完成 4 批次设备和 9 批次物料的采购，保证了研发进度。

四、督查推进旋转导向有关工作的经验体会

一是明确工作督查的顺序。办公室需要督查的工作很多，明确督查顺序十分重要。主要包括两个方面，一是要厘清所有待督查工作之间的关联度，便于协同推进；二是要划分紧急程度，明确哪些需要尽快督查、哪些需要近期督查、哪些需要长期督查。深入分析、归类多头的工作，分析眼前矛盾和长期矛盾，集中精力解决眼前矛盾，缓图长期矛盾的更好解决，避免在集中的时间段内分散精力、胡子眉毛一把抓。

二是把握督查事项的特性。包括把握督查事项的整体特性，把握工作各阶段、工作中各子任务的特性两个方面。以旋转导向工作为例，其整体特性是中国石油、中油油服、测井公司高度重视，督查人员要提高站位，力争全面把握旋转导向工作的任务来源、背景情况，掌握测井公司推进该项工作的措施，分析工作难点，从工作推进的整体、全过程去督查。以旋转导向工作中的互联互通项目这个子任务为例，其特性是工作技术性强，需要经历研发设计、现场试验、评价总结、研发设计的改进、再现场试验、评价总结这些环节，可能还要多次循环。公司对该子任务各阶段完成的时间节点也有要求。在督查中，只有尊重推进该子任务的科学规律，明确要求的时间节点，才能精准督查。

三是选好工作督查的方式。针对所督查的具体工作，总体上可采取书面督查、实地督查，或两者相结合的督查方式。例如，提高旋转导向系统利用率，采取单一的书面督查不利于问题的发现，因不同岗位人员分析问题的角度不同，书面反馈的信息仅仅是一个或多个信息反馈人对问题的认识，只有通过实地了解才有可能从自身需求去掌握情况，并且不同的人员实地了解情况，因观察问题的角度可能有偏差反而能获取更多有价值的信息。

四是配好工作督查的人员。督查工作的人员不能局限于公司办公室系统的工作督查人员，要根据工作任务的复杂程度、难易程度、进度成效要求等情况，在公司范围内选配。例如，在旋转导向有关工作的推进中，就研发保障工作，测井公司成立两个保障组，明确了两个组的组长，并且明确了公司总工程师为总协调人，组长和总协调人都同时担当督查人员的角色；就旋转导向系统维修保障，公司副总工程师按照公司要求赴前线维修保障中心督促工作措施落实，协调解决出现的问题。

以中央环保督查为契机 推动企业环保管理上台阶

刘 洁
（中国石油天然气股份有限公司乌鲁木齐石化分公司）

一、任务来源

2017年，中央第八环境保护督查组进驻新疆维吾尔自治区开展环境保护督查，中国石油天然气股份有限公司乌鲁木齐石化分公司（以下简称乌鲁木齐石化公司）作为驻疆央企，是迎接督察的重点。

二、问题背景情况

乌鲁木齐石化公司1975年4月开工建设，目前已建成具有850万吨炼油、100万吨对二甲苯、130万吨尿素产能的炼化一体化企业，2002年正式通过三项体系认证。2017年乌鲁木齐石化公司有员工10686人，固定资产原值235亿元。2015年1月1日“新环保法”实施，全面体现了国家加大生态环境保护力度的立法用意，回应了老百姓对碧水蓝天、生态文明的热切期盼。经过40多年的发展建设，乌鲁木齐石化公司已成为城中炼化企业，作为驻疆企业，乌鲁木齐石化公司深入学习贯彻新发展理念，落实习近平总书记生态文明思想，始终秉承中国石油“奉献能源，创造和谐”的企业宗旨，把全面深入履行政治、经济和社会“三大责任”作为企业神圣的职责和义不容辞的使命，以中央环保督查为契机，把污染防治与清洁生产相结合，开展了大量卓有成效的环保治理和提标工作，推进工业化和城市化良性互动，实现企业与社会和谐相处。

三、针对问题

因乌鲁木齐石化公司是 40 多年的老企业，存在历史遗留问题多；装置建设年限长，现场整治工作量大；国家环保标准提升步伐加快，企业工艺技术和环保升级时间紧；隐患治理技术含量高等问题和困难。

四、工作措施

（一）站在政治高度落实督察内容

中央环保督查是贯彻习近平总书记生态文明思想的重大改革举措，是一项政治任务。乌鲁木齐石化公司充分认识中央环保督查工作的重要意义，企业主要领导亲自主持、亲自研究、亲自抓好环保工作，2017 年以来，打破常规开展工作，按日滚动推进现场环境整治、环保隐患项目等工作。乌鲁木齐石化公司总经理亲自抓整改工作，白天按统筹推进整改工作，晚上主持召开近 100 次环保治理工作会议，全面分析解决环保工作中存在的问题，按照工作安排定量化、检查确认定量化和责任追究定量化要求，全面排查环保隐患。

通过采取非常规举措强化督办落实，在污水达标排放方面，制定严格的上游生产装置排水控制指标，优化污水处理装置运行。在新的污水排放提标改造项目建成投用前，采取措施确保 7 月 1 日后废水排放满足新标准要求。在大气治理方面，解决了炼油厂加热炉在线更换火嘴、固废无害化处置等多项技术难题，实现了国控口外排数据稳定达标。组织开展 VOCs 专项排查治理，2017 年投资 1.92 亿元开展 13 个 VOCs 治理项目。乌鲁木齐石化公司自 2016 年起全面展开 LDAR 泄漏检测与修复项目，2017 年完成 66.64 万个密封点检测修复工作。在废渣方面，乌鲁木齐石化公司对固废进行分类贮存、规范处置，危险废物外委有资质许可单位处置。在现场环境方面，乌鲁木齐石化公司投资 3719 万元开展生产区域环境综合整治工作，实现了污水处理装置隔油均质、气浮、生化系统等具备封闭条件的各类净化水池全覆盖，大力推动环保治理工作水平的提升。

（二）借力专项督查完善全员环保工作责任体系

组织全体干部员工认真学习领会“新环保法”赋予生产经营企业的责任、义务和权利。严格落实“党政同责”“一岗双责”的安全环保责任要求，按照新修订的《大气污染防治法》《水污染防治法》及《土壤污染防治行动计划》等法律法规，完善了从总经理、党委书记到基层员工的安全环保职责。强化生产过程管控和监测，制定分级防控指标，逐级落实环保责任，强化生产过程水、气、声、味、渣管控，确保依法合规排放。强化超标参数分析讲评和考核，环保指标达标率与各单位主要领导业绩挂钩，严格环保事故责任追究。

（三）借力专项督查完善环保工作监督体系

成立了两级 HSE 委员会，环保工作推行三级管控。乌鲁木齐石化公司设有环境监督与管理部，专门对各部门、各单位环保工作进行监督，下设环境监测站进行日常环保监测分析工作，有 60 多台（套）监测仪器设备，具有 68 项国家实验室认可资格，环保监督管理网络较完善。

（四）借力专项督查迅速补齐环保短板

委托第三方进行污染源在线监控系统的运维管理，确保 6 个国控、2 个区控、8 个市控重点源 24 小时不间断监测，数据实时向当地政府环保部门和中国石油总部上传。按要求及时将环境监测信息向社会公示，接受社会监督。2016 年至 2017 年，新疆维吾尔自治区环境监察总队和乌鲁木齐市环保局等政府专业部门多次到乌鲁木齐石化公司进行环保工作的检查督办，提出了煤场未完成封闭、污水处理池密闭效果不佳等环保工作短板。针对这些问题，乌鲁木齐石化公司认真制定整改方案，落实责任主体，加快推进整改进度，确保尽快跟上国家环保治理要求的步伐，有效保证了各类外排废气和废水指标全部满足最新污染物排放标准要求。

（五）借力专项督查建立企业环保“自律”工作机制

乌鲁木齐石化公司地处乌鲁木齐郊区米东工业园区，周边有很多化工、轻工和农业养殖企业。近年来，环保部门不断接到群众对乌鲁木齐石化公司的投诉，环保部门也多次组织投诉群众到企业现场参观调查，亲自体验工厂生产环境，了解环保工作开展情况，验证依法达标排放情况。作为城中炼化企业，群众的投诉就是对我们工作的监督，警示我们要进一步强化环保管控工作。乌鲁木齐石化公司委托第三方检测机构对周边环境空气中非甲烷总烃等挥发性有机物进行监测，检测结果显示无超标。同时制定了《异味投诉管理规定》，将乌鲁木齐石化公司生产调度 24 小时电话作为投诉电话向社会公布，对污染物排放情况、环保设施运行指标、区域异味情况进行 24 小时不间断巡查。乌鲁木齐石化公司认真对待周边群众的每一宗投诉问题，举一反三做好所有装置的泄漏检测和修复工作，持之以恒、常抓不懈，用实际行动给人民群众一个满意的答复。

五、成效

乌鲁木齐石化公司将环保当作政治责任，以中央环保督查为契机，将环保提质提标作为全年的重要工作抓好督办落实，层层传递安全环保压力，集全员之力加强环保管控和治理工作，持续加大资金投入，积极挖掘、消除影响环境保护的存量，坚决遏制影响环保的增量，有效确保了 2017 年 7 月 1 日起污染物排放满足 47 个重点城市大气污染物特别排放限值区域管控要求，建成投用了 220 千伏联络变、净化水提标、热电厂 3 号炉新增电除雾等一批重要环保项目，解决了多项长期困扰乌鲁木齐石化公司的历史遗留问题，有效保障了生产依法合规，环保管控能力进一步增强。2017 年 8 月底，乌鲁木齐石化公司顺利通过中央环保督查组两次督查，环保工作受到各级领导的充分肯定。

高效督办体系的构建与实践

张洪浩　迟洪君　王建军

（中国石油天然气股份有限公司呼和浩特石化分公司）

中国石油天然气股份有限公司呼和浩特石化分公司（以下简称呼和浩特石化公司）是国家“八五”重点工程之一，在册员工 1891 人，现原油加工能力 500 万吨 / 年，设计年产 170 万吨汽油、210 万吨柴油、20 万吨航空煤油、15 万吨聚丙烯等石油石化产品，主要销往内蒙古中西部、山西等地区，并出口蒙古国。长期以来，为更加有力地贯彻落实公司各项决策部署，呼和浩特石化公司高度重视督办工作，逐步构建形成了日反馈、周预警、月通报考核、年总结的督办体系，保障了决策部署的执行落地，促进了公司高质量发展。

一、实施背景

一分部署，九分落实。在企业生产经营过程中，决策部署落实不到位、基层队伍执行力较弱是管理的“常见病”，严重制约了企业生产经营管理水平的提升，而督办是解决这一病症的“良药”。从近年来呼和浩特石化公司决策部署落实总体情况来看，可以说没有督办就没有高效落实。实践证明，高效督办体系的构建与实施有效地推动了呼和浩特石化公司决策部署的贯彻落实。

二、工作措施

（一）建章立制，明确督办根本遵循

制度是最好的领导，一切工作的开展必须要有制度作为支撑，从呼和浩特石化公司开展督办工作伊始，就制订下发了《呼和浩特石化公司督办工作管理办法》，明确督办工作要遵循的八项原则：一是重点突出原则，即围绕中心工作和重要事项任务，对领导决策、有关会议决定等重点工作进行立项督办；二是实事求是原则，即全面准确地掌握、反馈督办工作落实情况；三是务求落实原则，即通过督办检查，促进决策和立项内容件件有落实，事事有结果；四是立意明确原则，即办公室对督办事项的立项要立意明确，点明主题，突出重点；五是逐级负责原则，即督办事项要目标明确、责任清楚，分管领导要重视，承办单位积极主动抓执行，协助单位必须配合，共同推进督办事项有效落实；六是请示报告原则，即督办过程中遇到疑难、重大问题要及时请示报告，按公司领导的批示要求办理；七是定期通报考核原则，即为了推动督办工作开展和督办事项落实，对会议决定、领导决策及交办事项贯彻办理不认真、不得力、敷衍推诿、贻误工作、不按时反馈的、未严格按照要求内容和时限完成的，办公室按月进行通报考核；八是保密原则，即根据督办事项内容，对需要保密的事宜，在办理过程中，控制在一定范围内知晓；对有相应密级的文件资料，要按有关保密规定，采取保密措施。

通过遵循以上原则抓督办，督办工作能紧紧围绕中心工作，抓住决策实施过程中的突出问题和影响落实的关键环节，采取有力措施，有针对性、有重点地进行督办，坚持从实际出发，把注重实效原则贯穿于督办全过程，保障公司决策部署落地见效。

（二）上下联动，构建督办执行网络

为进一步强化督办工作，2018 年呼和浩特石化公司办公室设立了专岗抓督办，

同时在公司范围内构建了督办执行反馈网络，确保督办高效落实、及时反馈。一是每个部门设立一位兼职督办工作联络员，明确工作流程和职责，对督办联络员定期进行培训，提高督办联络员的工作能力。这样，各部门的兼职督办工作联络员就能很好地发挥桥梁纽带作用，将办公室发布的督办事项在汇报本部门主要领导后进行具体的转化落实，并向办公室汇报承办事项的完成时间及该事项落实的最新情况，同时在承办事项完成后提出办结申请作办结处理，使督办工作形成闭环管理。二是建立微信群，利用微信群搭建督办联络员沟通交流平台，极大地提高了督办效率。在督办信息系统未上线前，利用督办联络员工作交流群对督办事项的下达、反馈还是当前督办工作的主要手段。

（三）步步确认，形成督办闭环管控

一是督办立项“准”。乌石化督办事项的主要来源是每天的公司领导早碰头会、周生产经营例会、月度经济活动分析会、季度政工例会、专题会议和公司领导现场调研。在立项时，对公司领导安排的重点工作进行梳理，确定哪些工作需要进行督办；对确定立项的督办，要明确牵头领导、承办单位和协助单位，对督办事项提出具体要求，避免空话和套话，明确事项承办单位做具体工作；立项完成后，要经过单元主管和主任两级审核才能发布，确保督办事项督得准。二是过程管控“紧”。督办事项从立项到办结，中间落实过程的管控非常重要，随着抓督办工作的不断深入，已逐步形成日反馈、周预警、月通报考核的管控模式。

日反馈即针对每天的督办事项，要求承办单位在当天的15:30前向办公室反馈承办事项的完成时限及落实情况，经办公室审核后报公司主要领导，使公司领导及时了解当天安排的重点工作进展情况。

周预警即办公室对临近办结时间及推进速度缓慢的督办事项每周进行预警，并在公司每周一的生产经营例会上进行通报，以督促承办单位加大工作推进力度，确保承办事项能在要求的时限内完成、办结。

月通报考核即办公室每月对当月要求办结的督办事项进行统计分析，对完成

较好的事项、办结效率高的部门和按时反馈、反馈进展情况质量高的督办联络员进行奖励，对未按时办结的事项进行考核，并形成正式文件在公司OA下发。三是验证考核“严”。2018年对《呼和浩特石化公司督办工作管理办法》进行了修订，重点是考核部分，加大了奖励和处罚力度，明确了对牵头领导、承办单位、协助单位、承办单位主要责任人和分管负责人的处罚金额。在督办工作运行过程中对考核的事项进行严考核、硬兑现。对重点事项的落实、办结进行验证，如果督办的是方案、报告等，办结时要向办公室提供相关材料的电子版作为办结依据；

中国石油呼和浩特石化公司

督办通报

第7期

办公室（党委办公室）　　2018-08-08

2018年七月份督办通报

督办工作是确保公司政令畅通的重要保障和有效途径，是办公室的重要职责。七月份，公司全面进入停工大检修，办公室的督办工作重心主要是围绕停工吹扫、检修安全、检修进度及质量验收等方面加强督办。充分利用督办工作联络群，便捷高效下达督办事项，提高督办效率，推动督办事项高质量落实，使督办工作取得较好的实效，为大检修工作按时间节点完成，装置按时复产提供了有力保障。具体情况通报如下：

一、重点督办事项

一至六月份，累计结转督办事项41项，办结14项；七月份，新增重点督办事项共计123项，办结76项，累计结转督办事项74项继续督办。具体情况如下：

（二）督办工作完成较好的部门

安全环保处负责督办事项23项，办结23项，办结率100%；机动设备处负责督办事项14项，办结14项，办结率100%。以上部门承办事项多，对督办事项积极落实，及时反馈进展情况，办结率高，各奖励500元。

（三）对兼职督办联络员的奖励

安全环保处督办联络员■■■、机动设备处督办联络员■■■对本部门承办的督办事项及时落实反馈，反馈进展情况质量高，对落实过程中存在的问题能及时和办公室（党委办公室）进行沟通协调，高质量完成了本部门承办的事项，各奖励300元。

（四）未按期办结的事项

序号	安排事项及要求	牵头领导	负责部门（责任人）	协助部门（单位）	要求完成时间	进展情况	备注
1.	加快原油适应性改造项目的实施、平衡中油六建、七建检修作业与项目实施的施工力量，确保7.30中交目标的实现和检修工作顺利完成。	■■■	工程管理部（质监站）		7月30日	每日统计通报一、六、七公司的项目施工人员，力量不足及时增加，就尾项列表销项，加强物资到货，确保顺利施工。因七月下雨一周未施工；6台氯酸切水器未按时到货，延到十天以上，影响施工进度，有两台切水器余未到；车间提出一些三查项目无材料难以整改；项目与大检修施工单位人力相互冲突，出现人力资源不足；个别施工条件未达到如污水线碰头、罐北角消防水碰头等，影响施工正常完工。	7月31日更新进展情况。

1.加快原油适应性改造项目的实施，确保7.30中交目标的实现。牵头领导张存良，负责部门工程管理部（质监站）。原油适应性改造项目在二月份经济活动分析会上就明确要求加强工程计划管理，全面梳理工程项目，绘制工程网络图，强化施工组织，加快施工进度，确保4个新建3万立原油罐在大检修前(6月30日)投用。后经公司领导同意，只有107罐在6月30日前达到进油条件，剩余工程项目要求在7月30日实现中交，但该项目仍然没有按期完成中交，中交时间再次拖延。依据《呼和浩特石化公司督办工作管理办法》，对相关责任人和责任单位加倍考核。考核牵头领导■■■-600元，承办事项第一责任人■■■-600元，承办事项分管负责人■■■-400元，承办单位工程管理部(质监站)-2000元。同时，要求工程管理部（质监站）按照《呼和浩特石化公司工程施工考核管理办法》对相关工程施工承包商提出考核意见。

(一) 完成较好的事项

序号	安排事项及要求	牵头领导	负责部门（责任人）	协助部门（单位）	要求完成时间	进展情况	备注
1.	要求一、二联合车间严格按照停工吹扫方案进行吹扫、退油，完成一项验收一项，生产运行处对停工吹扫期间的亮点工作进行总结。	■■■	生产运行处	第一联合车间第二联合车间	7月31日	办结。7月5日早会已经要求一、二联合车间严格按照停工吹扫方案进行吹扫、退油，要完成一项验收一项。各单位严格执行停工期间各项规定，如期完成了装置交检修，在吹扫工作结束后，生产运行处对停工吹扫期间的亮点工作进行了总结。	

1.要求一、二联合车间严格按照停工吹扫方案进行吹扫、退油，完成一项验收一项，生产运行处对停工吹扫期间的亮点工作进行总结。公司2018年大检修停工吹扫期间，要求各车间做到“气不上天、油不落地、声不扰民”。根据要求，各车间制定合理可行的绿色停工吹扫方案。生产运行处在停工吹扫过程中发挥牵头抓总的作用，统一协调蒸汽、氮气的使用，确保公用系统平稳运行，统一协调污水、废气的外排，确保环保指标受控合格；第一联合车间严格按吹扫方案执行，车间上下统一思想，提高认识，齐心协力，做到吹扫步步确认，首次实现了停工不放火炬和三机组直接停工；第二联合车间将“密闭吹扫、密闭排放”的理念贯穿停工吹扫全过程，按单元分小组、分区域、分流程组织吹扫，责任到人，避免出现吹扫盲区，每个步骤、每根吹扫管线都要确认销项，顺利完成生产交检修。此次实现绿色停工吹扫，各单位已将好的经验做法进行总结，固化下来，以备指导今后各装置的停工吹扫。为此，奖励负责部门生产运行处1000元、协助单位第一联合车间500元、第二联合车间500元。

中国石油呼和浩特石化公司督办通报

如果督办的是现场工作，由安全与管理监督中心设专岗对督办事项的落实过程进行跟踪验证，并将验证结果向办公室反馈作为该事项的办结或考核依据。对需要办理延期或销项的督办事项，承办单位要写明原因经牵头领导签字审核后报办公室作延期或销项处理。通过以上主动管控措施的实施，每个督办事项都能得到有效落实。

三、取得成效

一是保障了决策部署的高效落实。“决策只是工作的一半，还有更重要的一半是贯彻落实”。呼和浩特石化公司通过抓督办，解决了决策落实不到位的问题，促进了工作的开展和效率的提升。2018 年需要办结的事项共 1064 项，办结 1043 项，未按时办结 21 项，办结率达到 98.03%。

二是提升了基层队伍的执行力。督办是办公室工作的一项重要内容，也是办公室发挥参谋助手的重要体现。目前，呼和浩特石化公司的决策部署主要通过公司、处室、车间三个层级的管理进行落实，督办工作的重点就是督处室。呼和浩特石化公司重要决策的落实过程和反馈过程，一级对一级负责，形成闭环管理，避免了执行力层层衰减，逐步形成决策有落实，落实有反馈，过程有验证的工作模式。各单位通过主动管控工作，强化督办落实，执行力得到较大提升。

三是提升了生产经营管理水平。经过对 2018 年 1064 项督办进行总结分析，发现生产工艺技术督办事项占比 28.38%；机动设备督办事项占比 19.83%；安全环保方面督办事项占比 12.88%。以上数据反映出，呼和浩特石化公司在生产工艺技术和设备管理方面存在短板，安全环保管理还需进一步加强。针对以上薄弱环节，办公室结合基层调研情况，提出了改进、提升管理建议，供公司领导决策参考，进一步延伸了督办的作用效果。

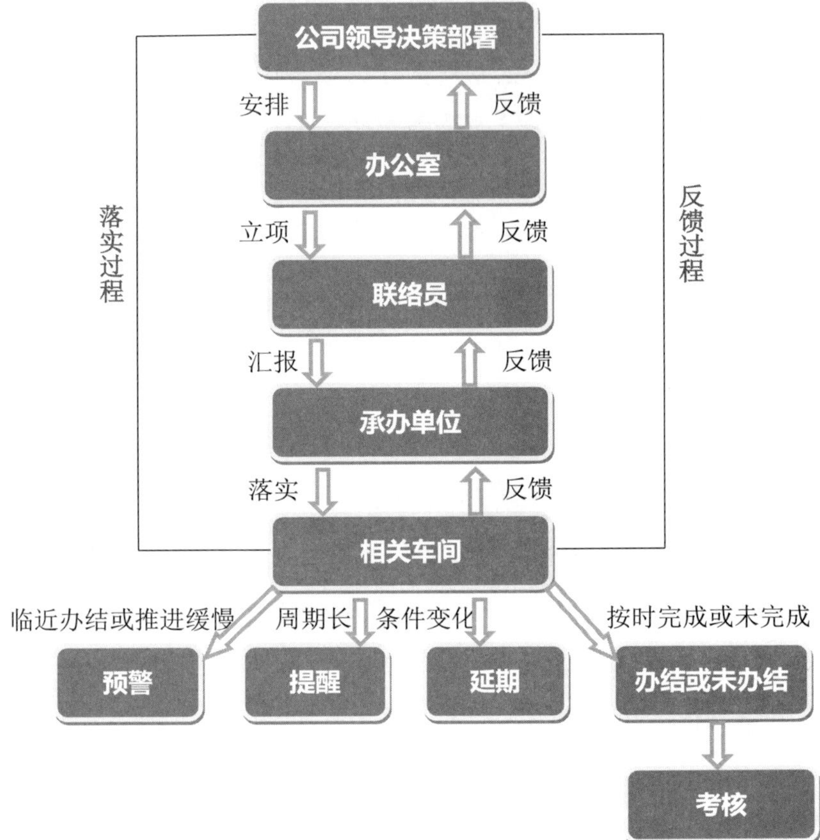

呼和浩特石化公司重要决策的落实过程和反馈过程

深耕清单管理
打造企业发展的强大督查助力

赵树和　杨冠宇

（中国石油天然气股份有限公司吉林销售分公司）

督查工作作为推动上级公司、地方政府和本单位决策部署落实的有效手段，在企业运行管理中发挥着不可替代的重要作用。近几年，中国石油天然气股份有限公司吉林销售分公司（以下简称吉林销售公司）将督查工作作为强作风、促执行、激励担当作为的有力抓手，建立健全起吉林销售公司党政主要领导直接管理、办公室（党委办公室）牵头办理，各处室（单位）密切配合的统筹协调机制，强化深化清单管理，从严从细考核评价，切实把督查工作发展成为促进精益管理与完成任务目标的强大助力。

一是填好“两张表”，从立清单入手确保“督在关键”。为明晰督查工作内容，编制了由“两张表”体现的督查任务清单。一张表是“重点任务分解落实表”，涵盖吉林销售公司年初工作会议部署的各项工作，内容保持年度的一致性和持续性；另一张表是“重点工作督办周报”，涵盖吉林销售公司周、月、季度会议和专项会议部署的重点工作以及领导交办的其他重要事项，内容随时进行增补。这样，通过一静一动、一粗一细的“两张表”，就围绕企业中心任务，覆盖住了吉林销售公司决策部署实施过程中的关键环节和影响贯彻落实的突出问题，使督查工作在保证政令畅通、令行禁止上有了抓手和载体。对于列入清单的督查事项，每一项都有清晰界定的工作内容、任务目标、评判标准、责任部门、配合部门、完成时限等要求，都将责任落实到具体部门和岗位，为有的放矢高质高效地开展督查工作提供了基础依据。同时，为确保督查工作更贴近实际，所有督查事项在初次列入“两张表”时，都必须交由承办处室（单位）进行确认，如有异议及时沟通解决，如无异议则不再更改，防止以偏概全、抓多放少、强行摊派、无从考证等问题的出现，保证了后续督查工作的被接受程度、可操作性和实效性。每年，吉林销售公司列入“两张表”的督查任务近 200 项。

二是跟好“两条线”，借查清单发力确保“办到实处”。立足督查任务清单，采取集中督查与专项督查相结合、定期汇报与定期通报相促进的“两条线”方式，进行动态跟踪，真督实查，不断提升督查过程的质量与效率。首先，扎实推进集中督查，利用办公室（党委办公室）接触公司全面工作的优势，逐项对督查事项的落实情况进行核实。这种核实不简单以是否发文、是否开会或留痕多少来判断，而是注重工作实绩，以做了多少工作、取得哪些效果来进行评判，坚决不做表面文章。对于集中督查中发现的超期未完成事项，以及领导特别指示的事项，我们都纳入专项督查范围，出具“催办单”，按周盯紧进度，促使责任部门（单位）始终绷紧这根弦，避免工作出现漏点、盲点和拖延点，推动各项工作齐头并进，共同保证吉林销售公司总体目标的顺利实现。其次，扎实推进定期汇报，每月由各部门（单位）汇报督查事项落实情况，由办公室（党委办公室）予以确认，对完成事项进行销项，将整体清单完成情况呈交领导班子审阅；并在月初的第一次例会上进行通报，直接“点名道姓”，以“动真格”的行动切实提升督查工作的影响与效力，增强承办部门（单位）的责任意识和担当作为。此外，还配套实行“督查联系人制度”，各部门（单位）都有一名“督查专员”，负责日常的督查任务对接、材料填报及其他协调工作，并在即时通信平台中设立“督查工作群”，及时交流、互通有无，确保督查过程顺畅高效、无缝链接。

三是唱好“黑白脸”，以评清单落脚确保“做出成效”。为克服督查过程易流于形式、督查结果易被虚化和忽视等问题，出台了《督查工作管理办法》，对督查内容、配套机制、奖惩标准等进行了详细规定，并坚持有理有据、宽严相济的处理方式，确保督查工作被看到、被想到、受重视。一方面，坚持“没有规矩不成方圆”，实行“逐月考核、全年评价、超时扣分、达标有奖”的激励与奖罚机制，对督查事项的承办、落实和完成情况进行考核评价，并将评价结果直接与业绩分值和薪酬分配挂钩。在月度，对未如期完成的督查事项，每项扣减责任处室（单位）当月业绩分值1分，直至工作完成为止。在年度，全年完成率在95%以上（含95%）的，对责任处室（单位）一次性增加2分；全年完成率在90%以下的，对责任处室（单位）一次性扣减1分。另一方面，坚持实事求是基础上的宽严有度，充分考虑客观情况，该严则严，当宽则宽，不搞简单的“一刀切”。以2016年所属长春分公司某油库有关手续办理为例，受当时检查大环境影响，该事项被纳入省公司督查范围，限时办结。对此，责任部门与责任人员以高度负责的态度，克服了重重困难，动用了一切可以动用的力量，非常不易地将事项办理完毕，但却超出限期近一个月。经了解，该事项在申报材料齐全、全程跟踪和反复协调下，仍被拖延，确实超出企业能力的控制范围。面对这种情况，“罚”还是“不罚”成了一个难题。经过审慎思考，我们最终给予该责任部门和人员“超期必罚，但酌情折减”的处理方案，即扣减月度业绩分值0.25分、而年度考评不予扣分。这样，既保证了督查规定的执行力度，又让被扣分的部门可接受、不委屈，同时也让其他被扣分的部门（单位）心服口服、不攀不扯，保持了督查工作的严肃性、权威性与威慑力，对各项工作按时顺利推进到位起到了积极的促进作用。

“不积跬步，无以至千里；不积小流，无以成江海”。督查工作无须花拳绣腿、不必繁文缛节，只要有不怕得罪人的勇气与担当，有求真务实、脚踏实地的工作态度，有切实可行、张弛有度的日常运行机制，就能够把督查检查考核工作做得更好更有成效，就能为企业高质量、可持续发展，为集团公司奋力创建世界一流示范企业提供最强有力的督查助力。

收文督查工作实践研究

王瑞莉

（中国石油天然气股份有限公司独山子石化分公司）

一、收文督查背景

中国石油天然气股份有限公司独山子石化分公司（以下简称独山子石化公司）日常不仅接收集团公司总部、兄弟企业及所属基层单位发来的公文，同时还接收各级地方党委、政府及其他社会团体、企业发来的各类文件。

2018 年，独山子石化公司总经理办公室（以下简称办公室）安装了地方政务协同办公平台，畅通了所属市、区级政府公文往来渠道，总体收文数量随之增长。以 2019 年一季度为例，共计收文 1354 份，比 2018 年增长 17%，比 2017 年增长 57%。收文数量的增长意味着工作任务的增加，为确保各项工作按要求完成，办公室文书人员不论周末、节假日，来文即收，随收随办，及时督催转办，做到不积压、不拖拉、不误事。

公文及时接收、批示、转办并不代表领导的批示和实际工作任务已落实完成。独山子石化公司未曾系统开展过收文督查工作，产生了工作落空、牵头部门责任不落实的风险。2018 年，来文单位反映工作未按要求落实的问题增多，引起了办公室领导高度重视，随即要求文书人员在进行收文催办的同时，还要开展收文督查工作，避免工作任务不落实的问题发生。

二、收文督查存在问题

（1）督查项目数量大。以 2018 年度为例，独山子石化公司收文共计 4921 份，其中有明确时限要求反馈材料的占 50% 以上，平均每月约有 50 份文件需要督查。

（2）督查项目筛选效率低。独山子石化公司接收到的非涉密文件均登记在中国石油内网电子公文系统（以下简称 OA 系统）流转办理，系统中文件办结仅意味着流程办结，无法验证工作任务是否完成。其次，OA 系统不具备自动导出领导批示意见及承办部门意见的功能。因此，只能依靠人工查询筛选需要督查的文件，逐条采集领导批示意见、责任部门，登记立项后再分发责任部门反馈落实情况。

（3）督查项目来文时间不统一。每份文件的来文时间不同，文件要求也各不相同。若每周督查，时效性强但时间人力成本高；若按月督查，时间人力成本相对较低，但时效性差。例如，督查逾期半个月的文件意义不大。

（4）人员力量不足。目前办公室有发文文书、收文文书各 1 名，文书人员还身兼印章、档案、值班等管理业务，无法腾出更多精力及人手专门负责收文督查工作。

三、收文督查方案策划

虽然存在上级文件要求未落实的问题，但与来文总量相比，占比不足 1%。在现有人员基础上，结合工作实际，决定试用“督重点 + 抓典型”的方式开展收文督查工作。“督重点”是指督查重要收文；“抓典型”是指抓工作不落实的典型。

在督查项目上，重点选择集团公司、自治区的文件，优先督查独山子石化公司领导作出重要批示、影响全局的文件。针对市、区两级来文，重点督查与独山子石化公司主营业务联系紧密、影响较大的文件。

在督查方式上，一是既要督收文流程办结，也要督文件任务办结；二是重点收文涉及工作持续时间较长的要跟踪督查，在阶段性督查的基础上，连续动态督查；三是督查要见到“真材实料”，在出其不意、抽重点文件督查的同时，查阅责任部门报送的文字材料、领导审核签字、报送的渠道等。

四、收文督查工作措施

每月统计通报独山子石化公司机关各部门、直属各单位 OA 收文流程办结情况，对未办结件较多的部门及单位立即催办并纳入月度考核。

每月月中督查前一个月重点收文落实情况。

（1）筛选月度督查项目。

①日常登记 OA 系统收文时在标题栏备注完成时限。

②利用 OA 系统查询功能导出月度《收文目录》。

③在月度《收文目录》中，依据文件标题剔除阅知性文件及无明确完成时限的文件，再根据文件内容及领导批示筛选出重要文件，形成《收文督查目录》。

（2）制作月度《重点收文督查统计表》。

①依据《收文督查目录》制作《重点收文督查统计表》。《重点收文督查统计表》包含收文编号、文件标题、时限要求、领导批示、责任部门、具体承办人、完成情况、完成时间、未完成原因、审核领导及报送渠道等栏目。

②从 OA 系统中采集领导批示意见，登记至《重点收文督查统计表》“领导批示”一栏，以此明确工作责任部门。上个月未完项目延续至次月督查项目中。

（3）分转督办。按照《重点收文督查统计表》分转责任部门限时反馈表中涉及的内容，同时要求抄送所报送的文字材料。

（4）内容审查。汇总各责任部门反馈的内容，根据反馈情况检查工作落实是否符合文件要求。

（5）统计工作落实存在的问题，提出考核建议报送主管领导。

五、收文督查工作成效

自 2019 年 3 月开始，办公室开始按月开展重点收文督查，工作成效初显。收文督查工作开展之初，便引起各部门高度重视，各部门纷纷表态绝不能成为“典型”。截至 2019 年 7 月底，5 个月共计收文 1964 份，筛选出要求落实反馈的重点文件 161 份、选择督查 87 份、切实完成 85 份，其余 2 份为“零报告”事项。办公室领导及文书人员均未接到关于工作未落实的问题反馈。

六、体会及思考

开展收文督查工作，不仅能促进上级工作部署和独山子石化公司领导批示得到有效落实，增强业务人员的工作责任感，进一步提升工作执行力，同时还协助领导及时得到信息反馈，掌握重要文件要求落实情况。

目前，办公室试行的重点收文督查工作取得了一定成效，但仍存在工作效率低的问题需要研究改进，思考解决办法主要有以下两个方向：

（1）OA 系统中领导批示意见及部门承办意见是否能实现自动导出？

（2）《重点收文督查统计表》能否用信息化平台替代？或者基于 OA 系统建立收文督查平台？

经验分享

国企改革专项督查案例

牟　玮　王京波

（中国石油天然气集团有限公司改革与企业管理部）

2018 年 10 月，国务院国有企业改革领导小组办公室组织专项督查组（以下简称督查组）对集团公司进行了国企改革专项督查。接到督查通知后，集团公司领导高度重视，认真安排部署有关工作，全面自查督办集团公司改革情况，圆满完成了专项督查迎检工作，有效促进了集团公司深化改革工作，受到了督查组的充分肯定。

一、督查背景

2018 年下半年，为贯彻落实习近平总书记关于深入推进改革督查工作的指示精神，按照《关于贯彻落实中央全面深化改革委员会会议精神深入推进改革督察工作的通知》（中改办发〔2018〕2 号）部署，督查组对各中央企业、各地区落实国有企业改革重点工作任务情况开展专项督查。督查范围覆盖中核集团、中国石油、中国电子、中国城通、有研集团等 5 家中央企业，以及山西、辽宁、广东、贵州、新疆等 5 个省（自治区）。督查内容主要包括完善现代企业制度情况、深化供给侧结构性改革情况、加强监督防止国有资产流失情况、发展混合所有制经济情况、剥离企业办社会职能和解决历史遗留问题情况、加强和改进国有企业党建工作情况等六个方面。督查形式采取企业自查与实地督查相结合的方式，10 月上旬集团公司组织开展全面自查，10 月底督查组对集团公司及所属吉林油田、渤海装备进行了实地督查。

二、主要做法

（一）认真研究部署，做好迎接督查准备

集团公司全面深化改革领导小组办公室（以下简称改革办）认真研究部署专项督查工作，印发专项督查工作通知，周密组织全面自查，扎实做好迎接督查准备。在督查组织上，建立集团公司分管领导牵头，改革办综合协调，总部有关部门、专业公司、实地督查企业协同配合的工作机制。在督查安排上，突出任务导向，围绕督查组明确的“六个方面”督查内容，分业务、分部门细化分解为“6大类23项具体任务”，明确责任单位和自查要求，全面梳理总结工作落实情况。在督查协调上，改革办安排专人与督查组进行对接，周密安排督查行程。同时，强化内部沟通协调，及时交流工作动态，使各项准备工作同频共振、同步推进。在材料准备上，集团公司层面系统汇编了公司改革进展情况汇报、已出台的“1+N”改革基础框架及重要改革方案文件、历年改革领导小组会议纪要、“一张图”看懂公司改革等材料，实地督查企业参照集团模板也准备了系统全面的迎检材料，以便于督查组查阅。

（二）创新方式方法，提升督查工作效率

改革办主要采取“两结合”的方式推进此次督查，即：专项督查与日常督办相结合，全面自查与实地督查相结合，有效保证了督查工作质量。专项督查与日常督办相结合方面，专项督查侧重于国企改革专项工作问效，重点对国企改革“1+N”政策文件落实情况进行“回头看”。日常督办侧重于集团公司重点改革任务督导，重点对集团公司改革“1+N”基础框架及2018年改革任务推进情况进行监督检查。两者的结合，有效将专项督查和日常督办统一起来，拓展了督查内容，提高了工作效率，起到了“一次督查、多重问效”的作用。全面自查与实地督查相结合方面，全面自查侧重于“面”，通过自查全面梳理总结集团公司改革

情况、发现并解决存在的问题、提出需要支持政策建议。实地督查侧重于“点”，通过实地督查发现推广企业改革工作经验及亮点。两者的结合，既梳理了集团公司“面”上的工作，又挖掘了企业“点”上的成效，起到了“以点带面、点面结合”促进公司改革的作用。

（三）突出目标导向，确保督查见到实效

改革办按照“起草一份高质量的自查报告、发现整改一批存在问题、形成一套督查长效机制”的要求，聚焦督查目标组织各项工作，取得了良好效果。在自查报告起草上，围绕督查组明确的“六个方面”内容，全面细致梳理国企改革重点任务落实情况，直面存在的难点及问题，用事实和数据展现工作成效，并提出了推动油气产业发展等五方面建议，其中关于剥离企业办社会职能、发展混合所有制经济的建议，得到了国家有关部委明确答复。在发现整改问题上，坚持“实事求是、闭环管理”的原则，深度查找存在的问题，虽然督查组未发现存在问题，但通过自查还是发现了 14 项问题。针对这些问题，改革办明确了整改要求、责任主体和完成期限，制定整改清单挂账跟踪，整改后将结果及处理意见反馈各有关单位，实行闭环管理，有效发挥了整改督促作用。在长效机制建设上，优化完善改革办督办机制，在每年建立改革任务台账、实施挂账督办的基础上，制定改革任务推进情况甘特图，每月通报任务进展情况，定期进行考核评比，每次改革领导小组会议上汇报改革情况，改进措施更加务实有效，有效保障了改革任务的落实。

（四）强化宣传推广，营造良好改革氛围

改革办以这次专项督查为契机，加强正面宣传引导，总结推广经验成效，为集团公司深化改革营造了良好氛围。一方面，加大此次专项督查宣传力度。提前邀约《中国石油报》等媒体，全程参与报道专项督查工作，并通过集团公司门户网站、企业内部网站及时发布动态。同时，改革办在集团公司工作例会上报告专

项督查情况，使各部门、各单位及时了解掌握有关信息。另一方面，持续加大改革典型经验案例的宣传推广。对外，协调国务院国有企业改革领导小组办公室，以东方物探改革为主要内容印发一期国企改革工作简报，在国家有关部委和各中央企业宣传。向督查组推荐6家企业“三项制度”改革典型案例，深度介绍集团公司所属企业改革情况。对内，连续印发多期企业管理简报，及时宣传推广企业改革工作中的好经验、好做法，在公司内部营造了良好的舆论氛围。

三、认识体会

（一）领导重视是做好督查工作的基础

长期实践证明，督查工作能否取得实质性成效，与领导重视程度密切相关。集团公司领导高度重视督促检查和抓落实工作，董事长、总经理多次反复强调抓落实的重要性。此次专项督查，集团公司领导非常重视，对组织工作及汇报材料作出明确批示、提出具体要求。董事长、总经理与督查组长进行专题会谈，集团公司分管领导全程指导安排督查工作，为专项督查顺利开展奠定了基础、指明了方向。

（二）创新方法是做好督查工作的要点

开展督查工作，必须结合新形势、新问题、新现象在方式方法上进行创新，从而增强督查工作的系统性、科学性、时效性。此次专项督查，是国务院对国企改革的一次深度督查。改革办以此为契机，借势借力开展督办，上下联动形成督查合力，大力宣传营造改革氛围，有效地提高了督办工作效率和效果。

（三）求真务实是做好督查工作的关键

督查工作来不得半点花架子，更不能走过场，必须对真实情况了然于胸，才能使工作措施符合实际，对领导决策提供客观依据。此次专项督查，通过全面自查把脉改革进展情况、落实主体责任，通过实地督查倾听一线声音、了解基层诉求，对全面了解了集团公司改革实际情况，优化完善下步改革举措提供了有力支撑。

（四）以查促改是做好督查工作的目标

督查的目的是以“钉钉子”精神抓好工作落实，不仅要挖掘经验亮点，还要发现解决问题，更要促进相关工作。此次专项督查，既对集团公司深化改革工作进行了一次深度“体检”，又对发现问题进行了有效“治疗”，还对督办长效机制进行了“加固”，对促进集团公司深化改革工作起到了积极作用。

·“督”家观点·

国企改革专项督查案例

本案例是2018年集团公司成功完成国务院国企改革专项督查的典型案例。案例任务明确、措施具体、叙述翔实、结构严谨，集中展示了集团公司高点站位、周密组织、全力配合考核“科目”落实的有效做法，透彻揭示了主管主办部门创新方法、注重实效、积极构建符合实际的常态化督查机制的可行经验。有效发挥督查“利剑”权威性，确保重大决策部署落地生根、早见实效的生动诠释。

——中国石油天然气集团有限公司矿区服务工作部

综合处处长　丁元杰

创新举措　狠抓落实
全力推动重要决策部署落地生根

李　健　李　硕　石　硕

（中国石油天然气股份有限公司长庆油田分公司）

中国石油天然气股份有限公司长庆油田分公司（以下简称长庆油田公司）是我国油气产量最高的油田，工作区域分布在陕西、甘肃、宁夏、内蒙古四省区的老、少、穷地区，外部环境艰苦，管理幅度大。2019 年，长庆油田在油气当量 5000 万吨以上连续稳产 6 年的基础上，确定了二次加快的发展战略，规划到 2025 年油气产量当量达到 6300 万吨。如何在油田规模大、管理幅度大、增长速度快的形势下，将党中央和国务院决策部署、集团公司党组工作要求、长庆油田公司工作安排落实到各个单位各个部门，落实到每个生产单元，确保二次加快发展目标如期实现，切实保障国家油气供应，是长庆油田公司面对的一项重要课题。经过近年来的艰辛探索，长庆油田公司形成了一套符合企业实际的督促检查工作方法，有力推动了决策部署的贯彻落实。

一、强化层层抓落实的责任担当

长庆油田公司建立层层抓落实的责任体系，打造层层抓落实的有力抓手，强化深入现场抓落实的工作作风，推动了长庆油田公司党委重要决策、领导工作部署和调研检查要求、重要文件工作安排等重要事项落地生根。

层层“抓落实”。长庆油田公司领导班子通过年初工作会议，传达贯彻党中央、集团公司党组会议精神，安排部署年度重点工作，总经理办公室（党委办公室）将任务分解到长庆油田公司领导、责任单位和部门，以长庆油田公司党委、长庆油田公司文件下发任务分解方案并进行跟踪督办；同时，将党建、储量、产量、安全、环保、稳定等一系列工作目标，以业绩合同的形式分解到机关部门和二级单位。各部门以《工作要点》的形式对负责的工作进行安排部署；各单位召开会议，传达贯彻长庆油田公司部署安排，并以业绩合同为导向，将目标分解到生产单元。长庆油田公司各级办公室履行抓落实基本职能，做好重点工作任务分解、重点事项监督检查。通过层层分解任务、层层落实责任，形成了“一级抓一级、事事有人抓”的工作格局。

事事“有回音”。坚持问题导向，长庆油田公司明确各单位各部门汇报工作时，首先要汇报上次会议部署事项的落实情况。特别是在生产调度会和领导月度工作例会上，勘探开发、生产建设、经营管理、质量安全环保、惠民工程建设等工作责任部门，严格对照年初目标任务绘制的运行曲线，首先汇报本周、本月工作按时间节点落实情况，重点分析落实过程中遇到的困难和问题，并研究制定解决措施和办法，确保了长庆油田公司各项部署事事有回音，保证年初目标任务以周保月、以月保季、以季保年按期完成。

重点工作“有检查”。长庆油田公司领导把调研检查作为抓落实的重要手段，每月、每季都深入基层，现场调研党的建设、深化改革、降本增效、和谐稳定等重要工作落实情况，特别是对油气生产被动、安全环保风险高等特殊情况深入调研，解剖麻雀，帮助基层解决问题。同时，明确二级单位领导班子全年要确保三分之二以上的时间在生产一线靠前指挥，组织生产，确保工作部署检查到位、落实到位。

长庆油田公司领导班子以上率下，亲力亲为，狠抓落实，起到了表率作用。机关、二级单位高度重视，强化措施，注重效果，形成了高效务实的作风，提高了执行力，保证了令行禁止和各项决策部署落实落地。

二、建立高效运行的工作机制

长庆油田公司坚持以《中共中央关于加强新形势下党的督促检查工作的意见》和集团公司党组《督促检查工作实施办法》为指导，固化成熟有效做法，建立长效运行机制，确保督查工作常抓常新，使长庆油田公司党委把方向、管大局、保落实责任落到实处。

台账管理。长庆油田公司将所有督查事项进行编号，建立督查台账，按照督促检查办法，定期追踪检查，做到年初有部署，过程有检查，结果有通报，所有事项“一抓到底”。2008 年总经理办公室（党委办公室）成立督察督办科以来，每年将全部决策部署事项纳入台账管理，坚持按月、季、年定期督办、定期通报，做到了决策部署“台账式管理，查账式督办，晒账式通报，销账式办结”，为推动决策部署不折不扣贯彻落实提供了依据。

挂牌督办。长庆油田公司明确建立三级督办机制，凡安排部门的工作，在限定期限内完成的，予以销项；未在期限内完成的，由总经理办公室（党委办公室）挂牌督办；办公室督办仍未限期完成的，由人事处（党委组织部）和纪检监察处进行谈话提醒，督促办理。同时，《长庆油田公司督促检查工作办法》制定了白、黄、红“三色催办”制度，当督办通知发出后，承办单位工作无进展、不到位，或未按时将落实结果报总经理办公室（党委办公室）时，即按照程度不同，分别发出白色、黄色和红色催办单，向承办单位做出警示、警告、严重警告，并扣减相应业绩分值，督促有关单位增强落实意识，提高落实成效。

督办考核。长庆油田公司将督促检查工作作为业绩考核的重要内容，机关部门和各单位党委考核中均设置督查落实指标，其中部门月度考核权重为 10%，各单位党委权重为 2%。每年底，与年度业绩考核和党建责任制考核一道，对贯彻落实党中央、集团公司党组、长庆油田公司决策部署情况一一评价打分，打分结果纳入单位（部门）业绩分值，与薪酬挂钩，严考核、硬兑现，促进了各单位各部门抓落实的积极性和主动性。

三、探索切实有效的工作方法

长庆油田公司坚持抓重点、抓关键，实行“一线两点”工作法。“一线”就是紧紧盯住全年重点工作任务这条主线进行督办，“两点”就是始终突出重要会议决策部署事项特别是“三重一大”决策事项和职代会提案这两个方面重点事项的督办，推动机关基层各个系统、各个领域、各个层级决策部署的落实，达到了“四两拨千斤”的效果。

以全年重点工作任务督办为主线。年度工作会议召开后，将会议确定的全年重点工作任务第一时间分解到分管领导和责任单位，明确时限和要求，跟踪进度强化督办，每季度在全油田范围内通报落实情况，表扬先进批评后进，推动了部署任务按节点落实。特别是将重点工程建设项目作为“重中之重”事项进行督办。比如，重点督办影响长庆油田公司天然气生产和保供的上古天然气处理总厂项目建设，及时发现、研究解决落实过程中存在的问题，保障了重点工作有序推进。

以重要会议决策部署督办为重点。狠抓党委会、总经理办公会等会议“三重一大”决策事项和领导工作例会、党群工作例会等会议重要部署事项的督办。2018 年，将年度工作会议确定的全年重点工作分解为 69 项任务，将党委会 53 项决策、总经理办公会 83 项决策、专项督查 77 个事项、领导工作例会 378 项部署、党群工作例会 88 项部署和职代会 58 项提案，以及集团公司党组巡视反馈的 44 类 166 个具体问题，共计 972 个事项，逐项督办，当年完成率达到 90% 以上，特别是党组巡视反馈问题整改，已经完成 163 项，剩余 3 项也将在 2019 年底前后完成整改。

以职代会提案办理为重点。逐项征求提案审查委员会成员的意见，召开立案审查会议，认真研究提案办理意见，决定立案提案，跟踪督办立案提案，确保职工参与企业民主管理制度落到实处，推动职工生产生活困难解决和立案提案落地见效。近三年来，跟踪督办员工子女入托入学、住房、就餐、医疗、卫生、青年职工婚恋、工作环境改善、油区治安等一系列最关心、最直接、最现实事项39项，增强了员工的获得感、幸福感、安全感。

经过近几年探索实践，狠抓落实成为长庆油田公司上下的共识，督查作为抓落实重要抓手的作用进一步彰显。但新形势下，督查工作还存在不足，主要是各类各项决策部署涉及工作要求高、时间紧、任务重，如何增强督查工作及时性、针对性和有效性，还需要不断创新。

下一步，长庆油田公司将把督促检查工作作为推动决策落实的重要手段，作为促进决策完善的重要途径，作为改进党的作风密切联系职工的重要渠道，坚定不移贯彻落实习近平总书记重要指示批示精神，扎实推进油田二次加快发展战略，以踏石留印、抓铁有痕的劲头，全力推动各项决策部署落地见效，为集团公司创建世界一流示范企业做出应有贡献。

•“督”家观点•

创新举措　狠抓落实　全力推动重要决策部署落地生根

长庆油田公司针对大量的决策督办事项，就如何推动重要决策部署事项的落地生根，创新完善了督办体系、工作机制、方式方法，严格实施台账管理、挂牌督办和督办考核，特别是制定的红黄白“三色催办”制度、形成的“一线两点”工作法等好经验好做法值得学习借鉴和推广。

——中国石油天然气股份有限公司塔里木油田分公司

总经理助理、办公室（党工委办公室）主任　李　虎

抓实“点”　做虚“面”
督查“僵尸企业”改革顺利完成

曾定有

（中国石油集团渤海石油装备制造有限公司）

督查工作是办公室的一项重要业务，对于促进本单位中心工作开展、提高运行效率具有重要的作用。习近平总书记指出：在一定意义上说，没有督查就没有落实，没有督查就没有深化。中国石油集团渤海石油装备制造有限公司（以下简称渤海装备公司）办公室一直以来十分重视督查工作，坚持督导而不添堵、帮促而不添乱的基本原则，围绕中心工作抓督查，取得了实效，尤其是对“僵尸企业”处置改革进行督查，效果十分明显，获得了领导的肯定，得到了上下的支持和好评。

“僵尸企业”处置是党中央国务院为深化供给侧结构性改革、推动国有经济高质量发展而实施的一个重要改革举措。渤海装备公司所属的二级单位中，有五家企业被纳入国务院国资委实施的“僵尸企业”处置改革（2016—2018 年）名单，实施专项治理。五家单位分别是渤海装备公司所属的华油钢管公司、石油机械厂、中成装备公司、辽河重工公司、辽河热采公司。该项改革工作要在三年之内完成，可以说是时间紧、任务重。渤海装备公司办公室顺势而为，把该项改革作为督查的重要对象进行专项督查，确保“改革推进到哪里、督查就跟进到哪里”，以强有力的督查推动改革落地生根。

在督查“僵尸企业”处置改革中，渤海装备公司办公室实施“点面结合、虚实互促、线上综合”的督查方法，保障了“僵尸企业”处置工作顺利完成，有关“僵尸企业”处置改革工作受到集团公司的充分肯定。

一、“面”上做虚，抓住三个关键

对于“僵尸企业”处置改革，内容较多，涉及多方面的政策。作为办公室，由于时间、精力和专业知识等方面因素，不可能全面参与进行督查，对整个方案的具体内容督查做到“虚”一点，重点抓住三个关键环节与因素进行督查。

一是抓住改革思路方向这个关键。督查工作要下好先手棋、打好主动仗。改革的思路方向，这是改革的关键。尤其是要把握渤海装备公司党委思路、党政主要领导的要求，在改革方案制定中得到贯彻体现，避免少走弯路，确保后续督查效果。这也是实施源头督查的一项重要举措。作为渤海装备公司改革工作具体推动部门，考虑更多的是完成当下的这个改革工作任务。对企业来讲，改革不仅仅是改革，改革是为了推进企业发展，要与企业各项工作结合起来综合考虑、统筹推进。为此，渤海装备公司办公室建议改革推动部门在推进“僵尸企业”处置改革中，要以市场调研为前提，明确产业规划为先导。这些基础工作明确以后，再推动业务的去留、机构调整、资源配置及人力资源的进退等问题。改革部门按照这个思路进行推进，避免了少走弯路和重复路。通过这次“僵尸企业”处置改革，进一步从整体上明确了企业“5+1”产业发展战略定位，为后续进行的“双百行动”改革奠定了坚实基础。

二是抓住每个方案相应的着力点这个关键。搞督查工作，既要看方向准不准，更要看任务推进实不实，这样才能督促有关单位和部门真正解决实际问题。渤海装备公司“僵尸企业”处置改革，每个单位人员资产等基本情况不同，造成“僵尸”的原因也不同，难点与改革目标也不同。改革部门最初制定了一个笼统的改革方案。办公室明确督导他们必须制定五个子方案，方案必须有针对性和指导性，对每个单位推进改革做好顶层设计，不能把所有工作推给基层，机关不能当甩手掌柜。事实证明，加强过程督导并及时纠正是非常正确的。在五个单位中：华油钢管公司治理相对简单，有市场基础；辽河重工历史遗留问题多，亏损大，处置难度大；其他三个单位情况处理难易程度居中。在改革中分门别类推进实施，保障了华油钢管公司率先完成，辽河重工公司牵涉面大，最后稳妥推进，平稳顺利完成，其他三个单位也在规定时间完成。

三是抓住方案任务分解这个关键。改革总方案制定完成后，剩下的任务就是要如何落实。我们督促改革部门制定任务分解表，明确完成时间和责任人，而且分解的任务要具体，要有改革的阶段性目标和时间表、路线图，还要有相关改革任务配套跟进措施。如果没有每项改革的阶段性目标，就不好进行过程督查，到最后如果改革没有完成，由于时间问题，想采取补救措施都来不及。

二、“点”上抓实，选取两个典型

工作平推是很难推进的，选取典型，强化资源配置，攻下典型，通过典型带动一般，可以起到事半功倍的效果。

一是选取改革最大的难点进行重点督查。渤海装备公司五家“僵尸企业”处置改革中，辽河重工是最难处置的。该单位牵涉近1500名职工需要重新安置或分流下岗；每年亏损数额较大；资产处置任务重，有好几个钻井平台需要处置；涉及法律诉讼多。国有企业人员分流问题是最大的难点，牵涉每一名职工的利益。为此，我们建议总部派驻人员到现场进行指导，分别成立了人员分流组和资产处置组。现场指导组每周向渤海装备公司汇报情况，及时化解过程中的问题。我们提醒现场工作人员，在人员分流中特别注重公开公平，并派专人审查了人员分流招聘流程。由于措施得当，辽河重工在处置过程中，没有发生一例人员上访事件，受到了集团公司主管领导的高度肯定。

二是选取同类型的典型代表进行督查。剩下的四个“僵尸企业”中，我们选取石油机械厂作为典型进行督查。石油机械厂没有主导产品，重组次数多，人员结构也不尽合理。为此，我选取这个单位作为其余四家单位的代表进行督查，对剩下的三家企业就放手让改革部门自主推进。目前，石油机械厂在完成“僵尸企业”处置改革任务的基础上，作为搞活经营机制试点改革单位，推进有关单元承包改革等，成为搞活经营机制试点改革先行单位。

三、“线”上综合，注重三个结合

一项改革任务完成，不是一个部门或单位单打独斗就能完成的，尤其是牵涉各方利益的改革。我们在督查过程中，注重做到三个结合。

一是注重与相关领导结合。“僵尸企业”改革是一项综合改革，牵涉每项业务，不光是主管改革领导的事。我们注重发挥办公室的综合协调作用，主动去请教听取各分管领导的意见，请教他们指出改革过程中需要注意的事项。例如，主管维稳工作的领导告诉我们，辽河重工处置的关键是要保证员工主动接受和支持改革。为此，我们督导驻现场工作组，要加强宣传教育，在员工岗位招聘及下岗中，要千万注重公平、公开，让员工信服改革。事实证明，我们这个督导是正确的，员工对改革的公正性给予了极高评价。

二是与相关部门结合。在机关部门中，办公室相对于其他处室，协调资源要方便一些。为此我们主动组织有关处室开会，讨论有关事项，让大家积极提建议，并给有关处室安排一些任务，减轻改革部门的工作。例如，对人员分流提供政策支持方面，我们协调人事部门帮助沟通上级对应部门，给予有关支持，提供一些人员分流的渠道，减轻人员分流方面的压力。

三是与基层单位结合。“僵尸企业”处置改革任务的完成，最终在五家企业中推进实施，抓住他们、调动他们的积极性才是关键。办公室多次下去调研，听取他们的具体意见，宣贯渤海装备公司的要求等，了解他们真正的困难。督查机关相应部门在推动改革中多注重考虑基层的现实困难，出台有关的具体支持政策。例如，在基层调研中，我们得知辽河重工牵涉一个较大的诉讼案件，单靠基层已很难解决。为此，我们组织法律部门从高层协调资源，帮助他们进行诉讼。应该说，保证了诉讼案件朝正确的方向在运行。

在各方努力下，到2018年底渤海装备公司“僵尸企业”处置改革任务按时顺利完成。渤海装备公司办公室作为督查部门，在推进该项改革中主动做了一些工作，起到了积极的支撑和护航作用，更加提高了办公室的参政辅政地位。总结该项督查工作，我们认为，督查工作要想在前面、做在前面，要用好“巧”劲，发挥好“四两拨千斤”的作用，促进工作的高效开展；在具体督查中，要有一股“钉钉子”精神，盯住重点、抓住关键不放，更要当行家里手，能出点子、能给支撑，就像曾国藩所说所做的那样，要“结硬寨、打呆仗”。只有这样，督查工作才能见实效、出实绩。

有关背景资料：渤海装备公司是中国石油天然气集团有限公司所属全资子公司,2008年4月3日由华北油田、大港油田、中油物装的装备制造企业重组成立，2010年、2012年先后整合了兰州石化公司、辽河油田公司的装备制造业务，是以油气输送装备、钻采装备、炼化装备三大系列产品为主营业务的综合性石油装备制造企业。

有关名字解释：渤海装备公司“5+1”产业发展定位：做强输送装备产品链，做专油气井管产品链，做精钻井装备产品链，做优采油装备产品链，做特炼化装备产品链，做好“制造+服务”业务链。

·“督”家观点·

抓实“点” 做虚“面” 督查“僵尸企业”改革顺利完成

本文以“僵尸企业”改革为实例，立体展示了推进改革任务督查落实的“点线面”工作法，注重顶层设计、重点突破、协同联动，真正督到了实处、取得了实效。文章有认识、有体会，更有思路、有举措，层次清晰、语言生动，对于指导我们开展此类任务督查督办提供了样本。

——中国石油集团东方地球物理勘探有限责任公司

办公室（党委办公室）主任 李 刚

勇于担当　彰显责任
清理民企账款专项工作的启示

杜玉涛

（中国石油天然气集团有限公司资金部）

清理拖欠民营企业账款是党中央、国务院决策部署的重大工作。民营经济已成为推动我国发展不可或缺的力量，成为创业就业新的领域，成为技术创新的重要主体。从产业链关系来看，中央企业多数处于产业链上游，民营企业和外资企业一般处于下游，下游发展不好将很快传导到上游领域，民营经济对我国经济平稳发展起着重要作用。中央企业作为国民经济的支柱，作为经济平稳运行的压舱石，不仅要做好自己的事情，加快实现高质量发展，同时也要做好清欠专项工作，帮助民营企业和民营经济健康发展，充分发挥控制力、影响力和带动力，充分彰显中央企业的社会责任，为落实党中央提出的“稳就业、稳金融、稳外资、稳外贸、稳投资、稳预期”目标积极贡献力量。

一、清理拖欠民营企业账款需要政治上高站位

中央企业是国民经济的“稳定器”，做好清理拖欠民营企业账款工作首先要充分认识清欠工作的重大意义，深入领会习近平总书记关于支持民营企业发展的系列讲话精神，深刻认识做好清欠工作就是增强“四个意识”，践行“两个维护”的具体体现，只有站在讲政治的高度，统一思想、提高站位，才能在清理过程中始终态度坚决、措施有力，不畏困难，勇于担当。中国石油作为国内最大的

油气生产供应企业，与民营企业是相辅相成、相得益彰的。民营企业是我们的重要供货商、分包商，也是用户和采购方，中国石油发展离不开民营企业的协同和支持。同时清理民营企业欠款工作也面临着巨大挑战，拖欠金额巨大、原因复杂、时间跨度长、资金流紧张成为工作中的主要障碍，清理工作必须在思想上高站位，行动上才能落得稳。召开专门视频会议，通过各种会议渠道，利用全方位基层调研等各种机会把清理工作意义、目的全面宣讲到基层单位，为持续扎实开展清理工作奠定了思想基础。

二、清理拖欠民营企业账款需要组织上做保证

“一分部署，九分落实”。清理民企账款工作涉及业务面广，需要各层级公司真抓实干、层层落实。企业领导要亲自过问，分管业务领导和总会计师要分工负责，强有力的组织结构是工作实施的重要保证。中国石油天然气集团有限公司成立了以总会计师为组长、总部相关部门和专业公司为成员的清理拖欠民营企业账款专项工作领导小组，明确要求各地区公司成立以公司领导为组长的清理拖欠民营企业账款专项工作领导小组，确定牵头部门，落实相关部门职责分工，形成合力、协同推进。

三、清理拖欠民营企业账款需要制度上严要求

一个国家的管理靠法制，一项政策的落实靠制度。制定和完善配套保障民企账款、农民工工资支付制度，是建立清欠工作的长效管理机制。为保证农民工工资的按期支付，中国石油专门制定了《中国石油天然气集团有限公司农民工工资结算支付暂行规定》，明确了支付农民工工资责任主体，结算支付流程等内容。为确保民营企业和农民工工资及时支付，相关企业建立了农民工工资、民营企业账款等资金支付绿色通道，资金支付不受开账时间限制，全力保障民营企业款项

和农民工工资及时支付。对于农民工工资、民营企业欠款支付影响企业现金流考核指标的，总部予以考核剔除。

四、清理拖欠民营企业账款需要考核上高标准

清理拖欠民企账款工作任务重、时间紧，需要各级单位严格落实，一要全面梳理民营企业欠款数据，创建明细台账。二要强化合同管理，明确质量标准、履约进度、验收结算、付款条件。三要强化支付管理，定期梳理应付款项支付情况。四要建立与民企及农民工沟通制度，完善信访举报渠道。为层层落实，标本兼治，严明奖惩，中国石油将清理民企账款工作纳入企业内部业绩考核，实施专项考核问责。对于未按规定及时上报统计资料，统计资料总会计师未签字并盖章的，对于瞒报、漏报清理民营企业欠款情况的，对于被审计署、集团公司通报批评的拖欠民营企业账款事件，对民企信访来函催款问题，未积极核实处理的，对于引起重大舆情、影响集团公司形象的拖欠民营企业账款事件，对于没有按照国务院国资委要求的时间节点完成专项清理工作的，均在年末两金压控业绩指标的综合完成率得分中直接扣减。

五、清理拖欠民营企业账款需要时效上强把控

清理民企账款工作要严格按照时点控制，确保“限时清零”。中国石油天然气集团有限公司为确保专项工作取得预定成果，采取逐月上报统计应付数据及付款台账，按月上报数据变动原因说明，逐月进行汇总分析，按月进行重点单位督办，实时关注地区公司付款节奏与进度，对于应付余额较大单位及数据变动异常单位，及时约谈总会计师，统筹会商资金给付渠道，形成数据摸排、上报、核查、分析、督办、审计全程管理机制。对于无分歧逾期欠款，应付尽付，限时清零；对于有分歧逾期欠款，本着维护合法权益、平等友好协商、互惠互利合作的

原则，按时沟通提出解决方案。其中双方已达成一致的部分，按合同约定及时支付。尝试统筹运用多种融资渠道，多措并举，保证限时完成。

民营企业欠款清理工作政策性强、时间紧、任务重，中国石油 2019 年 1 月末已将拖欠农民工工资全部清零，2019 年以来已累计清理民企欠款 97 亿元，其他欠款也在逐笔制定清偿方案。对往来款的清理是一个长期、动态的管理过程，关乎企业资金的使用效率和可持续发展的程度，也关乎央企形象，做好这项工作需要在政治上、组织上、制度上、考核上、时效上多管齐下，扎实的清欠机制才能取得实效。

•“督”家观点•

勇于担当　彰显责任　清理民企账款专项工作的启示

清理拖欠民营企业账款是党中央国务院决策部署的重大工作，民营企业是中国石油的重要供货商、分包商，清理民营企业欠款工作面临巨大挑战。拖欠金额巨大、原因复杂、时间跨度长、资金流紧张成为工作的主要障碍。集团公司从组织保证、制度要求、绩效考核、时点控制等方面着手，多措并举，2019 年 1 月末拖欠农民工工资全部清零，今年以来已累计清理民企欠款 97 亿元，充分彰显了中央企业的社会责任。

——中国石油天然气集团有限公司改革与企业管理部

企业管理二处处长　冯淑萍

紧盯时间进度　推动改革落地

张　翔　罗　霄
（中国石油天然气股份有限公司甘肃销售分公司）

2018 年 8 月以来，随着“三项制度”改革纵深推进，中国石油天然气股份有限公司甘肃销售分公司（以下简称甘肃销售公司）办公室（党委办公室）开展了为期一年的两级公司“三项制度”改革落实情况专项督查，督查督办工作敢于动真碰硬，有力地发挥了保成效、促落实的“鞭子作用”，引起强烈反响、取得明显成效。经过近一年的实践，甘肃销售公司督查督办工作积累了一定经验，总结了一些办法，现将有关情况总结分析如下。

一、相关背景

2018 年 8 月 5 日，集团公司组织召开深化人事劳动分配制度改革推进会，集团公司主要领导在会上对加快推进人事制度改革提出了要求，指明了方向。为深入贯彻落实集团公司决策部署，切实解决好企业自身存在的思想观念陈旧、队伍结构老化、激励机制欠缺、管理体制僵化等一系列困难矛盾，甘肃销售公司坚持战略导向、市场导向和问题导向，聚焦“资源配置、活力激发、人才发展”三大主题，突出核心主营业务，创新绩效分配模式，深化“三项制度”改革，以期有效激活内部劳动资源，为推进甘肃销售公司新时代高质量稳健发展注入强大动力活力。

二、主要任务

全面了解掌握省市两级公司贯彻落实集团公司深化人事劳动分配制度改革推进会会议精神情况，围绕甘肃销售公司年初及半年工作报告中提出的任务要求，充分发挥督查“推动政务运转一根鞭子”功能，强化改革发展信念，传导推动落实决心，压实各级工作责任，推定重点工作落地；发现、总结和发掘省市两级公司在“三项制度”改革进程中务实履责，开拓创新、成效明显的好典型、好经验、好做法；纠正工作部署不及时，政策措施执行不到位等不作为甚至乱作为行为，了解工作中存在的困难和问题，通过正向激励和逆向问责，在内部形成自觉对标、积极对表、真抓实干、主动作为的工作局面。

三、组织策划

（一）明确督查督办重点内容

围绕深化人事劳动分配制度改革推进会议精神及甘肃销售公司年初、半年工作报告安排部署，明确一个主体 + 五个专题（“1+5”）督查督办重点内容。一个主体：主要督查“三项制度”改革落实情况以及各阶段人事薪酬管理主要量化指标情况。五个专题：重点督查部门职能优化、分级分类管理、严控用工总量、落实分配激励、加强员工培训五个方面工作。

（二）组织全面自查和实地督查

全面自查：自 2018 年 8 月开始，责成省市两级公司人事组织部门开展全面自查，并指派专人定期下达阶段性督查督办单，对照督查重点内容，系统梳理“三项制度”改革政策措施落实情况，总结成效、查找问题，详细提出下一阶段深化改革具体措施，并由省公司人事组织部门负责人以书面形式在月度工作例会上进行报告。

实地督查：此次专项督查工作得到甘肃销售公司领导班子的高度重视，在“三项制度”改革及专项督查督办工作开展期间，党委领导在日常工作调研期间，细致了解张掖、金昌、武威、白银等10家地市公司“三项制度”改革落实情况，并与办公室（党委办公室）负责督查工作的同志及时沟通交流，提出下一步督查工作重点，在源头上为专项督查工作指明了方向。同时，甘肃销售公司办公室（党委办公室）指派专人，分6批次对省公司人事组织部门及所属陇南、天水、庆阳、华兴等11家分公司进行实地调研，走访加油站235座，访谈干部员工1985人次，覆盖面33%，全面督查“三项制度”改革政策落实情况，广泛听取各单位领导班子成员、主管部门领导、处室科员及基层员工的意见建议。

四、工作成效

（一）解决了一批制约企业发展的难点问题

甘肃销售公司办公室（党委办公室）根据工作会议安排，结合领导班子动态性指示要求，聚焦企业高质量发展时代要求，对涉及企业改革发展、创新创效的重点问题进行督查督办，取得良好效果。例如，以“周”为单位重点督查省市两级公司机构优化及职能整合工作开展情况，人事组织部门于10月制定下发《两级机关组织机构设置优化方案》，省市两级机关职能部门由146个减至110个，减幅达30%，为全面实现扁平化管理奠定了坚实基础。

（二）解决了一批基层员工反映强烈的问题

根据实地督查中掌握的有关问题线索，制定了系列督办方案，有效解决了一批基层员工的“操心事”“烦心事”。例如，根据员工反映强烈的薪酬分配不均问题，及时进行督办。人事组织部门适当调整了绩效奖金标准，实现了重点向关键岗位、核心骨干和销售一线倾斜。同时，进一步加大考核力度，效益工资在薪酬中的比例由50%提高到了70%。截至2019年6月底，基层员工人均增收16%，干事创业热情得到有效激发，凝聚力、向心力持续增强。

（三）进一步巩固了“三项制度”改革成果

在下达月度工作计划督办单时，采用“账账相对”的方式，对“三项制度”改革需落实的所有事项逐一核对，发现有关事项尚未落实到位的，责成省市两级公司人事组织部门在一个月内加以落实，无法落实的要向办公室（党委办公室）反馈工作推进情况、存在的问题及下一步努力重点。在“账账相对”督办模式下，集中清理了在岗不在册人员 52 名，推进了分类培养机制，搭建起专家型加油站经理培养机制雏形，进一步促进了改革成果落地生根。

五、主要体会

（一）谋划部署突出“精”字

认真谋划、精心准备、加强衔接、科学部署，保障了这次专项督查工作有序有力有效开展。一是内容精准。紧紧围绕集团公司党组“三项制度”改革重大决策部署要求、年初及半年工作报告中承诺的重要事项、领导关注的重点问题、基层员工关心的热点难题，突出督查重点，实行靶向督查、精准督查。二是方案精细。根据督查内容，按照“1+5”（一个总体、五个专题）的方式分别形成综合督查督办工作方案。“一个总体”从督查方案、实施细则、书面报告等方面内容进行细化完善；“五个专题”对督查要点、督查方法、政策背景等进行明确界定和细化，力求专项督查工作精细、精准。三是做法精实。督查前，组织督查主责人员召开培训座谈，学习领会相关会议精神及文件要求，全面掌握专项督查相关内容及工作方法；督查中，督查人员采取“四不两直”方式，深入基层、深入实地、倒逼问题整改，基层反响强烈。

（二）组织实施突出“推”字

坚持领导高位协调，坚持问题导向，坚持有效促进，切实肩负起督查督办主管部门“高效督办员”职责。一是高位推动。党政领导高度重视“三项制度”改革督查情况，定期审阅督查督办单，明确要求专项督查工作要持之以恒，力争督出实效、体现水平。办公室（党委办公室）负责人在处务会上多次要求督查直接负责人紧盯时间进度、细化督查内容，形成了高位推动的强大态势。二是落实推进。在收到省市两级公司人事组织部门上一阶段改革落实情况督办反馈后，立即选派专人对反馈信息进行核实，对信息上报不属实、不真实的，即刻下达补充督办单，明确问题整改时限和工作要求，并实施销项式管理，做到问题不解决不放手不销项。三是工作推行。这次专项督查有效促进了一系列重大决策部署和政策措施的贯彻落实，同时也发现了一系列典型做法和先进经验。对影响决策落实的梗阻问题，联合人事组织部门提出了针对性、可行性较强的对策建议，进一步强化了各地市分公司、直属单位人事组织部门主体责任，持续释放信号，层层传导压力，有力保障了“三项制度”改革纵深推进。

（三）成果运用突出“挂”字

坚持有督必办、有办必果、有果必用，将督查结果与人事组织部门工作绩效考核评价紧密结合起来，不断强化督查成果运用，不断提升督查成果价值。一是绩效挂钩。将本次专项督查结果作为全公司人事组织部门绩效考评数据采集依据，纳入全省绩效考核工作重要内容，对表现突出的地市分公司进行加分，并在月度工作会上进行通报表扬，传导压力、增进动力。二是评价挂钩。结合专项督查结果，在月度工作会议上进行通报，对在贯彻落实“三项制度”改革重大决策部署、推进工作落实中真抓实干、成效明显的地区给予表扬，对改革落实情况完成差的地市公司给予及时提醒，并形成书面材料呈送公司领导班子成员审阅。三是结果挂钩。建立“三项制度”改革前人事管理工作已完成工作清单，实施“改革前成果”与“改革后成果”挂钩管理，对在全面自查和实地督查中收集的信息进行纵向对比，坚决防止“躺在功劳簿上过日子”的问题出现，推动“三项制度”改革取得新进展、获得新成效。

“督”家观点

紧盯时间进度　推动改革落地

本文选取“三项制度”改革这个重点任务，围绕“一个主题 + 五个专题”，精细谋划部署，狠抓推动落实，强化成果运用，突出全面自查和实地督查并重，定期下达督查督办单，采用“账账相对”的方式，充分发挥了督查“鞭子作用”，解决了一批制约企业发展、基层员工反映强烈的热点难点问题，有力保障“三项制度”改革纵深推进，值得学习参考。

——中国石油集团川庆钻探工程有限公司

总经理办公室（党委办公室）主任　卢尚勇

运用督查工作推进国际安全评级

卢炳霖　胡　欣

（中国石油天然气股份有限公司西部管道分公司）

一、背景介绍

国际安全评级8级是建设国际先进水平管道公司的必由之路，是西部管道公司事业发展历程中攻坚克难、抢抓机遇的重要任务。2018年初，中国石油天然气股份有限公司西部管道分公司（以下简称西部管道公司）下达年底全面实现国际安全评级（以下简称ISRS）8级的核心指标。为实现该任务，西部管道公司所属乌鲁木齐输油气分公司（以下简称分公司）真抓实干、步步为营，利用完整高效的督查体系，助推落实每一步评级工作。在年中邀请挪威船级社专家开展预审核工作，审核共计发现问题301项，预评分为75.64分。经过不断的行动跟踪和现场复核，最终年底评分为81.76分，成功实现ISRS 8级初级目标。本文旨在重点阐述督查管理工作在ISRS评级过程中的运用、实效及借鉴意义。

二、总体策划

实现ISRS 8级这一任务，关键在于如何将西部管道公司顶层设计融入基层具体实践中，突出其指导意义，更好地为企业高质量发展奠定坚实基础。围绕ISRS 8级评级工作，分公司按照“蜘蛛网”结网原理，形成了以中心向四周衍射的督查工作模式。

一是构建督查主体。根据各类检查、审核发现问题，针对性制定《2018年国际安全评级工作提升方案》和《评级重点工作专项提升方案》。同时，成立由主要领导担任推进组长、各科室（站队）负责人担任小组成员的ISRS8级评级推进小组委员会，并组建内审员队伍。

二是拓宽反馈途径。一方面，实行周例会汇报、月例会总结制度。各科室负责人于每周五汇报评级工作推进情况，针对提出疑难点，当场讨论明确解决方案。同时于每月最后一周的周五召开月度总结会，汇报任务完成情况，并发布QHSE简报。例如，办公室5月初制定完善分公司督查、督办表整改和规范会议管理两项任务，5月末月度总结会时，将整改完成情况以PPT的形式通过前后对比将情况系统汇报。另一方面，将ISRS 8级评级工作纳入年度绩效考核中，由评级主管科室按照推进情况，将成绩计入季度过程类考核中，直接挂钩季度绩效奖金分配。同时，按照最终评级结果考量年终绩效奖金分配。此外，出台完善奖励实施细则，充分将“好鞍配好马”这一思想融入考核管理，细化完善评级奖励实施方案，以贡献值为考量，对表现突出个人和集体按照标准予以奖励。

三是抓实督查客体。针对国际安全评级，督查客体组成主要有两部分，一是评级具体工作，二是问题整改情况。结合专业特点，分公司由办公室牵头，对各业务需要开展的工作进行统筹跟进，确保每个时间节点完成相应的工作内容；再由安全科牵头，针对评级推进中的问题及难点，进行专项督查。同时，为提升客体执行质量，督查与培训相辅相成，每季度组织集中培训，邀请专家现场辅导，深入剖解评级工作中注意事项，并开设内部小课堂，由内审员分享外单位（如中国船舶工业集团等）好的案例。

三、工作措施

一分部署，九分落实。分公司在近年来的不断摸索中，本着“力求落实、实事求是、突出重点、讲究实效”原则，立足“两个坚持”（即坚持突出重点、坚持问题导向），逐渐形成了“地毯式清查”“重点跟踪”“联合督查”“回头看”四种督查模式。

一是从“细”入手，吹响问题全面整改“号角”。始终坚持好刀用在刀刃上，把评级作为“一把手”工程来抓，原文翻译ISRS评级手册，在基础管理体系中，融合评级最佳实践，实现评级标准“中国化”，避免了“水土不服”。同时，按照“一个一个跟踪问效，推动各项工作部署落到实处”总体思路，制定目标值与挑战值，编制完善任务分解表，把125个评级要素分解落实到具体的部门和单位，并组织各部门和单位每周反馈任务进度，为分公司领导层宏观把控评级工作推进提供理论支撑。

二是从“实”切入，实现重点问题重点突破。“以审促进”是难点，同时也是督查工作实际推动中的重点。在ISRS推进过程，部分内容在以往实际工作开展中几乎为空白，如“相关方报告”“危机计划”“任务观察”等内容。为完成类似工作，制定专项督查计划，发布督查通知书，明确任务整改时间节点，由专业人员验收后，出具督查结果告知单。针对未整改完成内容，深入查摆原因，形成书面问题分析报告提交ISRS推进小组委员会，后联系专家到现场予以指导，根据专家建议形成以“周”为单位的滚动督查表，直至问题销项。

三是从“严”发力，发挥联合督查取得实效。在实际督查过程中发现，ISRS工作推进中往往会出现后劲不足、合力欠佳的情况，表明单纯靠评级主要责任部门负责督查达不到最理想的效果。为有效解决这一问题，在广泛征集意见后，决定在分公司范围内形成以内审员队伍主抓、各科室（站队）交叉互查的管理模式，多角度、全方位曝光问题，彻底摒弃“遮丑”思维，有效盘活人力资源，截至2018年底，评级终审共计解决问题78项，为ISRS8级顺利通过奠定了坚实基础。

四是从“真”出发，杜绝老旧问题死灰复燃。虽然在2018年底顺利实现ISRS 8级目标，但打江山容易守江山难。要形成稳定长效机制，关键在于对分内工作、评级手段的熟悉程度。因此，分公司组织开展两期科级干部ISRS评级培训班，特别制定《2019年国际安全评级巩固提升方案》，其中一项重点工作就是切实开展“回头看”工作，对已通过审核的内容再次进行督查，特别将2018年反复发现的问题纳入重点督查范畴，实现工作开展从“面”到“根”的跨越式转变。

四、经验体会

（一）抓实督查工作的关键在于“高层重视”

ISRS 8评级工作开展这一实例，证明了只要领导重视就没有抓不起来的督查、就没有落实不了的制度和责任。习近平总书记说过，“基础不牢，地动山摇”。因此，干好ISRS 8级评级督查工作的前提必须得有完善的组织建设和有力的制度保障，在分公司党委班子的高度关注下，完善督查考核、评价、整改、问责等制度化链条式运行体系，逐渐形成“五位一体”的组织保证，即主要领导带头抓、分管领导重点抓、各单位部门负责人具体抓、全体干部员工参与抓、督查专兼职工作者监督抓。

（二）做准督查工作的关键在于“科学谋划”

只有一个好的、高瞻远瞩的督查规划才能保证督查工作落实的正确发展方向和科学发展道路，ISRS 8级评级督查工作才能确保一张蓝图绘到底。分公司把督查工作与全盘业务紧密结合起来，牢固树立“为高质量发展督查”理念，从人员、制度、宣传等方面对督查工作进行专项规划，深化督查工作新思路、新举措，较好实现了“四落实”的成效目标，即目标、责任、人员、时间四者的有机结合，做到了责任到人精准、任务分解精准、督查措施精准、督查成效及督查亮点突出。

（三）把牢督查工作的关键在于“以人为本”

从本质上看，抓好督查工作，靠的就是队伍和好的机制，但培养队伍合力、用好机制的根本目的不在于“以制量制”，而是通过思想转变，变被动为主动。因此，做好督查工作，要始终把人的主观思想摆在首位，把对干部员工的从严要求和关心指导结合起来，充分调动干事创业的积极性，营造督查工作上下齐心的工作氛围，切实发挥好督查工作作为 ISRS 8 级评级工作开展的“推手”作用。同时，随着奖励机制的不断完善，在奖金和荣誉的激励下，引导分公司员工形成“你追我赶”“齐头并进”的工作氛围。

（四）用活督查工作的关键在于“敢于创新”

ISRS 8 级评级督查工作创新是不断探索、总结出来的，是善于思考的有效探索、与时俱进的创新体现。这对其他工作的开展是有借鉴意义和指导意义的。实践表明，创新出动力，创新出经验，创新出成绩，创新来自基层一线、源于平日工作。只有身体力行、深入一线全面全程督查，才能跳出工作本身，创新督查思路、督查方式和督查机制，更好发挥督查作用。干事创业的动力才能得以更好激发，日积月累的经验才会变得更加清晰。

·“督”家观点·

运用督查工作推进国际安全评级

该文围绕实现国际安全评级 8 级这一目标，抓住督查工作顶层谋划这一关键，构建督查组织、拓宽反馈途径，从“细、实、严、真”出发，通过采取地毯式清查、重点督查、联合督查、回头看等多种督查模式，多维度提高督查效果，有效助推工作目标实现。全文思路清晰，措施具体，经验可复制、可推广。

——中国石油管道局工程有限公司

办公室（党委办公室）副主任　李靖宇

“最多督办一次”

吴孝翔　张卓娅

（中国石油天然气股份有限公司浙江销售分公司）

近年来，湖州分公司为进一步服务好基层，优化服务各项工作，用最短时间帮助机关、库站解决生产经营遇到的障碍，确保上级公司及湖州分公司各项决策部署贯彻执行，促进各项工作规范化、制度化、科学化，结合湖州分公司实际，制定实施方案，开展“最多督办一次”督查督办活动，取得了较好效果。我们认为，关键是要坚持目标导向和问题导向：一是督查内容突出“全覆盖”。包括湖州分公司重大决策的落实情况、重大部署的执行情况，上级公司检查整改事项以及领导指示、交办事项的办理情况等。二是督查重点突出“四个不”。聚焦态度不认真、执行不规范、落实不到位、效果不明显等问题，重点锁定敷衍走过场的部门和个人，进行精准督查，“靶向”治疗，切实督到“麻筋”处，导到薄弱点。三是督查实施突出“高效率”。“最多督办一次”督查督办实施方案全面梳理需要解决的事项，按立行立改、限时整改、长期整改分为三类，成熟一批、公布一批、督促一批。以库站问题真正得到解决为标准，检验工作成效。最多督办一次是原则，督办多次是例外。四是简单问题快速解决。坚持小事不走大循环、小事当作大事办，边访边做、边查边改、即知即改。在走访党员干部的帮助下，库站配备应急药箱，食堂配备消毒柜、消毒碗柜，库站员工工作服、加油手套，损坏的空调、电脑维修等员工身边的一批小问题得到了有效解决。五是突出问题精准解决。针对员工反映强烈的问题，明晰责任清单、服务清单，部门独立可以解决的，明确责任迅速落实；需要各部门交叉协调的，及时召开碰头会，研究交办。

针对库站反映较多的前台增加消费副 POS 机，财务、企管协调配合快速解决。加油现场罩棚高无遮阳遮雨效果或需安装遮阳棚等，划分到双层罐改造小组落实，参与整体设计改造。六是共性问题跟踪解决。针对一些重大、共性难题，特别是生产经营或政策落实过程中遇到的障碍，进行梳理研究、跟踪督办。例如，改造后多个加油站反映的操作井汽油味较重的现象，工程、储安联合对湖州分公司所属所有加油站操作井进行漏气检查，对进出油管线、垫片、法兰连接处、球阀、潜油泵等重点部位进行原因筛查，解除了困扰已久的安全隐患。

开展“最多督办一次”活动的思考与改进。督查成果使用是否充分、奖惩是否到位、机制是否建立，直接影响工作实效。我们坚持严实导向，既通过问责增压力，又通过激励增动力，以奖惩分明促进工作落实，以长效机制促进活动常态化开展。一是将督查成果量化为奖惩依据。建立督查考核机制，将落实情况纳入机关各部室年度业绩考核，有的还作为干部评先选优、表彰奖励的重要依据，推动各部室围绕考核“指挥棒”开展工作。同时，实施全程跟踪问效，对梳理出的问题挂牌督办，对落实不到位，问题处理不及时的予以例会上通报。二是将督查成果深化为工作措施。将“三联”走访活动中基层提出的问题建议交办至相关部门，作为改进工作的重大契机，深入研究符合实际的工作思路和举措。如祐村加油站后侧地面硬化，可以改造成非油仓库。油罐区黄黑色警示条经常脱落，可以考虑额外增加防移动塑料防撞柱等。三是将督查成果固化为长效机制。着眼常态长效，根据基层库站实际特点，努力让基层员工的困难和问题有正常的反映渠道，解决问题有稳定的机制，党员干部走访有制度的安排，员工参政有规范的程序。

•“督”家观点•

“最多督办一次”

湖州分公司开展的“最多督办一次”活动之所以取得明显效果，关键在于坚持了两个导向，即目标导向和问题导向。正是沿着这两个导向，既让督办之花结出了该结的果实，也让督办成果之果重新落地生根发芽，转化为长效机制，推动新一轮工作更好地开展。

——中国石油天然气股份有限公司辽宁销售分公司

办公室副主任　张凤春

用好督查“利剑” 狠抓改革落实

谢郦雪 杨 波

（中国石油天然气股份有限公司新疆油田分公司）

中国石油天然气股份有限公司新疆油田分公司（以下简称新疆油田公司）是中国石油所属的油气田企业，主要有科学技术研究、油气勘探开发、油气储运销售等业务，自20世纪90年代以来持续探索实践“油公司”发展模式，开展了一系列业务优化调整和功能完善工作，取得了一定成效。2014年下半年以来，随着国际油价断崖式下跌、持续低位震荡，新疆油田公司暴露出员工总量大、盈利能力不强、社会负担重等问题。面对严峻形势，新疆油田公司以打造现代化“油公司”为目标，开启了新一轮深化改革工作。

一、任务背景

习近平总书记强调，“督查是抓落实的重要手段”。在改革工作推进过程中，新疆油田公司办公室始终紧握督查“利剑”，开展了一系列卓有成效的督查活动，各项改革任务进展总体顺利，但推动力度不足、效率不高等问题仍然存在，主要表现在：个别部门没有认识到深化企业改革的重要现实意义，将改革专项任务作为常规工作对待，改革推动力度不足；改革事项牵涉面广，在运转过程中表现出问题复杂、周期长、螺旋式发展等特点，对督查工作的系统性、科学性提出了更高要求；改革事项责任部门多，存在推诿扯皮等问题，既定改革项目推进效率低、落地时间长；业务部门因职能不同，承担督查项、督查频率均有所不同，按照同样的标准进行考核易造成结果失真。

二、重点举措

狠抓落实是贯穿习近平总书记治国理政实践的鲜明行动轴线。为有效解决改革过程中存在问题，推动改革任务顺利完成，新疆油田公司办公室强化督查职能，层层传导压力，全面组织开展现代化“油公司”改革专项督查，确保改革推进到哪里、督查就跟进到哪里。

（一）把握全局，精准发力，督查格局系统化

新疆油田公司办公室坚持“身在兵位、胸为帅谋”，始终“胸怀大局、服务全局”，自觉把督查工作放到改革发展稳定大局中思考谋划，加强督查工作的计划、立项、审核、通报全业务链统筹管理，把好改革落实“第一关”。

一是加强顶层设计，建立专项督查工作清单，将总体改革任务细化为优化业务结构、调整管理职能等 7 个分项任务，明确各分项重点工作、责任部门、进度计划、关键节点，通过把住“路线图”“责任单”“时间表”，确保改革方向不偏离、任务不落空、进度不滞后。二是科学设立项目，原则上同一事项只确立一个责任部门，由责任部门指定配合部门，实行层层负责、联动考核，抓住“关键少数”，破解“九龙治水”。对同一事项、多次指示进行整理合并，杜绝重复督查；准确把握领导意图，对一般性工作指示不列入督查。三是规范工作程序，健全完善新疆油田公司党委领导、办公室牵头、业务部门承办、涉改单位配合的“四位一体”工作模式，形成抓落实合力。

（二）抓住重点，找准要点，督查形式复合化

督查工作点多、面广、线长，只有围绕中心、抓住重点、找准要点，才能“牵住牛鼻子”，实现“四两拨千斤”。新疆油田公司办公室以年度计划为重点、阶段安排为要点，双轨并行开展静态督查与动态督查，确保新疆油田公司党委重

点决策部署全覆盖立项督办、全方位跟踪问效。

一是围绕年度计划开展静态督查，将静态督查作为根本与核心，对重点、关键改革任务紧抓不放、一抓到底。根据新疆油田公司工作会议报告、专题会议安排等研究确立的事项设立静态督查项目，年初对重点改革工作分解立项，以月度或季度作为反馈周期，每月通报工作进展、年底检查完成情况。二是紧盯阶段安排开展动态督查，将动态督查作为拓展与延伸，反复督、持久查，全方位抓好动态管控、跟踪督导及销项管理。将党委会、总经理办公会等议定事项，工作调研，重要文件指示要求等列入动态督查，根据实际进展设定督查频次，避免过频、过繁，抓好跟踪问效。

（三）创新方式，丰富手段，督查形式多元化

督查工作是事关全局、连通上下的系统性工程，在长期实践中形成了许多优良工作方法与经验。为进一步做好督查工作、提升督查效果，新疆油田公司办公室坚持与时俱进，不断探索创新督查方式与手段，实现“线上督查”与“线下督查”同向发力。

一是运用互联网+督查手段，开发“新疆油田督查督办管理系统”，集成在线填报进展、自动生成报表、动态统计分析等功能，解决了督查过程中沟通交流难、结果不直观等问题，减轻了交办、承办部门工作负担，实现“督查提质增效+为基层减负”并重并举并进。二是持续完善系统功能，最大限度发挥数字化管理效用。例如，增设办理时间提醒功能，在反馈日期截止前五天对承办部门进行弹窗提示，提高督查反馈效率；对工作进展填报栏设置字数限制，有效避免了反馈内容列流水账等现象，进一步提高反馈质量。三是对情况复杂、综合性强、需多部门协同完成的改革工作，在阶段性督促检查的基础上，综合应用调研督查、专题督查等方式，不定期深入现场了解实情、督促承办单位报告进展，为新疆油田公司党委把握重大关键问题提供依据。

（四）定期通报，严格考核，督查结果显性化

新疆油田公司办公室强化督查结果运用，坚持系统全面通报进展、实事求是评价工作、严格严肃考核问责、跟踪问效发现问题，提高督查效能，推动决策落地，走好“最后一公里”。

一是坚持喜忧兼报，敢于动真碰硬，既通报典型经验做法，也通报进度滞后事项、逾期未结原因，以及督查进展填报不及时、不完整、不规范等问题。二是严格考核评价，将督查事项按照 30% 的权重纳入承办部门年度业绩考核，根据督查任务总数、承办情况、落实情况、反馈质量进行量化考核评价，对迟报、漏报、反馈质量不高、落实效果不好的给予 1 ～ 10 分扣减，对落实成效良好、得到新疆油田公司党委肯定的，予以 10 分奖励，一月一结、年底汇总，汇总结果列为组织人事部门对领导干部综合考核评价的重要依据。三是选择推进过程中的热点、难点、梗阻点，适时开展回访调研，检验工作成效，发现问题困难，提出意见建议，组织承办部门以综合报告形式向新疆油田公司党委进行请示报告，争取指导支持，避免督查工作浮于表面、流于形式，充分发挥疏通梗阻、提高质量、推动落实作用。

三、取得成效

2015 年以来，新疆油田公司办公室累计设立督查项目 150 余项，结项 140 余项，平均结项率 94%，呈持续上升态势，形成了上下贯通、横向联动的“大督查”工作格局，有力推动了各部门工作作风转变，执行效率有效提升，各项改革措施落地见效，集约化经营、专业化管理、一体化发展的“油公司”模式基本建立，新疆油田公司走在了集团公司油气上游业务改革的前列。

四、经验启示

一是立足全局，把准方向，做督查督办的“有心人”。督查工作是领导活动的延伸和辅助，督查工作人员要提高政治站位，强化统筹整合，坚持从新疆油田公司全局高度、发展大势中思考谋划与推进，实现从被动督进展、督成效向主动科学服务党委决策的转变。

二是建立标准，抓住重点，做督查督办的“调度长”。把握工作规律，建立工作体系，明确各环节职责分工与工作要求，提高督查工作的规范性、严肃性。督查工作人员要在上传下达过程中当好“分析员”，全面掌握上情、摸清下情，准确传达办理要求，深入了解实际进展，准确判断推进情况，客观做好报告反馈。

三是业务傍身，沟通得当，做督查督办的“协调员”。督查工作人员要不断提高自身素质，主动加强各路业务学习，避免在督查中当门外汉、说外行话。在加强沟通、增质减负的基础上，要进一步找准问题、深挖根源、找全论据，坚持工作原则、严肃考核问责、树立督查权威，确保事事有着落、件件有回音。

中乌天然气管道项目党建工作督查案例

代文杰
（中油国际管道公司）

一、任务背景

中油国际管道公司中乌天然气管道项目党的建设与项目建设同步启动。11 年来，按照“三同时”的原则，项目坚持做到“管道建到哪里、哪里就有党员，党员走到哪里、哪里就有党支部”，实现了“支部建在连上”，并在复杂的合作环境中逐步培育形成了“踏实做事、干净为人”的“塔什干精神”，为项目的高质量实施提供了坚强的政治、思想和组织保障。项目基层党建工作所处的特殊海外环境以及长输管道点多、线长、面广的自然属性，在一定程度上增加了项目做好基层党建工作的难度。

2015 年，中亚天然气管道公司“六个一”党支部创建工作实施方案要求海外基层党支部通过三年时间的努力，到 2018 年底，完成“六个一”创建工作，实现书记作用突出、班子坚强有力、队伍素质优良、制度规范健全、机制灵活有效、工作业绩显著的创建目标。在这一背景下，为及时发现和整改所辖 6 个基层党支部创建工作中存在的短板，确保各支部全部按期通过达标验收，并在此基础上引导各支部全面梳理、系统总结具有自身特色的党建工作经验和文化标签，项目党委、纪委共同决定在 2018 年 3—4 月对各支部创建工作开展情况进行集中摸底，组织各支部对发现的问题进行整改，并由项目纪委对各支部落实中油国际管道公司和项目党委创建工作要求的具体情况开展专项督查。

二、工作开展情况

（一）工作内容

结合中油国际管道公司党委验收方案的具体要求，项目纪委组织开展本次督查工作的主要内容包括：（1）督查各支部对中油国际管道公司及项目党委安排的年度重点工作和重点活动的落实情况；（2）督查各支部对基层党建工作制度和工作程序的执行情况；（3）督查各支部学习教育计划的制定和执行情况；（4）督查各支部对“三会一课”制度的落实情况；（5）督查各支部思想政治工作开展情况；（6）督查各支部党员发展、管理和党费收缴工作；（7）督查各支部结合自身特点创新思维开展特色工作的情况；（8）督查各支部班子及支部本身发挥作用的情况。除此之外，项目纪委还对各支部按照项目党委要求总结提炼本支部党建工作经验所开展的工作进行了督查并提供必要指导。

（二）工作方案和措施

2018 年 3 月 5 日，项目党委、纪委决定由项目党委副书记、纪委书记牵头成立“六个一”党支部创建工作阶段性总结 5 人工作组，负责围绕创建工作组织摸底整改。项目纪委书记、纪委办公室人员作为工作组成员负责开展督查工作，以确保摸底整改过程中纪委督查力量的全面参与。摸底过程中，工作组共辗转 7 地，深入塔什干机关和布哈拉输气管理处，并赴管道沿线各基层站场（WKC1&US1 站区、WKC2&GCS 站区、UCS3 站、WKC3 站、MS&UKMS 站区）开展工作，对照创建工作要求，在各支部平均用 1 ~ 2 天时间通过集中座谈、个别谈心谈话、检查文件记录等方式，对支部创建工作开展情况进行全面了解，并宣贯有关纪律要求。

督查过程中，项目纪委对各党支部对照创建工作考评标准开展初步自评打分的依据进行严格检验。对经支部自查和工作组摸底发现的问题，项目纪委规定了限期整改的时间节点，并明确由支部书记承担第一整改责任人责任。同时，对创建工作自查自评、整改措施制定以及相关党建经验总结材料的报送，项目纪委均规定了具体的时间节点。现场摸底结束后，项目纪委结合问题整改和材料报送的时间节点要求，对各支部落实项目党委创建工作总体部署的情况持续开展督查、指导，直至100%创建达标这一阶段性创建工作目标达成，确保了各支部迎接验收相关准备工作进度总体可控。

（三）工作成效

通过本次自上而下、系统全面的督查，项目各基层党支部对“六个一”党支部创建达标的重要意义形成了更为深入的认识，全体党员进一步认识到基层党建工作在保障海外管道项目安全、可靠、高效实施方面所发挥的基础性作用。

1. 顺利实现“六个一”党支部创建全达标

通过系统摸底，各基层支部在以“六个一”党支部创建工作为抓手推进党建工作的过程中存在的短板和弱项得以显现。项目纪委督查力量的全程介入，帮助各支部更好地按照中油国际管道公司和项目党委的有关要求，对照创建标准深入细致地开展立行立改。项目纪委与项目党委通力配合，通过深度摸底、广泛动员、严格督导，进一步促进了支部书记和班子成员模范作用的发挥，巩固了支部政治理论学习的实效性，规范并完善了支部活动记录，在帮助支部理顺班子分工、理清党建制度流程的基础上，显著提高了支部党建工作融入中心和创新思维开展特色工作的能力。各支部根据项目纪委督查工作要求，对发现的问题在规定期限内进行了逐项整改，于6月完成项目层面的自评工作，较中油国际管道公司党委验收时间提前4个月完成了全部的问题整改和验收准备工作。至中油国际管道公司党委10月启动创建达标验收工作时，项目各支部前期自评成绩基本兑现，均顺利通过中油国际管道公司创建达标验收。

2. 初步完成具有支部特色的党建工作经验总结

督查工作的另一项成果，是项目6个基层党支部均于6月前按照项目党委要求高质量地完成并提交了党建工作经验总结报告。各支部立足自身业务和工作环境等特点，对支部文化、工作理念、工作思路、发展愿景等进行了总结提炼。在比学赶超的氛围中，各支部具有各自独特文化烙印的党建工作实践展现无余，极大地拓展了项目基层党建工作的深度和广度。

3. 有效助力项目整体党建工作思路革新

在本次摸底整改和督查工作成果基础上，工作组围绕党建如何融入生产运营中心工作、党组织素质模型以及“六个一”支部创建验收情况形成了三份专题报告。项目纪委负责督查工作的相关人员参与了上述报告的编制工作。项目党委立足上述成果，全面回顾项目自实施以来在党的建设方面积累的成功经验，响应中油国际管道公司党委关于“树立海外党建工作旗帜”的号召，系统地提出了将按照“把握一条主线、履行两个责任、发挥三个作用、实现四项提升”的“一二三四”党建工作思路，运用“立思想、强队伍、建制度、树典型、重实践、抓落实”的“十八字”工作方法，努力打造中国石油海外基层党建标杆旗帜。建立在本次督查工作基础之上的思维革新，开启了项目党建工作的新局面，必将对项目党的建设产生持续而深远的影响。

三、经验体会

针对“六个一”党支部创建工作情况开展的专项督查，因其着眼大局、覆盖全面、要求严格、工作系统，帮助基层党员加深了对党建工作重要性的认识，在实现对照创建标准完成问题整改这一“基础目标”之外，更推动基层党支部立足自身特点完成了对党建工作经验和支部文化的提炼总结，进而为项目党委思考项目整体党建工作的愿景、思路和方法提供了有力的支持。在督查工作开展过程中，立足履行好项目纪委的监督责任，项目党委、纪委高度重视、密切配合、充分授权，督查人员不局限于扮演“检查员”“评分员”或“指挥员”的角色，而是从提升项目党建工作的大局出发，以“讲解员”“监督员”和“辅导员”的身份全程参与，全力指导基层支部为创建达标开展的有关工作，引导基层党员集思广益构思支部党建工作的顶层设计。对于督查过程中掌握的大量信息，项目纪委人员根据项目党委要求，分专题参与分析报告，为项目党建工作思维革新提供了可靠的理论支持和实践依据。综上所述，本次督查实践是项目纪委响应中油国际管道公司和项目党委新时代海外基层党建工作要求，以“六个一”党支部创建工作为抓手，着眼于促进项目党建工作水平提升开展的一次有益探索，其“以人为本”“接地气”的工作方式受到了基层党员的一致好评。督查工作的开展事实上对项目党员进行了广泛而有效的思想动员，也为项目党委通过科学决策打开党建工作新局面提供了强有力的智力支持。

突出改革创新　强化督查落实
确保专项工作强力推进

——人事劳动分配制度改革督查案例

王华东　冯　光　冯　东

（中国石油集团长城钻探工程有限公司）

一、任务来源

2018年，集团公司召开了“三项制度”改革会议，下发了《中国石油天然气集团有限公司深化人事劳动分配制度改革实施方案》和《中国石油集团油田技术服务有限公司人事劳动分配制度改革行动计划》，深化“三项制度”改革势在必行。为深入贯彻集团公司有关要求，大力推进业务整合和机构优化调整，中国石油集团长城钻探工程有限公司（以下简称长城钻探公司）通过督查方式，确保长城钻探公司机关职能优化和机构改革工作在2018年按进度高质量完成。

二、背景情况

为落实好文件要求，按照“运转高效、界面清晰、服务到位、管控有力”的原则，进一步推动“管理人员能上能下，员工能进能出，收入能增能减”，长城钻探公司接连出台了《长城钻探工程公司人事劳动分配制度改革行动方案》《关于开展优化组织结构和人力资源配置工作的通知》《关于开展优化组织结构和人力资源配置试点工作的通知》等文件，做到相关政策精准落实、执行到位。

三、针对问题

（1）长城钻探公司业务分布在海外 31 个国家、国内 20 余个省市自治区，薪酬分配改革、组织结构优化和人力资源配置难度较大。

（2）长城钻探公司经过数次改革重组和长期发展，历史遗留问题因为改革集中暴露出来。

（3）机关职能部门多，相关管理及审批流程烦琐；基层自主管理权限范围窄，或各部门联合决策导致工作审批时间长、工作效率不高。

四、方案策划

（一）指导思想

按照“责任落实到位、组织落实到位、督查落实到位”的原则，加强对改革推进情况的督查，促进改革早落实、早见效。

（二）督查内容

一是重要环节的监管情况。督查责任单位是否集中时间、集中精力、采取多种形式落实改革相关工作。

二是督查过程的重点内容。是否明确责任领导和责任单位相关问题的解决措施、是否定期推进主要问题的协调解决、是否按倒排计划表落实、是否定期考核通报进展情况。

三是相关责任的落实情况。督查责任单位是否履行日常协调和监督责任、是否加快优质高效服务基层、是否履行“党政同责、一岗双责”、是否见到明显的工作成效、是否做到廉洁自律。

（三）组织实施

督查时间：2018 年底前确保改革工作圆满完成。

督查方式：采取现场调研、“互联网 +”模式查访、资料检查等方式，进行定期督查、专项督查、随机抽查。

督查责任：按照“首问负责、主责担责、主动补位、失职追责”方式，对责任不明、工作不实、落实不力等对改革造成影响的，进行严肃追责问责。

五、工作措施

一是抓住关键，强化督导实效。长城钻探公司按照主要领导要求，成立了由办公室负主责、相关业务处室分工负责的督查工作小组，形成了“督查干部抓督查进程、分管领导抓督查质量、主要领导抓督查结果”的“大督查”系统管理格局。对重点环节制定专项督查实施方案，分解立项，明确工作重点、完成时限和保障措施，提高了督查质量、落实了督查责任，实现了重要环节的有效督查。

二是建立台账，倒排落实进度。按照集团公司文件有关要求和长城钻探公司具体实施方案，督查工作小组督办相关职能部门和二级单位制定具体工作计划，倒排时间节点，落实责任到人，便于工作落实过程中随时督查。方案实施以来，督察工作小组以“现场督查 + 通知督办 + 电话催办”的模式，27 人次深入现场调研 14 次、下发督办通知单 5 份、电话催办问询 50 余次，共督查重点事项 6 项，均第一时间形成报告及时反馈长城钻探公司主管领导，见到了“重点环节有监管、重要工作有督查”的效果。

三是强化考核，实施结果确认。制定月度督查百分制考核表，按照“过程性考核 + 否决性考核”两项指标进行督查考核。对重点环节监管不力、重要工作完成质量不高、督查情况未限时反馈等情况纳入考核，每月初领导工作（扩大）例会上通报督查进展。落实过程中，共对 11 个部室、22 个单位进行了考核，形成了良好督查氛围。

四是靠前服务，打通协调环节。现场督查是解决改革发展中具体问题的关键一招。督查工作小组深入钻井公司、专业公司、机关部门，从三个层面开展有针对性的督查。对钻井公司，重点督查薪酬分配向一线倾斜、机构优化配置等落实情况，解决“大单位”存在的“老问题”；对专业公司，重点督查考核制度改革落实情况，加快提升“新单位”的服务能力和竞争能力；对总部机关，重点督查机构精简撤并过程中，职能交叉或缺失问题，确保机关运转有序高效。通过现场调研、一线工作法等方式访谈员工近百人，督办政策落实过程中的突出问题 30 余项，形成督查报告 5 份，供领导班子研究决策。

五是总结提升，规范管理。实行督查工作集体研讨制度，坚持每月召开督查例会，集中研究解决遇到的困难和问题，总结督查过程中好的经验做法并加以推广。完善《督查约谈制度》《督查考核制度》3 项制度，推动督查工作从规范化向精细化转变。

六、取得成效

通过督查推动相关部门落实系统责任，基本实现了“放并调考传”的改革目标。

一是“放”——精简管理流程。以“释放活力、放管结合、管理有序”为原则，确保形成了权限清明、责任清晰的管理权力下放清单，共简化优化业务审批流程 36 个，下放 14 个业务领域 56 项权力到基层，提高了基层决策效率。

二是“并”——撤并组织机构。对机关部门，按照合规、担责、务实、高效“系统抓、抓系统”的原则，撤并了职责重叠、业务交叉的部门 12 个；对二级单位，按照“专业化、市场化、区域化”的原则，撤并了境内外单位 5 个，提升了整体经济效益。

三是“调”——调整人员岗位。优化人力资源配置，通过公开竞聘、人员分流、跨单位调剂等方式，压缩两级机关人员 200 余人，充实到国内外基层，保障各项业务良性发展，助推基层管理能力有效提升。

四是“考”——全员绩效考核。2018年底，按照“硬考核、硬兑现”原则，将效益考核分配占比提高到40%，向一线倾斜工资总额1.2亿元，打破了“大锅饭”分配机制，初步形成“凭贡献得回报、凭能力得岗位”的全员绩效考核机制。

五是“传”——传递压力和动力。有效传递改革压力，实现网格式管理，确保“各个岗位有压力、人人肩上有指标”。有效提升改革动力，坚决落实发展成果全员共享，累计为员工投入3000余万元用于改善现场工作生活环境、减轻员工劳动强度，切实为基层员工办了8件好事实事，激发了全员干事创业的活力。

七、经验体会

一要建立督查管理公式。形成了从“细节入手、发现问题、完善标准、明确责任、过程考核、结果确认、固化提升”的管理公式，运用管理公式解决督查各环节出现的问题。

二要优化督查工作流程。随着督查工作进一步深化，许多深层次问题会逐步凸显，出现管理体系不适应企业发展的情况，要打破现有的生产关系，进行重新优化。通过定期开展“管理层、执行层、操作层”三个层级的管理评审，实现督查工作流程的优化再造。

三要建立督查例会制度。建立督查工作例会制度，对督查工作过程中需要协调推进的事宜，与相关部门和单位共同研讨，推进重点工作的开展落实，确保督查工作目标落实到位，监督指导、组织协调有关工作的开展达到预期效果。

四要加强督查调研工作。坚持“一线工作法”，在开展工作过程中，加强督查调研工作，充分听取基层单位、基层同志的意见和建议，将基层声音反馈至班子成员，成为有效沟通的纽带桥梁。

五要形成督查保障措施。机关部门应高度重视督查工作，主要负责人亲自抓、负总责，做好部署安排，积极开展相关工作；国内外各单位对涉及到的督查调研和有关工作全力配合、坚决落实，实现“上下联动、协同推进”。

强化非油商品质量和食品安全督查
维护中国石油良好品牌形象

关志强

（中石油昆仑好客有限公司）

在党的十九大报告中，习近平总书记对人民的美好生活有过多次精彩论述。习近平总书记多次强调："带领人民创造美好生活，是我们党始终不渝的奋斗目标"。2018 年 6 月，中国石油天然气集团有限公司主要领导到黑龙江销售公司调研时要求，"要狠抓非油商品质量管理，中国石油加油站所经营的商品，一定要做到货真价实、绝无假货，树立中国石油品牌形象"。为了深入贯彻落实党的十九大精神和集团公司党组的工作要求，中石油昆仑好客有限公司（以下简称昆仑好客有限公司）作为中国石油负责非油商品业务运营管理的专业化公司，迅速将非油商品质量和食品安全工作列为重大督查督办事项，通过强化组织领导、完善责任体系、构建监管长效机制等多种形式，扎实开展督查督导等工作。

一、强化组织领导，完善责任体系，筑牢机制保障

昆仑好客有限公司坚持问题导向和责任导向，不断健全管理体制机制，完善责任体系，形成督查督导的高压态势。一是加强组织强化领导。昆仑好客有限公司将加强非油商品质量和食品安全管控工作的组织领导及队伍建设作为推进工作落实的首要任务，迅速成立以党委书记、总经理为组长的专项领导小组，构建起"昆仑好客公司 ⇌ 省区销售公司非油公司（处）⇌ 地市公司非油业务部门 ⇌ 加油站便利店"四级质量安全责任体系，建立了 331 人组成的专（兼）职监督队

伍，逐级明确职能、压实责任。二是科学划分监管职责。针对层级不同、种类较多、渠道各异的非油商品采购、运输、储存和销售现状，按照“四级管理、分级防控、各负其责”的原则，科学划分各层面监管职责，构建了以风险管控为核心、覆盖全面、边界清晰、环节相扣、上下衔接的责任体系。总部层面的集采、自有商品的选商、入围商品质量和食品安全的管控由昆仑好客有限公司负直线管理责任，运输、入库、储存和销售等环节由各省区销售公司负属地管理责任；省区、地市销售公司自行采购商品由各公司非油业务主管部门负直线管理责任，由加油站负属地管理责任。通过建立责任体系，各层面真正做到了明职知责、履职尽责、失职追责。三是严厉开展自查自纠。昆仑好客有限公司结合国家和集团公司“质量月”活动部署，牵头组织各省区销售公司全面开展非油商品质量和食品安全自查自纠。通过严把采购、运输、储存、销售各道关口，确保假货进不来、次货不上架，保证了库存和所销售商品质量100%合格。四是专家把脉复查问题。为更加准确、全面掌握商品质量安全管控现状，确保自查自纠取得实效，昆仑好客有限公司与国际权威质检认证机构专家一道，对东北、西北、华北、华东、华南、西南地区十几家省区销售公司的便利店、中央仓开展了突击检查，对发现的问题进行分类梳理，要求各省区销售公司举一反三、对照整改、建章立制。在对各公司强化督导、形成震慑的同时，筑牢了坚强的机制保障。

二、创新督导载体，推动商品升级，提升客户体验

为了创新更加有效的非油商品质量安全工作督查督办形式，昆仑好客有限公司精心策划了以“优品、优质、优享”为核心的美好生活“优行动”。通过打造规范、严谨的商品和供应商优选机制，让商品品质更优；通过发布《非油商品质量管理手册》《非油商品质量诚信守则》，进一步完善质量管理机制，浓厚质量诚信文化，让商品质量更优；通过优化客服标准和环境营造，逐步推出一站式服务模式，提升客户愉悦指数和便捷指数，让用户消费体验更优。2019年2月1日，

春节前夕，集团公司主要领导到昆仑好客有限公司慰问在岗员工时，对美好生活“优行动”工作方案给予了肯定和支持。3 月 12 日，在第 37 个国际消费者权益日来临之际，美好生活“优行动”在北京新景都市加油站举行了启动仪式，在全国 31 个省区销售公司、近 2 万座加油站便利店全面实施。集团公司领导出席仪式并作了讲话，昆仑好客有限公司主要领导发布两则质量管理文件并接受了媒体采访，充分体现了昆仑好客有限公司落实集团公司党组要求的坚定信心，彰显了中国石油非油业务走精品服务之路、为广大消费者创造美好生活的庄严承诺。

“优行动”开展以来，各省区销售公司快速行动，明确责任分工，及时细化方案，充分利用报纸、网站、微信公众号等信息平台，开展形式多样的宣传活动，引导广大石油员工自觉投身到“三优”行动当中；及时将非油商品质量管理要求及非油商品质量诚信守则，发至每一个加油站和供应商，并与之签订《商品质量诚信承诺书》；紧密结合自身实际，制定质量管理实施细则，建立完善检查督导机制，全面开展“全民体验官”招募活动，认真征求客户对商品质量、服务体验、消费环境等方面的意见及建议；建立常态化稽查机制，通过日常抽查、互查互访等形式对便利店规范服务、非油商品质量监管、便利店商品库存、地采供应商管理及营销政策落实等内容进行全面监督检查。

三、凝聚督查合力，强化源头管控，构建长效机制

督查督办工作不仅需要单方面“倒逼”，昆仑好客有限公司更加注重不同方面的统筹推进。一是广泛动员，凝聚推动落实的智慧力量。2018 年 7 月，在集团公司质量监督管理人员培训班期间，昆仑好客有限公司组织参会的各省区销售公司质量管理人员召开座谈会，交流分享非油商品质量安全管理经验，研究并理顺了各层级监督管理职责界面，达成了十几项管理共识。2019 年 3 月，在销售板块非油业务交流会期间，昆仑好客有限公司主要领导专门就非油品质量和食品安全工作进行了专项部署，并明确将工作落实情况纳入考核，真正将“高压线带上了

高压电”。二是把好商品开发关，从源头强化管控。昆仑好客有限公司精心选择信誉可靠、具有行业引领作用的厂家，共同开发自有商品。一年来，重点以包装饮料、家庭食品、酒类等品类为核心，开发出以武夷山水、东北冰源水、优选+大米、好客之义酒等为代表的30余款优质产品，赢得了广大消费者的广泛赞誉。2019年春节期间，“好客之义”酒参加了由多个部委联合举办的“中华老字号故宫过大年”活动，武夷山矿泉水先后成为全国青年运动会和中国国际投资贸易洽谈会指定用水。三是强化商品采购管控，降低过程风险。大力推进大宗物资全国集中采购，通过与厂家直接合作的模式，有效降低中间环节容易出现的破损、变质、调换等质量安全风险。目前，累计与39个品牌建立合作关系，与302家供应商及31家省区销售公司签订集采合同。四是定期督导检查，形成长效机制。组建商品、便利店管理运营专业团队，定期深入各基层油站进行专业咨询和质量安全督导，督导情况形成报告在全国月度视频例会上进行点名通报，并予以严考核、硬兑现，确保打通责任落地的“最后一公里”。五是开展专业培训，提升全员思想意识。每季度召开质量专题培训班，分层次开展专业化培训，提升员工理论和思想水平，并将培训学习成绩与晋级评先挂钩，有序实现非油专业线人员培训全覆盖，逐步建立了预防问题的长效机制。

昆仑好客有限公司经过一年的努力，形成了一整套非油商品质量和食品安全管理保障措施，全员质量安全意识得到明显增强，中国石油每一个加油站便利店都兑现了“货真价实、绝无假货”的庄严承诺，非油商品客户满意度接近100%，为树立中国石油良好形象、为广大消费者创造美好生活做出了应有的贡献。

把实干强企作为督查的第一要义

王彦佳雨

（中国石油天然气股份有限公司云南销售分公司）

督查工作是推动重点工作落实的重要手段，要明其目标，究其根源，核心在于督办工作落实，关键是要搭建一个以责任落实为根本的简洁高效机制，让机制凸显中心工作，让机制凸显关键问题，让机制督促履职尽责，让机制改进工作作风，让机制确保工作得以落实到位。

简洁高效地抓主要矛盾以及矛盾的主要方面，是督查工作的核心及重要方法。围绕年度目标确立的工作任务可谓一年之大计。为了让年度重点工作任务能够稳扎稳打地推进落实，以跬步之力确保实现年度目标，昆明销售公司建立了年度重点工作任务督办机制。以年度工作报告确定的目标任务为蓝本，将每项重点工作任务从牵头领导、责任部门、具体岗位负责人、计划完成时间“四个维度”锁定，构建一张督办“表单”。在此基础上，每月挂牌督办推进落实情况。得益于现代办公的便捷，一张“表单”就可以发挥督办的集成作用，协同办公系统更是让挂牌督办更加快速地实现信息传递，同时也让被督办部门及人员更加快速地强调工作落实。尤其部门负责同志，会更加关注督办通报，因为这直接反映了一个部门的执行力，甚至这根本就是部门负责同志责任心和工作能力的映照。通过月度公示一张督办表，无论业绩还是履职情况，都一览无遗地呈现于组织内部全员，评价自当公允。这是督办形成机制，发挥约束作用过程中一个可圈可点的细节效应。

通过“一张表”明确责任，跟踪督促，全方位流转，年度工作目标能够实现月清月析，围绕实现目标的系列举措能够根据实际适时修正调整。围绕核心工作每月凝练分析，每月研究保障措施，行至年末，督办表实事求是，自成工作总结。工作成效直接与绩效挂钩，即使每月定期督办不设置考核环节，但结果依旧直接导向年度业绩，而这就是一切工作的目的和根本。如果我们在月度设置督办考核项，意义也仅在于督促各单位各部门落实责任，抓紧完成业绩指标，年底可根据实际业绩完成情况剔除或维持考核。这里将考核引入，是想结合督查督办，说明这两者都是方法和工具，皆旨在实现业绩目标。在将督查督办作为主线方法的情况下，可将考核作为一个变量嵌入，协同发挥对实现业绩的推动作用。

“实干兴邦，空谈误国。”这是干工作的核心指针，也是督查的核心意义。督查工作切不可搞花拳绣腿形式主义，督查工作必须轻其形、重其意，既要实实在在地推动工作，又不可成为对工作的“层层加码”。督查必须简洁高效地潜行到实际工作的落实推动中去。2018 年，圆满完成任务目标的同时，既定的 112 项重点工作悉数落实到位。

坚持基层导向，坚持问题导向，是抓落实的责任，也是督查的责任。实际工作中，上下层级间可能出现工作运行两张皮的情况，只有把基层存在的问题搞清楚，把运行机制中存在的症结理清楚，才能真正实现组织的高效运转。问题在哪里，责任就在哪里，督查督办就跟进到哪里。为有效解决基层实际运行中存在的困难和问题，昆明销售公司建立了基层存在困难问题每周会提督查督办机制。扁平层级沟通渠道，将基层单位、机关责任部门、管理层形成一个直接面对面的“铁三角”，锁定责任，现查现办，直面解决。每周视频例会，基层单位直接提报存在的困难和问题，管理层直接“点将”承办，办公室挂牌跟进督办。次周视频例会，被点将的责任部门负责人现场反馈落实情况，不能解决的要说明原因，同时指导基层当前如何应对。这项督办机制短平快，一旦将这种上下沟通关系建立起来，第一个作用就是让基层有了直接上达的口径。

由此，实际工作中会出现同一个问题基层单位反复提出的情况，然而这正是沟通的实际效果呈现。督查的目的就是要不断地解决问题，推动工作落实，这个机制显著地发挥了去形式化效用。以往的常态可能是看材料，听汇报，查现场，基层往往报喜不报忧，实际存在什么困难和问题，管理层级并非全然清晰。如果单纯通过检查抽查发现问题，的确是一个方式，但这通常会导致上下层级间的相互不理解。通过这个短平快的督办机制，我们还清楚地了解到，基层所反映出来的问题，绝大多数就是一个沟通问题。基层提出的个别问题，机关部门却认为根本不应该作为问题提报。针对这种情形，我们需要反思很多，其中最重要的就是上下间的沟通问题。从基层负责人到中层管理者再到管理层，当所有责任相关方同时面对面沟通的时候，我们在发现这个问题的同时，也解决了这个问题。三年来，我们累计面对面沟通解决基层提出的困难问题 400 余项。

督查工作的落实和问题的解决，始终离不开管理层这个“关键少数”。只有管理层既挂帅又出征，才能真正推动组织前进，才能真正给员工创造更多的获得感。督查关注的问题实际就是组织发展壮大的“中梗阻”，督查解决的既是客观问题也是主观问题，督查关乎的就是人心向背。无论我们采取何种方法去督查一项工作的落实，最终都将落实在组织全员的认同感上。当管理层亲自参与到督查的实际推动中来，实际效果会更加务实高效。工作推动有力是一个方面，更重要的是管理层抓的正是组织改革发展需要抓的问题，管理层亲自督查的正是基层员工所关心期盼的。这是一种实干的态度。就上述提到的每周会提督查督办机制，在及时快速推动落实的同时，缩短了层级界面，管理层直接面对基层管理者。在这一前提下建立的督查机制，不再是简单的日常工作汇报，不同于日常工作的沟通安排，这是板上钉钉的责任制落实。

不积跬步无以至千里，实干强企需要将工作一件件落实，需要将问题一个个解决，需要出实策、鼓实劲、抓实事，在管理层的亲自挂帅引领下，昆明销售公司通过督查在统筹推动各项工作有效落实方面取得了良好成效，并积极朝着高质量稳健发展迈出坚定步伐。

发挥督办作用　促进工作有效实施

张军明　李彬彬

（中国石油天然气股份有限公司辽阳石化分公司）

督办是贯彻上级精神和年度工作总体部署，保证决策实施，狠抓工作落实的重要手段，是实施管理、提高工作执行力的一种有效途径和工作方法。中国石油天然气股份有限公司辽阳石化分公司（以下简称辽阳石化公司）作为成立40多年的老企业，经过多年的摸索和实践，逐步形成了自己较为系统的督办工作体制和做法。

按照《辽阳石化公司督查工作管理办法》，建立公司级和厂级两级督办体系，其中公司级督办主管部门为总经理办公室（党委办公室），机关各处室是公司决策部署的执行部门和督办工作的协同部门，各厂和直属单位是公司决策部署的执行单位；厂级督办主管部门为公司各厂和直属单位综合科，其他科室和车间是厂级决策部署的执行单位。两级督办工作体系的建立，保证了工作的层层有效落实。

实施过程中，在充分考虑处室业务分工以及减少部门管理交叉的基础上，为保证督办效果，我们将公司级督办分为综合督办和专业督办。综合督办工作涉及业务范围较广，主要由总经理办公室（党委办公室）、企管法规处等综合性管理处室牵头，组织多部门、多专业协同配合，共同推进。专业督办工作涉及业务范围相对单一，主要由业务主管部门牵头组织实施。但是一些涉及全局或非常重要的工作，辽阳石化公司领导也会参与和部署，并进行跟踪督办。

督办工作发起主要依据领导安排或公文批示意见，由总经理办公室（党委办公室）以工作安排、督办通知单或公文流转的方式下达给承办单位。

承办单位接收到督办工作通知后，根据督办事项特点，采用不同的工作方式组织落实。

（1）按照重要程度，分为重点工作和一般工作。重点工作通常为年度工作总体部署，某专业重大决策、重要事项、重点问题等，需要重点、长期关注，主要采用任务分解表、工作方案、督办通知单等书面形式下达。一般工作通常为一事一议、快速开展的工作事项，通常采用会议部署、督办通知单、电话等形式下达。

（2）按照计划性，分为年度工作和临时性工作。年度工作通常为企业年度工作报告内容或部门专业全年部署，主要采用年度工作任务分解表或专业工作要点方式，年初以正式文件下达，定期跟踪通报，年底汇总总结。临时性工作通常为本年度总体工作部署之外，上级部门下达的、企业日常管理中临时补充安排的工作等，根据工作重要程度采取不同方式灵活组织实施。

下面，结合案例，谈谈做好督办工作的体会。

案例一：牢记总书记嘱托，推动高质量发展，打造国有企业“种子队”

2018 年 9 月 27 日，习近平总书记到辽宁考察的第一站就来到辽阳石化公司，重申了两个“一以贯之”重大方针，赋予我们国有企业“种子队”、国家“种子队”的重大责任和历史使命，并勉励我们要“一以贯之，砥砺前行，作为共和国的‘种子队’，打出更好的成绩。”集团公司党组对贯彻落实总书记视察重要讲话精神高度重视，集团公司主要领导先后两次作出重要批示，并于 2019 年 1 月 24 日亲自到辽阳石化公司检查督导贯彻落实情况。

为落实好总书记讲话精神和集团公司工作要求，辽阳石化公司党委迅组织开展了为期三个月的“学习总书记讲话，推动高质量发展，当好国有企业‘种子队’”专题教育活动，辽阳石化公司领导班子带头参加，通过座谈研讨、调查摸底，分析当前形势，查找企业存在的问题。针对存在的问题，辽阳石化公司把落实总书记重要讲话精神和集团公司工作要求实化为“党建更强、安全更牢、效益更好、质量更高、管理更精、改革更深”的工作目标，确定了2019年要坚持牢记总书记嘱托，推动高质量发展，打造国有企业“种子队”“一个主题”，实施党的建设工程和素质提升工程“两个工程”，推动向本质安全环保型企业转变、向质量效益型企业转变、向智能制造型企业转变“三个转变”，打好安全环保翻身仗、平稳生产持久战、质量效益提升战、检修改造攻坚战“四场战役”，做好管理、改革、创新、发展、共享“五篇文章”的总体工作思路。

为保证各项重点工作顺利完成，总经理办公室（党委办公室）通过年度任务分解表的方式，对工作进行细化分解，明确牵头领导、责任部门、完成期限，并按季度进行跟踪反馈，督促责任部门有效开展工作。

该案例是通过集体智慧而确定的一项年度性的公司级综合类督办工作。辽阳石化公司领导班子经过认真思考，并在年度思路研讨会上按照专业分工点题发言，统一思想，引领方向；专业部门按题组织实施，细化落实方案，定期反馈情况，及时调整和完善具体措施；总经理办公室（党委办公室）作为督办部门，不定期跟踪督促，促进措施开展，保障重点工作逐一销项。辽阳石化公司上下目标统一，员工同心协力、扎实工作，努力确保各项重点工作顺利完成。

案例二：开展全面对标工作，提升精细化管理水平

2018年3月，集团公司召开对标工作会议。会后，辽阳石化公司认真落实会议精神，遵循“通过对标找问题、找差距，研究确定措施解决问题，解决一个问题、提升一类管理”的思路，以对标为抓手持续提升企业管理水平。

企管法规处作为牵头部门，组织各专业处室协同配合，研究制定了《关于开展全面对标管理的实施意见》《辽阳石化公司全面对标实施方案》《对标工作重点

任务分解表》，组织建立对标指标库，确定量化对标指标 377 项，定性对标 103 项，在辽阳石化公司建立起全面开展对标的工作体系。

在生产经营方面，专业部门充分发挥作用，炼油线瞄准中国石化青岛炼化，芳烃线对标四川石化，烯烃线学习中国石化天津石化，俄油项目建设开车与云南石化对标，围绕对标生产受控，抓平稳运行；对标关键指标，抓优化生产；对标节能降耗，抓成本降低；对标费用支出，抓精细管理；对标先进做法，抓项目开车五个方面，通过现场对标学习、收集掌握对标信息、形成对标工作报告等，共确定 50 项系统优化措施。专业部门认真落实，坚持每周开展优化会集思广益、持续完善，企管法规处定期跟踪总结，收到了较好成效。2018 年，辽阳石化公司炼油完全加工费比 2016 年下降 39%；化工现金加工费下降 21%；实现利税 83 亿元，比 2016 年增加 81 亿元，创建厂 47 年来最高纪录，夺取了持续盈利和炼油结构调整两大攻坚战的全面胜利，得到习近平总书记视察时的肯定。

该案例是一项临时开展的公司级专业性督办工作。各专业部门广开言路，科学确定目标，出台针对性措施，形成了系统的对标工作方案；实施过程中，通过优化会，开展“头脑风暴”，及时纠偏，强力推进，有效促进了精细化管理水平的提高，取得良好的工作业绩。

通过上述两个案例并结合多年的工作经历，我们体会到，做好督办工作要重点关注以下四个方面：

一是领导要重视。辽阳石化公司的领导班子通过月度计划会、每周优化会、月度经济活动分析会、月度绩效考核会“四会机制”，亲自安排部署、参与措施讨论和完善、跟踪督促落实，而不是只当甩手掌柜。领导的亲力亲为，不仅体现了对工作的重视程度，同时也按照“解决一个问题、提升一类管理”要求，严格执行 PDCA 循环程序，强化闭环管理，保证了实施效果。

二是做好方案策划。工作方案是具体实施的指导和依据，做好方案策划尤其关键。辽阳石化公司每年召开两次思路研讨，总经理针对公司全局工作抛题领讲，副总经理针对分管专业领题出措施，专业部门和基层单位研究如何落实，形成了各项工作系统化的落实方案。这种自上而下方式策划的方案，不但有针对性和实效性，而且有利于思想统一、目标明确。

三是要执行有力。坚决执行工作方案是做好督办工作的保障。领导重视的工作，专业部门必然会投入大量精力攻坚克难，这就为督办工作顺利开展奠定了基础，同时也做到了资源集中、集约、高效利用，省时而且省力。

四是强化过程跟踪。跟踪检查督促是做好督办工作的核心。体内循环和体外监督永远是并存的。专业部门干专业的事，监督部门通过检查督导，随时查漏补缺，协同配合，才能共同确保工作目标的实现。

辽阳石化公司全体员工按照全年工作部署，团结一心，扎实工作，加快建设有实力、有活力、有竞争力的特色炼化企业，努力做集团公司践行共和国“种子队”、国有企业“种子队”的先行者和排头兵。

明确载体　精准督查

——西北销售公司展览馆升级改造督查案例

范亚锋　陈军强　丁　博

（中国石油天然气股份有限公司西北销售分公司）

一、任务来源

中国石油天然气股份有限公司西北销售分公司（以下简称西北销售公司）议定重大事项。

二、背景情况

西北销售公司前身是成立于1946年9月的中国石油有限公司兰州营业所，历史悠久，文化底蕴深厚，新中国成立后先后隶属于商业部、甘肃省、中国石化总公司，1998年整体划入中国石油，被誉为“石油销售摇篮”。在73年创业、改革、发展历程中，虽然隶属关系几经变化，管理体制不断演进，但几代西北销售公司人不忘初心、继往开来，始终保持“四个不变”（即国有企业的性质始终不变、大区公司的职能始终不变、服务炼销企业的宗旨始终不变、艰苦奋斗自强不息的精神始终不变），形成了“五种精神”（即爱国敬业精神、顾全大局精神、苦干实干精神、“三老四严”精神、合作共赢精神），确立了“服务创造价值”核心理念，积淀了厚重殷实的文化底蕴，为中国石油销售事业发展做出了历史贡献，先后向集团公司总部和销售系统输送了一批先进模范人物、领导干部和专业技术人才。西北销售公司先后荣获“全国五一劳动奖状”“全国企业文化建设先进单位”“甘肃省文明单位”“甘肃省先进基层党组织”等荣誉称号。2016 年 8 月，西北销售公司搬迁入驻位于兰州市北滨河路的中国石油兰州大厦，为展示西北销售公司 73 年来的风雨历程和在党的建设、业务发展、队伍建设、基础建设等方面取得的辉煌成绩，展览馆同时建成，面积约 320 平方米。建成 3 年来，展览馆在文化传播、理念传播、凝心聚力、彰显形象等方面起到了积极作用。但因办公场所历经多次搬迁，展览馆在内容全面性、功能齐全性、作用发挥上还有提升空间。因此，西北销售公司党委决定对展览馆进行升级改造。

三、针对问题

展览馆改造需要收集大量历史档案资料，形成展览馆升级改造文案，最终进行项目施工。由于西北销售公司自 1946 年成立以来，先后历经多次划转，隶属关系几经变化，而且早期业务骨干退休或去世，给西北销售公司档案等历史资料查找造成了困难，影响展览馆改造进度和成效。因此办公室（党委办公室）将展览馆升级改造纳入西北销售公司督查督办事项。

四、工作措施

办公室（党委办公室）根据西北销售公司领导在党委会、总经理办公会、党政综合办公例会以及领导在其他场合提出的展览馆升级改造要求，制定督查方案和措施，具体如下：

（1）随时关注领导指示要求。根据西北销售公司领导对展览馆改造提出的新要求，完善具体督办内容。2018 年 5 月，西北销售公司党委要求企业文化处调整完善展览馆布展方案；2018 年 10 月，要求征求各单位和各部门关于展览馆改造的意见建议，并进行一次全面汇报；2018 年 11 月，要求做好展览馆升级改造项目施工。根据西北销售公司领导要求，办公室（党委办公室）对展览馆改造方案调整和项目施工进行督办。

（2）明确工作计划。企业文化处按照办公室（党委办公室）督办要求，结合工作实际对职责分工、时限安排、计划推进进行了明确，确保责任落实到人、时间落实到点、计划落实到位，并将工作计划报送办公室（党委办公室），便于跟踪督办。

（3）紧盯工作进展。办公室（党委办公室）通过电话询问、资料检查、现场查看等措施随时掌握工作推进情况，企业文化处每周反馈工作进度，每月填写督查督办表单。表单中明确了责任部门、工作任务、任务来源、安排时间等内容，根据展览馆升级改造情况填写工作进度或完成情况，督办岗位根据工作完成情况随时检查工作实际进展。

（4）强化时限要求。由于西北销售公司领导未明确展览馆升级改造完成时间，为便于按照时间节点督办，要求企业文化处自定拟完成时间，拟完成时间确定后不可随意变更。

（5）严格审核工作进度。为确保完成内容符合实际，月度督办表填报完成后经分管领导签字认可后才能反馈办公室（党委办公室）。若该项工作已完成，要明确完成载体，便于督办岗位检查验证。

（6）善于总结通报。在西北销售公司月初党政综合办公例会和西北销售公司门户网站上，办公室（党委办公室）每月对企业文化展览馆升级改造进展情况进行通报，提醒承办部门按时间进度完成升级改造工作，同时便于领导对升级改造工作提出要求。

五、取得成效

（1）通过办公室（党委办公室）的督查推进，展览馆升级改造于 2019 年 1 月底顺利完成。

（2）改造完成后，展览馆从空间配比、陈展比例、布展内容、参观流向等方面，进行了较大幅度的优化完善。一是按照历史发展时间的延续及演进，本着“精炼、确凿、翔实”的思路，丰富了历史部分，期间共查阅相关历史档案资料 1000 余份，经过细心甄别，补充完善近 2000 张，精挑细选最终布展照片 400 余张，更正、纠错原展览馆图文错误 20 余处，靠实、印证了西北销售公司发展轨迹，挖掘了深厚的历史底蕴和优秀文化；二是突出现代部分，增加补充党的建设和近 5 年来的工作实践等内容，展示了新时代西北销售公司工作的亮点和重点；三是明晰了未来部分，用简明扼要、精炼的图文影像，展示了发展愿景和宏伟目标；四是对新媒体技术进行了集成应用，大大拓展了展示内容和表现形式。

（3）进一步提升了企业文化感染力。展览馆升级改造完成后，先后迎接了集团公司领导以及甘肃省领导的调研指导，展览馆受到调研领导的充分肯定，展示了西北销售公司良好形象。

六、经验体会

一是要确立精确的督查指标，确保督查精准有效。督查内容、时间要明确具体，易于操作，让承办部门“看得见、抓得着、做得来、报得上”。尤其要确定完成时限，增强工作计划性，便于督办岗位按照时间节点督查。

二是要定期公示督办情况。督查结论对承办部门的业绩和声誉均有损益性影响。要通过在例会或网页公示的方法，督促承办单位按时完成督办任务。

三是要接触问题、解决问题。督查要敢于揭露矛盾和问题，如实汇报，不把尖锐问题平淡化、具体问题抽象化、典型问题一般化，也不能大事化小，小事化了，对查出的问题要严肃指出，限期整改，不姑息迁就，对屡督不改的，要通报处分。通过督查，形成“落实不好不行，不落实更不行”的氛围。

四是要强化完成事项验证。为检验督办工作质量，对于已完成事项，要求承办部门明确完成载体，督办岗位要对完成载体进行检查验证，确保督办事项按时保质保量完成。

以高质量督查推进公司党委决策部署落实落细

赵新好

（中国石油天然气股份有限公司西气东输管道分公司）

当前，中国石油天然气股份有限公司西气东输管道分公司（以下简称西气东输公司）正处于安全隐患治理攻坚期、基础设施建设加速期、组织结构优化调整期“三期叠加”阶段。面对生产任务繁重、工程建设提速、风险挑战巨大的严峻考验，办公室（党委办公室）紧扣党委关心关注的大事要事、急事难事、重点难点，理清头绪，找出关键，协调各方，以高质量督查推进西气东输公司党委决策部署落实落细。

一、抓准督查重点，推行清单管理

督查工作面宽、量大、周期长，只有找准要点、抓住重点，才能以点带面、精准发力。我们严格按照“党委中心工作开展到哪里，督查就跟进到哪里”的要求，实行“清单式”管理，制定工作目标、细化措施，明确完成时限、责任单位、责任人员，定期跟踪反馈工作进展，做到一张清单、一目了然。

一是督年度重点任务。每年年初西气东输公司“三会”结束后，立即组织机关部门对党的建设、生产运行、工程建设、经营管理等年度工作细化分解，每季度最后一个月 25 日前反馈工作进展。对于无法按照原定节点完成的工作，认真分析原因，合理调整节点，做到尊重实际、科学合理。同时，对于 2018 年“三会”工作报告中确定的任务，按照轻重缓急，筛选出 87 项重点任务进行督办，按季度跟踪整理，第一时间向领导班子成员报告，为党委决策提供依据。

二是督领导关注重点事项。西气东输公司每周一上午召开公司领导周工作例会，公司领导班子成员、总经理助理、副总师全体参加，交流对接上周重点工作，安排推进重要事项。2019 年以来，对于公司领导周工作例会安排的 96 项工作，办公室以备忘录形式，第一时间发送分管领导和具体部门负责人，并将其中 32 项作为重点跟踪事项，督促落实进度。针对周期长、跨度大、涉及多部门的一些事项，主动沟通对接、讲清来龙去脉，帮助责任部门正确领会领导意图，做到件件有着落、事事有回音。

三是督员工期待重点问题。每年年初“三会”分组讨论环节，员工代表都会从基层减负、人才培养、安全管理等方面提出许多意见建议。办公室根据各小组讨论情况，收集整理意见建议，协调机关部门研究采纳事宜，并将最终结果集中反馈至每一名员工代表。2019 年，员工代表累计提出 47 项建议，经研究采纳 34 项，并给出 13 项未采纳建议详细原因，积极营造“基层有所呼、公司有所应”的良性互动氛围。

二、抓紧督查难点，推进互联互通

办公室以高度的政治敏锐性狠抓难点督查，及时将集团公司党组和中油管道党委交办事项、党委主要领导要求等纳入督查重点，时时跟踪、动态管理、大力推进。2018 年，天然气保供形势异常严峻，西气东输公司承担着 11 项互联互通工程建设任务，占集团公司总数（33 项）的三分之一。任务繁重、工期紧张、完成难度很大。办公室严格按照集团公司要求，将 11 项互联互通工程纳入重点督办事项，组织工程、生产部门倒排工期、细化节点，加快实施，并及时把领导最新安排传达到部门、把部门落实进度反馈领导。同时，坚持“咬住工期、管住安全、盯住质量、把住投资”，不断提高政治站位，以“责任状”强化责任落实，以每周汇报、双周推进方式协同办公、了解工程进展，以现场调研、政府走访等方式精准发力、协调制约难点。在西气东输公司上下共同努力下，集中优势力量，加大资源保障，克服重重困难，创造中卫站、广州站新增压缩机半年建成投产新纪录，盐池站、醴陵站、长沙支线等8项互联互通工程全部按期优质高效完成，大力提升“南气北送”资源供应保障能力，圆满完成集团公司交办的重大政治任务。

三、抓实督查效果，推动升级管理

2019年4月15日以来，集团公司实施油气管道建设及运行安全升级管理，西气东输公司按照集团公司部署安排，认真学习领会集团公司领导讲话精神，坚持把升级管理作为头等任务来推动。同时，充分发挥办公室沟通上下、协调左右、督促检查的作用，承担西气东输公司升级管理领导小组办公室职责，全面负责升级管理周报编制、工作协调和信息报送工作，累计向集团公司报送信息简报40余篇，被选用30篇。

一是抓会议组织，统一思想，提高全员行动自觉。按照集团公司要求，牵头制定会议召开方案，西气东输公司领导班子带头，召开专题会议，从政治站位方面剖析践行“生命至上、安全第一”发展理念上的差距，从思想认识方面查找落实“红线意识”和“底线思维”上的问题，从工作作风方面反思发扬“苦干实干，三老四严”石油精神上的不足，从业务管理方面指出自身管理理念、管理方法上的短板。在深刻查摆问题的基础上，陪同班子成员深入片区生产、施工一线，督导并参加管理处班子专题会，宣贯方案、检查隐患、梳理风险，听取处级班子成员自我查摆情况，形成“一级带着一级干、一级做给一级看”示范效应。同时，督促各单位班子成员立即行动，撰写自我对照材料，并逐一检查站场、线路和施工现场，宣贯升级管理要求，真正把升级管理的重要性、紧迫性和具体要求传达到基层每个岗位、每名员工。

二是抓方案编制，增强方案操作性，做到“三个坚持”。坚持把每一项任务融入年度重点任务，组织生产、管道、工程、安全等专业骨干，按照“精细管理、精心维护、精准操作”要求，形成16个方面47大项104小项任务清单，全面承接集团公司和中油管道升级方案的制定落实。坚持“一贯到底、落实落细”，明确方案细化安排到站队、岗位，并在目标要求、工作标准、完成时限、责任部门和责任人上做到“五到位、五明确”，确保压力层层传递、责任级级压实。坚持协同推进，充分发挥办公室牵头抓总、沟通上下作用，督促管道、生产、工程、安全业务部门落实主责，强化协同，形成最大工作合力。

三是抓推动落实，成立专项督查组，提高基层执行力。抓落实必须实打实，要“一竿子插到底”、一个劲儿督到底，统筹安排督查要点、关键环节，综合运用资料查阅、现场验证、员工访谈等多种方法，真正压实责任、对症下药、推进工作。办公室认真履行升级管理牵头部门责任，从管道、生产、工程、安全领域的抽调6名专业骨干，成立安全升级管理督查组，组织集中培训、认真吃透方案。采取不明确站场、不指定路线的方式，兵分两路、直插一线，及时了解在办公室难以听到、不易看到和意想不到的新情况、新问题、新现象，全面验证升级管理措施落实效果。聚焦现场问题，每周编制督查周报，直接向主要领导汇报，更好地推动问题解决和资源有效保障。坚持从正反两方面，以督查促提升，总结典型做法，通报共性问题，协调机关部门统筹解决。

办公室（党委办公室）将以更高的工作标准、更实的工作作风，紧紧围绕中心任务、服务发展大局，以高质量、高水平、高效率的督查工作，驰而不息、精准发力，确保党委决策部署落细落实、取得实效，为集团公司创建世界一流示范企业做出新的更大贡献。

提升督查工作实效的几点措施

任羽宇
（宝鸡石油机械有限责任公司）

开展督查工作是企业战略部署实施、重大政策推动与工作效果落实的重要手段，是确保上下政令畅达、决策部署落地有声的重要工作方法，是加强工作作风、提高工作效率的有效措施，更是企业适应新的发展形势、建立健全现代企业制度的必然要求。

本文主要围绕宝鸡石油机械有限责任公司（以下简称宝石机械公司）强化年度工作报告重点任务督查督办有关做法，力求通过工作的经验体会，进而为提升整体督查工作实效提供参考。

一、现存问题及原因分析

（一）责任单位的问题及分析

1. 推诿塞责、办事拖拉

在任务分配认领环节中，会出现重大决策落实不到位、不彻底的现象。主要是在督查工作事项承办环节，个别部门害怕承揽责任，担心负担过重，推诿扯皮，认领工作任务不积极，尤其一些交叉事项、联合事项，更是喜欢打擦边球，不愿担负责任，导致部分重点工作被搁置或延误。

2. 敷衍行事、不了了之

在工作开展过程中，有些责任主体单位对督查工作重要性认识存在偏差，没有把重点工作事项摆上重要日程，行事拖拉，得过且过，造成部分重要工作效果大打折扣，有些迟迟无法交货，有些因质量问题不停返工等，造成企业或大或小的损失。

（二）督查单位的问题及分析

1. 督查内容不够全面或事无巨细

在工作报告任务分解过程中，作为督查事项梳理制定单位，会出现督查内容不全，责任单位、责任人不具体，偶有缺项漏项，导致重点工作有盲点或者推动不力；或在事项编制过程中，事无巨细，把本属于单位日常工作事项也编制进来，导致部分承办单位所有工作都靠上级督查才做，“督了我做，不督不做”，挫伤了工作积极性。

2. 督查方法、形式有所欠缺

目前，对重点报告事项的督查渠道相对较少，形式单一，主要依靠打电话、发表格、要材料、等结果的封闭形式，真正深入实际调查研究少，总结形成有效督查方式方法少，造成督查工作有时不能全面、真实、准确反映工作进展情况。

3. 奖惩力度手腕不够硬

在督查过程和全年督查效果审核上，惩处、奖励的激励效果没有完全发挥出来，影响了承办单位的工作积极性。

二、措施及取得效果

（一）完善督查工作体系，确保工作开展有据可依

规范建立督查工作制度，全面完善督查组织体系，是有效开展工作的必要前提，也是后续工作开展的章程和依据。

1. 健全督查工作制度

从完善工作机制，强化执行力，完善落实情况通报，考核工作几个方面入

手，坚持“强化落实、公平客观、及时有效”三个原则，制订了《公司督办工作制度》，明确了“工作范围、职责划分、通报与绩效考核”三大工作要点，确保在督查工作开展中，每个环节都有制度约束，保证了对总经理工作报告督查事项的全过程监督管理。

2. 打造两级工作体系

为了调动职能处室、直属机构工作积极性，提升对督查工作的重视程度，采取公司层面“总督查”和责任牵头单位“专业督查”相结合的方式推进各项督查任务。公司层面“总督查”由总经理办公室负责，从宏观层面下达报告中重点事项的督查任务。然后明确责任牵头单位，一般为职能处室和直属机构，再由责任牵头单位根据公司层面下达的总任务，归口管理所承担的督查事项，根据内容进行二次分解，细化阶段性目标，并对其他协办单位提出更为细致具体的工作要求。通过建立二级督查体系，形成了督查合力，既提升了专业职能处室、直属机构的工作热情，也解决了总经理办公室在具体事项督查中“不太专业”的弱点。

（二）互评结合日常检查，确保工作效果不打折扣

1. 互评考核，加强监督

为了加强督查工作有效性考评，采取了公司层面总体考核和责任牵头单位、协办单位互评相结合的考核方式。根据计划时限内的阶段性进展及完成进行互评，并以月度为单位实施考核，牵头责任单位根据协办单位的工作配合和支持情况，按月提出对协办单位的考核建议；协办单位根据牵头责任单位工作开展情况，按月提出对牵头责任单位的评价和考核建议。

2018 年，针对总经理工作报告“钻机质量提升”重点事项，总经理办公室下发督查单，明确了责任领导，并确定科技质量处为责任牵头单位，同时确定质量监测部和钻机分公司为协办单位，由科技质量处协商责任领导，进一步细化“钻机质量提升”工作计划和考核节点，并明确了具体责任人。经过三个月的互评互查，总体监管，“钻机质量提升”项目提前 20 天优质高效完成了工作计划，取得

了重大进展。

2. 检查抽查，及时整改

为了确保事项开展能严格踏点，保质保量完成，责任人要确保全程跟进，过程中严密监督管理，及时督促、纠偏，保证按计划实施。针对工作报告的“急难险重”事项，由责任领导每月小范围召集一次责任单位督查事项协调会，处理开展过程中的突发问题或影响进度的因素；同时由总经理办公室联合部分专业职能处室成立检查小组，按月整理事项进展的具体情况，不定期去现场实地抽查，事项落实情况结合检查抽查结果作为评价和考核分配的重要参考。

通过全过程监督管理，事后严格检查、考核，2018 年总经理工作报告重点事项 64 项，超前完成事项达 18 项目，踏点保质完成达 44 项，较前几年完成情况有了大幅度的提升，对工作推动的力度得到了有效加强。

三、努力方向

（一）进一步优化规范督查工作程序

从立项、交办、督查、反馈、整改、考核等各个环节进行细致研究分析，找出不足之处，全面优化，尤其是从督查的科学性和规范性方面进一步思考，尽可能准确科学地量化办理效果，并及时向主管领导报告，做到批必办、办必果、果必报。

（二）进一步推广督查督办网络化

为了方便督查工作开展，拟建立督查工作系统平台。运用网络等通信技术手段，在内网建立督查督办系统模块，独立运行，及时更新督查事项办理状态及领导批示，对于督查事项、未完成事项、超时完成事项做到网络及时提醒，同时便于相关单位查询，并能很好地利用现代化手段对督查工作进行资料的电子化管理和归档。

（三）进一步加强工作方法创新

目前的督查主要是由总经理办公室针对工作报告的部署安排进行事项分解立项，下发督办通知单，按月绩效考核，定期检查等相对比较常规的工作方法。在以后的工作中，除了优化工作体系，采用现代化办公手段外，将进一步加大具体问题的调研力度，不仅仅是考核结果，还要加大后期分析。对做得好、抓得实、效率高、收益大的事项进行经验总结，及时推广，便于各单位借鉴；对拖得久、效果差、人浮于事、低效低质的事项进行深层原因分析，及时纠偏，确保工作保质保量顺利完成。

新形势下加强督查督办工作的思索与探讨

李娇雁　杨光福

（中国石油天然气股份有限公司云南销售分公司）

一分部署、九分落实。督查督办工作是推动落实本单位重大决策和重要工作部署的关键手段，是促进决策完善的重要途径，是改进工作作风、密切联系员工群众的重要途径。本文将结合作者所在单位督查督办工作的相关案例，就新形势下加强督查督办工作进行一些思索与探讨。

经济社会不断发展，给督查督办工作提出了新考验、新要求，要求我们正确分析督查工作面临的新形势，探索督查工作新规律，把握督查工作新特点，完善督查工作新机制，创新督查工作新方式，进一步创新思路、突出特色、紧扣本单位生产经营工作重点，促进本单位督查督办工作规范化、制度化、科学化，确保各项决策部署得到不折不扣执行。

一、解放思想，充分认识督查督办“三个转变”新特点

督查督办，是指就本单位重大决策的落实情况、重大部署的执行情况，以及单位领导指示、交办事项的办理情况等进行督促检查。

新形势下，我国经济发展出现了速度变化、结构变化、动力转换等重要特点。新的形势、新的任务给督查督办工作提出了新的要求，这要求督查督办工作者必须首先充分认识新形势下督查督办工作的新特色，适应新情况，相应地改进工作方法。

新形势下的督查督办工作有以下几个特点：

一是由单一性向系统性转变。新形势下的督查督办工作，不再是针对某一个单项工作进行督查，更多时候是一项系统工程和持续过程。以大理销售分公司为例，大理销售分公司在经营与发展过程中的督查督办事件，往往涉及销售、网络开发、工程建设、财务、人事、综合管理等方方面面，需要由多个单位共同开展督促检查。

二是由传统化向现代化转变。传统的督查督办方式更多的是采取文件督办、电话督办等陈旧落后的手段，督查针对性不强，效果不明显，存在一些以文件落实文件，以会议贯彻会议现象，督查督办工作浮在表面，没有真正起到督促落实的作用。在经济社会高速发展的新时代，督查督办工作人员要善于拿起互联网+的武器，探索利用网络、新媒体等现代化方式，在实践中创新督查督办工作方式。

三是由后置式向前置式转变。传统的督查督办更多的是事后的督促检查和落实，事后被动督促多，事前主动参与少。然而在新形势下，我们要主动将督查视角前移，主动研判分析新问题、新情况，及时提出督查建议，有效抓好督办落实，由事后督查向事前统筹转变。

二、创新手段，提高督查督办工作新实效

科学的督查手段，有利于督查工作取得事半功倍的效果。笔者结合大理销售分公司工作实际，就创新督查督办手段提出几点思考：

一是细化任务分解制度，确保责任清、落实细。大理销售分公司工作会、党委会、经理办公会、经营例会等会议作出决策部署后，综合管理部及时制定督查督办表，明确牵头分管领导、责任部门、具体责任人、督办启动时间及完成时限和工作落实要求，形成“清单式”督办表，定期督促检查，逐项抓好落实，并在下次会议上或者通过信息平台定期通报督办事项完成情况。对需要督办的领导指

示批示，按照内容分类办理，做到件件有着落、事事有回音。

二是考核激励倒逼，确保多角度、立体推进督查督办工作。要灵活运用自查、书面督查、业绩考核、第三方评估、协同管理系统等方式方法，探索运用互联网、大数据等现代化信息技术手段，提高督查督办工作实效性。2019 年 1 月 27 日，大理销售分公司周生产经营例会上做出了“因防渗漏改造停业的某加油站于 2 月 20 日复业”的决策部署，责任部门为质量安全工程部。会后综合管理部将此项内容列为督办表内容，每天跟进落实，每周进行通报，要求责任部门根据项目进展情况进行反馈。由于项目涉及工作多、推进难度大，该站未如期复业，大理销售分公司将督查督办结果纳入业绩考核，在当月部门业绩合同考核的控制类指标中，对质量安全工程部进行了 2 分的考核分值扣减，对应扣减一定数额的绩效薪酬，以点带面，有效提升了全员对督查督办工作的重视程度及推进力度，促进了督查督办落到实处。

三是反复抓、抓反复，打好督查督办工作“持久战”。对容易反弹的问题开展“回头看”，对督查督办情况“回头看”，回头看思想认识是否真正到位，回头看整改措施是否真正落实，回头看问题是否整改、整改效果是否达到督查督办要求。要及时总结工作停滞不前的原因，及时制定改进措施，一督到底，巩固督查督办工作成效。

三、真督实查，着力处理好“三个关系”

为更好地提高督查督办工作的能力和水平，确保各项决策部署落到实处，要求我们在实践中必须处理好以下“三个关系”：

一是处理好全面督查与重点督查的关系。督查工作既要注意从工作全局出发，抓好一般批办事项的落实，同时又要注意加大力度抓好事关全局的热点、焦点、难点问题。要找准全面督查与重点督查之间的平衡点，紧紧围绕大理销售分公司重大决策以及一个时期的重点工作，抓住决策实施过程中的突出问题和影响落实的关键环节，采取有力措施，有针对性、有重点地开展督查督办。

二是处理好实事求是与紧扣实际的关系。坚持实事求是原则，立足于推进决策落实和问题解决，克服形式主义、官僚主义，摸实情、讲实话、重实效。敢讲真话、敢报实情，实事求是、喜忧兼报，防止以偏概全，杜绝弄虚作假，客观公正地评价工作成效。同时，遵守保密工作制度，对涉密督查督办事项，严格保守秘密，严防泄密事件发生。

三是处理好面上督查与解决问题的关系。督查督办是一种工作手段，在实际工作中我们更需要通过督查督办发现问题、研究问题、解决问题，要把面上督查与发现问题、解决问题有机结合起来，举一反三，由点及面，进一步提高工作质量及效率，进而推动大理销售分公司整体工作的有效落实。

紧盯管理敏感点　督查落实卡合规

程玉丽

（中国石油天然气股份有限公司山东销售分公司）

一、背景情况及针对问题

近年来，随着信息化技术的日趋成熟，加油卡因方便快捷、折扣优惠等优势，逐渐成为石油销售企业加油站营运中客户消费的主要结算方式。同时，加油卡的折扣、积分兑换等优惠功能，使得加油站个别心存侥幸的员工利用信息系统的漏洞，采取种种舞弊手段违规套利。虽然下发了各项规章制度，严肃制度要求，并采取多种强有力的措施杜绝员工的不良行为，但还是有极个别员工触碰红线，造成不良影响。

在加油卡优惠的利益诱惑下，违规行为时有发生。如何规避员工的违规行为，中国石油天然气股份有限公司山东销售分公司采用加油卡重点问题督查制度，监督跟踪整改落实情况。

二、方案策划

通过督查相关业务部门监管情况，主要对日常监督检查情况、员工培训教育情况、信访举报热线情况、视频监控情况、绩效激励和提高员工素养情况的落实进行一系列的全程跟进督查，助推该项工作，有效遏制加油卡违规行为。

三、工作措施

盯牢基层管理人员，压实责任。坚持“一线”站经理为工作推进的第一责任人，通过压实“一线”站经理，使其在“一线”加强现场管理。并与各站经理签订责任书，建立了考核机制，实行加油站问题约谈制度，督查问题整改结果。例如，除了设立资金稽查小团队，各党支部也设立稽查小团队，随时对加油站资金、加油卡操作进行稽查，使稽查的加油卡违规问题逐渐减少。

盯牢薄弱环节，示范引领。针对问题，发挥党员先进性，借助纪检、审计等部门力量，督促党员干部带头配合工作，将加油卡违规行为发生率降低到极少数。

盯牢制度和流程执行，跟踪跟进。坚持依据相关制度和流程，对所督查事项进行跟踪或跟进，督查主要通过现场检查，视频监控发现违规问题、现场员工行为不规范问题，督查收集的文件、影像资料，要求违规单位做出解释和说明。采取记录、录音、录像、照相或复制等方式收集有关的证据和资料。

盯牢重点难题，采用常规督查。重点关注难点问题，坚持“一事一督”的方式进行督查，建立健全督查督办工作机制，加强计划、工作要点、重要决议、领导指示、重要文件等事项的督查工作，达到应督必督的目标，按督必办、办必果的要求，确保督办事项按时落实到位。

盯牢业绩考核，督查结果有效。依据评比方式，以“重点工作完成率”(占80%) 和“重点工作完成质量”(占 20%) 为考核指标，以牵头部门(单位)为考核主体。重点工作完成率 = 当月已完成数 / 当月应完成总数 ×100%+ 当月及时反馈加分 – 当月被催办扣分；重点工作完成质量评价分为“非常好”“较好”和“一般”三个档次，由此事项牵头的企业领导作出评价，根据最终得分结果进行业绩考核。

四、取得成效及经验体会

督查工作作为石油销售企业推动决策落实、发现问题、解决问题的重要抓手，抓住关键少数。加油卡违规问题这一案例中，通过督查进度，环环跟进，有力推动工作进度、落实整改。

通过不断加强对督查工作组织、内容、机制、方式、流程的优化，使督查工作质量不断得到规范和提高，有效促进了执行力的提升。督查工作思路更加清晰，操作更加规范。督查工作人员围绕日常工作内容及重点工作开展工作，能较全面地反映企业各项工作开展情况。在工作中，能结合实际采取不同的督查方法开展工作，将督查结果进行及时反馈、及时通报，做到件件有反馈、事事有落实。监督检查工作质量和效率得到进一步提高，落实决策和工作的职能得到充分发挥，企业整体及部门的执行力均得到明显提升。

督促与检查齐抓　监督与催办共管　推动重大决策部署落实

张月明　刘承栋　张艳雪

（中国石油天然气股份有限公司云南销售分公司）

近年来，中国石油天然气股份有限公司云南销售分公司（以下简称云南销售公司）总经理（党委）办公室将督查督办作为促进工作落实、提高工作实效、保障政令畅通、增强执行力行动力的重要手段，建立健全督查督办制度，创新督查督办工作思路，加快督查督办信息化建设，全力提升督查督办工作质量。尤其是2018年以来，围绕生产经营、改革发展等重点，累计督查督办重点工作626项，为云南销售公司贯彻总部各项工作要求，落实重大决策、重要工作部署，发挥了积极作用。

一、高度重视，健全机制，强化督查督办规范运行

建立科学的工作制度和有效的运行机制，是提高督查督办工作效率的前提和保证。一是提高思想认识。云南销售公司领导高度重视督查督办工作，多次在公司各类会议上，要求持续加强执行力行动力建设，把科学决策和督查督办摆在同等重要的位置，统一了思想认识，形成了抓督查督办、促执行落实的共识，为督查督办工作有效开展奠定了思想基础。二是强化组织协调。建立健全以办公室为枢纽，横向归口办理，与职能业务处室分工协作；纵向分级管理，一级抓一级、一级向一级负责的督查督办工作组织体系。根据销售企业办公室人员精简、未予单独设置督查督办科的实际情况，明确1名秘书岗位人员兼职督查督办岗；同时，

要求其他职能处室、所属各单位相对固定 1 名督办工作配合落实人员，织密上下贯通、反应灵敏、运行有效的督查督办工作网络。三是完善规章制度。为确保督查督办工作规范有效运行，我们在总结多年督查督办工作实践的基础上，制定下发了《督查督办管理办法》，对工作原则、职责划分、督办内容、工作程序、工作要求和检查考核等进行了明确规定，确保有章可循，促进了督查督办工作制度化、规范化建设。

二、统筹兼顾，突出重点，加强督查督办体系建设

督查督办工作既是一项传统管理方式，也是一项需要与时俱进、结合实际、不断完善的专项工作。一是确定重点内容。据实将督查督办事项划分为两类，一类是集团公司、股份公司、省委省政府及总部机关有关部门文件、会议及指示要求办理的重要工作事项；另一类是云南销售公司年度中心工作、重要决策、总经理办公会确定的重要事项，以及重要文件、重要会议精神及其他重要事项。二是明确运行程序。为确保各类督查督办事项执行落实到位，我们采取“已经落实的查效果，正在落实的查进度，没有落实的查原因”模式，不断提高督查督办效能。对于有明确完成时限要求的督查督办事项，及时建立跟踪台账，全面实行定时、定期跟踪催办，确保及时完成。三是强化考核兑现。将督查督办纳入党建考核范畴，月度定期对督办事项承办处室推进落实情况进行专项考核，对落实不力的处室，严格扣减对应考核分值，树立了督办工作权威，保证了重大决策、重要工作部署有效落实。

三、围绕中心，结合实际，促进督查督办事项稳落实

督查督办的本质要求，是围绕企业中心工作，推动企业重大决策部署贯彻落实。一是立足全局，围绕重点工作抓督办。每年初，围绕云南销售公司年度工作

报告，及时制订下发年度重点工作任务分解表，明确分管领导和牵头处室、配合处室、完成时限，并积极开展督促检查与反馈工作，有力推动各项重点工作有序开展。二是着眼长远，围绕发展建设抓督办。立足企业高质量稳健发展目标，狠抓新项目开发建设、市场开发拓展、相关制度建立健全等事关长远工作督办落实。例如，2018 年以来，先后将集团公司重点工程建设项目秧田冲油库航空煤油项目、昆明地区网建拓展、“云油利剑”成品油市场专项整治、国Ⅵ（B）标准油品全省封闭运行等纳入重点督办范畴后，上述各项工作均取得不俗成效：航空煤油项目仅用 8 月时间完工，昆明地区连续 2 年新增投运加油站超 20 座，省内成品油市场环境明显净化，提前国家计划 4 年供应国Ⅵ（B）标准清洁能源……为云南销售公司完善网络布局、加强销售能力建设、增量创效提份额做出了积极贡献。三是结合实际，围绕会议决定事项和领导批示抓督办。每次重要会议后，及时梳理会议决定重要事项、领导重点关注事项及专项要求，确定督办事项明细表，及时跟踪落实督办，定期收集办理结果并及时反馈，坚持“一督到底”，真正做到重大决策和重要事项“督必办，办必果”。

四、与时俱进，完善方法，确保督查督办工作获实效

面对事务性工作任务重、督查督办常态化及人手不足等矛盾，不断创新工作方法，保证督查督办取得实效。一是创新督查督办工作平台。借助协同办公系统 2.0 升级有利契机，全面打通与销售板块协同系统链接，新增“督查督办”模块，一改以往纸质督办模式。充分利用信息平台便捷特点，实现常规督办向重点督办、传统督办向网上督办“两个转变”。二是创新执行过程动态跟踪。引入过程管理理念，改变以往传统督办重结果、轻过程模式，利用“督查督办”模块进展提醒功能，实现督办事项推进过程全程监控，及时检查各阶段工作落实情况，第一时间掌握实时进展，不同环节分管领导处理意见可第一时间传达至承办负责人及经办人，切实提高督办效率。三是创新落实情况反馈模式。健全完善重点工

作按季督办、日常重要会议确定事项按月督办、重大事项专题督办工作机制，要求督办事项承办部门依据事项轻重缓急程度，按照对应周期时限要求及时反馈落实进展，办公室按时收集汇总提报领导班子。此外，严格落实半年一次督办工作“回头看”，坚决杜绝个别督办事项事后“反弹”、部分需持续落实事项“浅尝辄止走过场”，多措并举确保重点督办事项有效落地。

以上是我们在督办工作方面的做法与体会，与集团公司的要求和兄弟企业成效相比，还存在着一定差距和不足。在今后的工作中，我们将坚持把“提高督查督办工作质量、促进企业管理能力提升”作为头等大事来抓，突出重点，注重实效，充分发挥督查督办工作职能作用，进一步提升企业执行力与行动力，为推动云南销售公司高质量稳健发展，为集团公司奋力创建世界一流示范企业做出积极贡献！

改进企业督查督办工作的一点思考

吴敬玺

（中国石油天然气股份有限公司陕西销售分公司）

“企业之要，贵在务实，重在落实。”作为石油产业的最终端，销售企业面对的是瞬息万变的市场竞争，决策执行效率直接关系到企业的生存与发展。督查督办工作是确保企业政策到位、政令畅通的重要保障之一，也是落实集中整治形式主义、官僚主义要求，转变工作作风、提高工作效率的主要措施。

一、案例分析

中国石油天然气股份有限公司陕西销售分公司（以下简称陕西销售公司）督查督办工作起步较早，但一直停留在基础工作状态，未取得突出成绩。2018 年，累计开展各项重大工程、会议纪要、重要决策事项督查督办 339 项，办结 289 项，办结率 85%，较以往年度有了较大提升。其中督查督办重要会议决策事项 191 项，办结 150 项，办结率 78%，同比提升 8%。

从数据分析中不难看出，2018 年重要会议决策督查督办事项占比较大。这是因为在新形势下，企业督查督办工作的范围正在不断扩大，已不再局限于文件办理、领导交办的临时性任务等简单事项催办上，而应更多体现在对重要决策会议决定的全局性任务事项的督促检查上。同时考虑到重要会议决策安排部署的工作任务往往与企业当前或近期重点工作密切相连，在实施落地要求上、在按时完成上要求上更加迫切。为此，我们将重要会议决策事项作为督查督办工作的重点内容之一。但在实际工作中，需要督查督办的决策事项可能出现承办部门未明确、完成时限未明确，或内容涉及多部门、多专业线的情况，导致在推进过程中常常出现工作推进慢、部门说不清、工作无人认领、工作多头等问题，严重影响了执行效果，阻碍了工作效率的提升，也增加了基层负担。而这也正是督查督办工作需要解决的关键问题。

（一）明确权限

明确“三重一大”会议、总经理办公会等重要会议由总经理办公室负责督办，专业性会议由各专业线部门督办。这样不仅有效避免了同一工作的多头监督，也增强了各专业线对会议决策工作的联动性和重视度，有效减少了办公成本。

（二）增强权威

改变以往按立项工作内容由分管领导审核、办理结果由部门负责人审批的方式，交由陕西销售公司党政主要领导审核立项任务，并对督查督办事项办理结果进行评价。党政主要领导的亲自参与，不仅提升了具体工作的权威性，发挥了领导的表率作用，也在一定程度上对落实不力、推诿扯皮的部门和负责人起到警示作用。

（三）划分责任

针对需要立项的督查督办事项，取消对牵头部门、配合部门同时督查督办的传统方式，仅仅“只盯、只督、只查”牵头部门，将具体的落实协调主动权交给牵头部门，把因部门不清、职责交叉等原因可能产生的落实不利问题尽可能地减至最小。

（四）协同推进

明确督查与督办的责任部门，明确由办公室负责督办管理工作，由审计监察部门负责督查工作。审计监察部门不仅需要对督查督办事项承办落实情况开展督查，同时也要对督办管理部门是否及时开展督办进行督查，给决策事项的落实提供“双保险”，也对督办管理部门及时有效开展工作起到了有效的督促作用。

（五）信息提效

整合沿用的月度督办简报、纸质督办单，自建了督查督办工作信息化模板，基本做到督办工作信息化。通过信息系统模板，实现了对具体工作推进进度自动分析、任务临期提醒、工作阶段反馈实时记录等流程，在有效督办的同时，极大地提升了督办工作效率。

（六）结果通报

利用工作例会、管理通报两个平台，每月通报督查督办工作落实情况，公开差距、表扬先进、点名后进。对年度党的工作会议和公司工作会议分解的工作任务、职工代表会议提案的办理落实情况在每年 10—11 月开展集中督查督办，形成分析报告，提交党政主要领导，并在陕西销售公司范围内通报。

二、存在问题

企业的督查督办工作是从政府督查督办工作借鉴而来，随着企业发展实际而不断发展完善的。从陕西销售公司及其他单位的督查督办工作情况来看，主要存在以下问题。

（一）机制问题

多数督查督办工作人员为兼职，其中相当一部分人员与公司决策过程脱离，只能依据会议纪要、调研报告、领导指示等后期文件资料开展督查督办，不能有效领会领导决策和要求意图，致使实际督查督办工作反应速度不够快、工作内容体现不出重点、工作力度不够大的情况成为常态。

（二）方式问题

目前，大部分单位督查督办工作岗位人员都是单兵作战，使督查督办工作成为平行或垂直的单线运行，没有形成职能部门联动格局，缺乏督查督办的统筹性和大格局意识，造成督查督办工作只是部门职能，与其他领导和部门无关的现象普遍存在。

（三）权威问题

由于上述两个原因影响，现实工作中，很容易出现督查督办工作“抽象问题多、具体问题少；表面情况多、深层情况少”的问题，造成督查督办工作只是表面文章，不能进行深层次问题的督导检查，工作效果不明显、缺乏刚性，直接影响了督查督办工作权威性的树立，落实不好的问题仍然比较突出。

三、改进探讨

（一）纳入“大监督”格局

一是结合实际，整合督查督办工作资源，进行督办与督查分家，明晰职权责任。办公室更加突出督办管理职能，审计监察部门更多体现督查监督权力，在实现各尽其责、各司其职的同时，形成督办中有督查、督查中有督办的相互监督制约模式，彻底改变督查督办工作单兵作战的传统，真正形成促进工作落实的强大合力。二是全面构建督查督办机制，使企业各部门既是本专业线所涉及相关管理工作的督办实施部门，也是督查督办事项的承办落实部门。形成各部门横向主动接受督办管理部门和督查监督部门管理；纵向抓好对下的主动督办、具体督导；确保督查督办工作责任清晰、务实有效、执行到位、运转顺畅。

（二）健全制度规范

一是紧跟形势要求，不断完善和改进原有的工作制度。建立从督查督办立项到办结，涵盖督办督查立项、承办落实、反馈报告、事项催办、办结归档、定期通报全流程的具有可操作性的工作制度。二是重视督查督办工作与考核工作的结合，不仅对督查督办工作落实情况进行考核，也要建立督查督办工作的考核奖励，充分调动督查督办工作人员的积极性和责任意识。注重考核结果应用，建议在督查督办工作开展和落实情况考核中全过程引入“治庸问责”机制，将其作为组织人事部门选人用人考察评价的重要依据，彻底整治机关作风中的“不作为、慢作为”问题。

（三）创新方式方法

一是重视督查督办事项推进中的反馈报告。督办事项承办部门应及时反馈情况、报告问题，不能只报喜、不报忧，更不能在反馈中过分夸大问题与矛盾。对有时限要求的事项，应合理安排反馈时间；重要事项要随时报告进展情况；短期内难以办结的，应形成定期汇报。对于办结的工作，也要开展分析，进行总结。二是推进信息化手段的应用，争取实现问题第一时间发现、第一时间解决、第一时间化解，提高工作效率。落实“三公开”要求，通过信息化手段，对督查督办事项进行一定范围公开，促进具体工作的真正落实。

运用“互联网 +”提高办公用房督查成效

孙晓松　刘红超　田　蕾

（中国石油天然气股份有限公司大港油田分公司）

2018 年以来，按照中央和集团公司关于规范办公用房管理的部署要求，中国石油天然气股份有限公司大港油田分公司（以下简称大港油田公司）在持续加强办公用房日常监督管理的同时，充分利用现代先进信息技术，积极探索推进“互联网 +”督查新模式并取得明显成效，进一步提高了办公用房管理的科学化、便捷化、精细化水平，实现了办公用房的规范管理、合理配置和高效利用。

一、统一思想、提高认识，坚决落实上级部署要求

党的十八大以来，中央和集团公司高度重视办公用房管理，并把规范办公用房管理作为贯彻落实中央八项规定精神和整治“四风”突出问题的重要内容，先后出台了一系列规章制度，作出了一系列重要部署。特别是 2017 年 12 月，中共中央办公厅、国务院办公厅联合印发了《党政机关办公用房管理办法》，第一次从中央层面对办公用房的规划、权属、使用，特别是配置管理等，作出了明确而详细的规定，为我们进一步加强和规范办公用房管理提供了基本遵循。与此同时，集团公司专门下发了办公用房管理办法、关于进一步推进“三超”治理工作的通知等文件，进一步明确了办公用房使用面积标准、超标办公用房整改要求等内容，并对有关具体工作作出了全面而细致的安排部署。

为深入推进中央八项规定和上级有关部署要求在大港油田落地落实，进一步

加强办公用房管理、提高房屋使用效率，我们深刻汲取集团公司近年来通报的典型案例教训，在系统总结分析前期清理整改工作经验成效的基础上，结合集团公司党组巡视和大港油田公司党内巡察发现的个别单位办公用房“名为公用、实为私用，名为多人合用、实为个人单独使用”等弄虚作假行为，以及各单位办公用房资源配置不均衡、个别单位服务用房设置过多的客观实际，于 2018 年 5 月全面启动了办公用房专项督查。

二、突出重点、注重实效，科学制定督查方案举措

为确保专项督查落到实处、取得实效，我们专门研究下发了《关于开展办公用房专项督查的通知》，明确了巡视巡察反馈及大港油田公司历次办公用房检查发现问题是否有效整改、是否存在超标准配备办公用房情况、是否存在一人占用多处办公用房情况等 10 项重点检查内容，在要求各单位切实做好自查自改的同时，成立由总经理办公室（党委办公室）、财务处、监察审计处等部门精干人员组成的 3 个联合督查组，分片区对 42 家所属单位办公用房的功能设置、配备人数、使用面积等进行了现场核查，并根据以往检查经验和前期发现的线索苗头，突出加大对值班室、员工宿舍、无门牌房间以及基层偏远队站和多元投资企业等问题高发区、多发区的现场勘查力度，使专项督查做到了无死角、无盲区。

在专项督查实施过程中，我们发现大港油田公司办公用房分布十分分散，基层尤其是外部市场员工的房屋使用情况很难及时全面掌握；加之违规使用办公用房问题存在隐蔽性和反复性，给督查工作带来很多困难。对此，我们积极转变观念、创新思路，利用信息化技术手段，组织有关部门专门开发了一套以“员工编号”为基础，覆盖机关及直所属各单位、全体员工，包括楼层平面图、办公用房所处位置、面积、功能、使用人等信息，具备查询、分析、统计等功能的办公用房管理信息系统，进一步丰富了督查手段、做到了有的放矢，为构建办公用房督查监管长效机制奠定了基础。

三、压紧责任、狠抓落实，专项督查取得显著成效

按照大港油田公司整体方案部署，我们依托自主研发的办公用房信息管理系统，坚持专项督查与不定期“回头看”相结合，坚持狠抓问题整改与加强纪律监督“两手抓”，层层传导压力、压紧压实责任，推动办公用房专项督查取得显著成效。

一是违规用房问题得到有效遏制。专项督查共检查办公用房2830间，发现各类问题25个，其中不乏通过设立资料室、值班室等方式变相增设领导休息室的搞变通、耍花样行为，也不乏加宽平台、打玻璃隔断、“只加桌子不加人”等打折扣、假整改现象。对此，我们高度重视，先后下发《整改通知单》8份，责令各相关人员和单位10日内全部整改到位，并结合大港油田公司近两年持续开展的党内巡察工作，进一步督促指导各单位举一反三、由点及面，深入抓好自查自改工作，有效遏制了各类违规用房问题的发生。截至目前，除极少数科级以下人员因建筑结构等条件限制导致办公用房使用面积仍超标外，所有科级及以上人员办公用房使用面积均已全部达标，所有领导干部均不存在违规占用多处办公用房等行为。

二是干部员工合规意识明显增强。针对专项督查发现的各类问题，我们在督促指导各单位认真抓好问题整改销项的同时，严格按照集团公司党组要求，及时向党组纪检组报备有关违规违纪行为惩处情况，并以大港油田公司纪委文件对相关单位和人员予以点名道姓曝光通报。特别是对于那些屡查屡犯、拒不整改、阳奉阴违，搞变通、打折扣，打擦边球、虚假整改的，依据《中国共产党纪律处分条例》和集团公司相关规定，加大执纪问责力度，坚决从严从重处罚，分别给予2人党政纪处分，起到了强有力的警示和震慑作用，促使干部员工自觉把规范使用办公用房上升到遵守政治纪律和政治规矩的高度来认识、来落实，在大港油田公司范围内营造了人人依法合规用房的良好氛围。

三是规范管理长效机制逐步形成。结合上级部署要求和大港油田公司工作实际，进一步修订完善了《大港油田公司办公用房配置使用管理办法》等规章制度，专门组建成立了45人的办公用房专业管理队伍并多次开展系统培训，研究建立了每半年一次的定期专项督查制度。特别是通过开发利用办公用房管理系统，构建形成了机关部门日常实时监控、所属单位平行互相监督、基层单位动态调整的全方位、立体化管理模式，初步实现对353栋办公楼、11806间、116416.2平方米的各类办公用房的动态管理、实时查询、随时核查，保持了规范办公用房督查监管的持续高压态势，有效杜绝了“督查一阵风、查完就放松”的现象，初步形成规范办公用房管理的长效机制。

四、探索推进“互联网+”办公用房督查的有益启示

在探索推进“互联网+”办公用房督查的实践过程中，不仅取得了明显成效，而且收获了一些有益启示。

（1）思想上真重视，是搞好办公用房督查的根本前提。思想是行动的先导，只有认识到位，行动才会自觉。我们深知，规范办公用房管理不仅是上级着眼于贯彻落实中央八项规定精神作出的重要部署、提出的明确要求，更是我们进一步整治“四风”问题、加强自身建设，推动厉行节约反对浪费工作落到实处、从源头上狠刹奢侈浪费之风的必然要求，必须引起高度重视，以坚决的态度、有力的措施、务实的作风认真抓好落实，确保该项工作取得扎扎实实的成效。

（2）方法上勇创新，是搞好办公用房督查的重要手段。创新是破解难题的“金钥匙”。面对办公用房督查难度大、传统方法费时费力，违规问题屡查屡犯、屡改屡现，以及因房屋分布不均、权属不清导致的余缺调剂难等现实难题，我们有针对性地创新开发了一套科学的办公用房管理系统，不仅保证了专项督查工作的顺利开展，而且摸清了现有办公用房的基本情况，同时还实现了对所有办公用房的实时监控和动态管理，为进一步常态化、长效化推进办公用房规范管理提供

了有力支撑。

（3）落实上下联动，是搞好办公用房督查的关键所在。规范办公用房管理覆盖范围广、工作难度大，是一项长期性、复杂性工程，仅仅靠一个或几个部门（单位），难以有效推动落实。为此，我们专门研究建立了以总经理办公室（党委办公室）为归口管理部门，人事、监察审计等相关部门各负其责，所属各单位抓具体工作落实的办公用房协同管理机制，进一步明确了各相关部门单位职责，理顺了办公用房管理流程，构建形成了上下协同、整体联动的“大管理”格局，有力促进了办公用房管理各项工作扎实高效推进。

（4）监督上严执纪，是搞好办公用房督查的坚强保证。再好的举措，落实不到位，一切都是零；再严的制度，执行不到位，也是一纸空文。因此，我们坚持把纪律和规矩挺在前面，有针对性地研究构建了“谁管理、谁负责，谁使用、谁负责”的办公用房使用管理责任体系，并特别提出了“严禁领导干部超标准配备、使用办公用房，严禁为领导干部配备固定的会议室、值班室、接待室或采用其他方式变相为各级领导干部增加办公用房面积”等“六个严禁”的具体要求，进一步加大监督考核、追责问责力度，有力确保了规范办公用房管理各项举措落地见效。

“4+8”模式融合网络平台
推动决策部署落地见效

王国柱　刘　帅　解瑞铭

（中国石油天然气股份有限公司吉林石化分公司）

一、背景情况

中国石油天然气股份有限公司吉林石化分公司（以下简称吉林石化公司）的前身是吉林化学工业公司（以下简称吉化），是国家“一五”期间兴建的以“三大化”为标志的第一个大型化学工业基地。吉化作为新中国化学工业的长子，是第一桶染料、第一袋化肥、第一炉电石的诞生地。经过60多年的发展建设，吉林石化公司已成为拥有原油加工能力1000万吨/年、乙烯生产能力85万吨/年的大型炼化一体化企业。

近年来，市场环境复杂多变，为有效应对困难和挑战，吉林石化公司确定了“抓安全不松劲、抓效益不蛮干、抓发展不动摇、抓队伍不折腾、抓和谐不偏离”工作思路，制定了一系列“精细管理、改革创新、提质增效”工作措施。思路和措施确定后，是否有效落实成为事业成败的关键。督查督办作为抓落实的重要手段，在企业生产经营和改革发展过程中发挥了关键作用。

二、构建“4+8”模式

吉林石化公司充分发挥部门职能，坚持“围绕中心、实事求是、分级负责、保守秘密”原则，明确工作内容、落实职责分工、理顺工作流程、提高工作标准、强化考核评价，构建起督查督办的“四梁八柱”，即“4+8”模式，形成一级抓一级、层层抓落实的工作格局，确保吉林石化公司战略决策、年度计划、重要会议决定、领导重要指示（批示）得到有效执行和落实。

（一）“4”：就是“四必督”

一是日常督办，按照领导指示（批示），对于生产经营过程中，需要机关部门及基层单位落实的工作、解决的问题必督办。

二是年度重点任务督办，根据年初员工代表大会，细化分解的年度重点工作任务必督办。

三是重点工作调研意见建议督办，领导深入基层单位调研，提出的意见和建议，答复情况必督办。

四是“三重一大”决策事项执行落实情况督办，对于重大决策、重要人事任免、重大项目安排和大额度资金运作决策事项执行落实情况必督办。

（二）“8”就是突出抓好“立项、交办、承办、催办、反馈、审核、报告、归档”八个重点环节

立项：领导指示（批示）后，督办部门按照“一事一项”的原则进行登记，做到“事事有人抓，件件有回音”。

交办：根据督办事项、工作任务，明确责任单位、配合单位等内容，网上设定流程，系统自动运转。

承办：责任单位和配合单位根据立项内容，在督办网络平台填报进展情况。

催办：跟踪督查督办进展情况，督办部门主动与责任单位和配合单位沟通协调，以每月最后一日为节点，通过电话、即时通信、面对面等方式对督办任务进行催办，促进督办事项完成。

反馈：每月在生产经营运行会上，督办部门对督办事项进展情况、存在问题进行反馈讲评。

审核：责任单位和配合单位主管领导对进展情况进行审核把关。

报告：督查督办事项办结后，总结汇总相关文字材料。

归档：通过督办网络平台办结归档。

三、典型做法

（一）融合网络平台

充分利用无纸化办公平台，建立督办网络平台，实现工作报告、重点项目、领导交办等任务的清晰下达与督办，更加制度化、标准化、规范化，形成上下纵横整体联动的网络体系。根据督办事项、工作任务，明确责任单位、配合单位等内容，通过网上设定流程，系统自动运转，环环相扣，减少督办部门重复操作，避免人为因素造成督办不利现象的发生。

（二）突出工作重点

督办部门抓住主要矛盾，抓住事关大局的重点问题、关键问题，进行督查督办，集中力量攻坚克难，推动工作落实。

一是善于抓大事。把各级重要会议、重要文件、重要决定、领导重要决策的贯彻落实，作为督查督办的中心环节，根据各个时期的中心工作任务，明确目标、重点和措施，使重大决策和重要工作部署得到贯彻执行。

二是敢于抓难事。在实际工作中，由于部门职能交叉或界限不清等原因，会出现一些工作无人负责、个别问题久拖不决的现象，导致工作不能落实，政策不能兑现。督办部门负责协调扫除各种障碍，确保政令畅通。

三是勤于抓急事。急事往往是涉及重大改革发展、涉及群众切身利益的大事，若不及时解决，可能影响发展稳定大局。督办部门以高度的政治敏锐性和强烈的政治责任感，积极主动、及时有效地督促解决反映强烈的热点问题。

（三）立足解决问题

解决问题的多少、是否取得实效，是衡量督查督办工作质量和水平的重要标准。督查督办的目的，就是要不断地解决问题，推动工作见到实效。

一是注重发现问题。在督查督办过程中，注重发现具有共性的问题，进行归类整理，提出合理化意见和建议，并及时反馈。

二是敢于督办问题。不当“老好人”，敢于面对面地指出存在的问题，敢于反对弄虚作假、华而不实的形式主义和官僚主义，敢于反映真实情况和问题，特别是敢于反映那些影响决策落实的深层次问题，坚持有喜报喜、有忧报忧。

三是切实解决问题。以高度负责的态度，抓住那些带有普遍性、倾向性、苗头性的问题进行督促检查。对决策落实过程中存在的问题，紧紧咬住不放，逐个难题解决，逐项决策落实。最大限度地调动各方面的积极性，共同推动问题的解决。

四、取得成效

通过督查督办，吉林石化公司“抓早抓小抓细抓实”各项工作，创出了优异的经营管理业绩，2016—2018 年累计盈利 100 亿元，上缴税金连续 4 年超百亿元，干部员工士气高涨，企业面貌焕然一新，得到了国务院国资委及地方党委政府的好评。

一是全面落实上级党组织要求。通过督查督办党委工作要点，吉林石化公司深入学习领会党的十八大、十九大精神，以及习近平新时代中国特色社会主义思想，增强“四个意识”，坚定“四个自信”，做到“两个维护”，确保党和国家重大决策、集团公司重要部署落地生根。

二是提高科学民主决策水平。通过督查督办“三重一大”决策实施事项 700 多项，吉林石化公司生产经营、发展建设、内部改革等重点工作达到了预期目的，取得了良好成效。

三是夯实安全环保管理基础。通过督查督办安全环保责任落实、奖惩机制、风险管控措施，坚持科学从严，真正树起了安全环保“高压线”，吉林石化公司连续七年无生产亡人事故，“三废”指标持续下降，得到了中央环保督察组的充分认可。

四是增强企业整体创效能力。通过督查督办实施“计划平衡会”定目标、“生产经营运行会”落责任、“经济活动分析会”找差距、“业绩考核会”硬兑现，吉林石化公司基础管理优势得到夯实，精细化管理水平不断提升，生产经营业绩连创新高。

五是推进深层次矛盾和问题解决。通过督查督办实施“四会”闭环工作机制、产销研一体化营销机制、“三十”科研攻关机制、“三倾斜一接轨”薪酬分配机制，干部员工市场意识、质量意识、效益意识、竞争意识不断增强，企业动力和活力不断释放。

五、经验体会

习近平总书记指出，“督查工作很重要，它是全局工作中不可缺少的一个重要环节。在一定意义上说，没有督查就没有落实，没有督查就没有深化。”面对新形势、新挑战，督查督办更需全局化、科学化、精准化，需从理念、方法、人员等方面下功夫，实现在重点上“哪壶不开提哪壶”，在成效上“提了哪壶开哪壶”，力求“抓铁有痕、踏实留印”。

一是构建“大督查督办”格局。在内容上不断拓宽，要涵盖单位改革发展、生产经营各个方面，更加注重一体化统筹协调和整体推动。在架构上纵横交叉，不仅构建督办单、责任单位、配合单位的横向线条，还要建立责任单位负责人、操作人员等纵向线条，实现“人人有任务，全员有目标”。

二是提高从业人员的综合素质和能力。注重学习积累，对上级政策及各业务督查督办事项的一般工作流程、关键环节，要心中有数，提高效率。突出沟通协调，对督查过程中反映或遇到的困难和问题，要及时汇报，不仅要督促好，还要当好参谋助手。

三是注重为基层减负。避免层层督查，加强统筹、科学整合，减数量、提质量。抓住关键环节、找准突出问题，善于从具体问题中发现普遍性、根源性，探求其中的缘由和规律。避免虎头蛇尾，持续跟踪问效，工作形成闭环，使督查工作取得实效。避免过度留痕，更多深入实地、深入基层、深入群众，多接地气，力求了解掌握全面、深层次的情况，实现精准督查。

围绕落实年度工作会议精神开展督办

王海峰　吴仲婷　王性涛　麻　涛

（中国石油天然气股份有限公司山东销售分公司）

一、背景

2019 年山东省成品油市场竞争激烈，各经营主体间的竞争手段多元，非法销售依屡禁不绝。中国石油天然气股份有限公司山东销售分公司（以下简称山东销售公司）进入市场化销售改革阶段，营销理念从“量先价上”向“利先量保”转变，配套管理举措和激励导向已发生重大调整。面对激烈的市场挑战和内部发展要求，为落实山东销售公司 2019 年度工作会议精神，济宁分公司以实现效益最大化为目标，以推动济宁分公司高质量发展为主线，以市场新秩序构建，市场化营销提效、品牌形象升级、网建创新拓展、安全合规高效、谋求员工幸福为抓手，全力推动济宁分公司发展质量再上新台阶。

二、策划

督查督办工作要充分结合本单位的特点分析判断，不能胡子眉毛一把抓，要善于抓住重点。济宁分公司组织机关各部室、各专业线在年初围绕两级公司 2019 年工作报告，理清工作主线和思路，制订年度工作计划，由分管领导审核，确定 100 余项重点工作，按照时间节点，以月为单位，分解制订成全年工作运行计划大表。工作计划要量化标准、明确落实措施、完成时间、责任人等，确定每条专业线、每个岗位的工作目标、努力方向。监督稽查中心负责对计划的执行情况进行督办并核实完成情况，制定考核方案，每月进行通报 。

三、督办流程

根据年度重点工作计划运行大表，以月为单位进行分解确定各月份督查督办的项目；对长期开展的工作纳入持续性工作进行督办。

（1）责任分解。各专业线围绕两级公司 2019 年工作报告，理清工作主线和思路，制订工作计划，由分管领导审核后，确定 100 余项重点工作，监督稽查中心明确督办事项、具体要求、责任部门、办结时间，经济宁分公司经理批准后，在济宁分公司范围内进行公示。

（2）工作开展。承办部门（或责任人）按照领导的工作要求，限时办理，并及时将办理进展情况和结果向批办领导汇报，重要事项要形成书面汇报材料。

（3）按月汇总。承办部门（责任人）按期完成承办事项后，要根据时限要求反馈至监督稽查中心，监督稽查中心建立健全定期督查考评机制和通报制度，对于涉及基层工作的督办事项，督查人员根据各专业线反馈事项进展，不定期地前往一线，与基层员工进行交流，通过多种渠道核实事项进展，并及时向批办领导汇报核实情况。

（4）分析通报。监督稽查中心每月对已完成项目按照专业线分析完成率，横向进行比对等，并对上月未完成工作进行再次督办，提出相关意见，同时协同传阅进行通报。

（5）特殊事项。因特殊情况不能按期完成的事项，承办部门（责任人）提前向经理报告，经理同意延期的，承办部门要向监督稽查中心说明申请延期原因、工作进展情况和预计完成时间，监督稽查中心继续跟踪督办该工作事项的完成进度和质量。批办领导不同意延期的，按照原督办要求进行督办，未按要求完成的，对承办部门（责任人）提出考核意见。

四、督办原则

（1）坚持实事求是的原则。督办人员要以认真负责、实事求是的态度，从实际出发，做好督办工作，深入调查研究，及时、全面、准确地了解和反馈有关情况，并对涉密事项严格保密。

（2）讲求时效、突出重点。对督查督办事项要及时立项、及时通知、及时督办、及时报告；重点工作做到不压、不拖、不误，做到件件有着落，事事有回音，努力实现督办工作期到必成 。

（3）加强学习、提升素养。督查人员要加强学习，学习规章制度，学习相关专业线理论与实操知识，从而能对发现的问题作理性的分析，从宏观上去分析问题，协助解决有关困难，既要有原则，又要有“亲和力”。

（4）严肃问责，沉入基层。建立健全定期督查考评机制和通报制度，要突破传统工作方式，采取逆向思维，对一些涉及基层的工作，要沉入一线，与员工面对面地了解情况，发现问题的症结，倾听到群众的呼声，才能得到真实的答案。

五、经验与体会

督查督办工作的效果如何，与督查工作的规范化、制度化、科学化密切相关，因此，建立健全督查工作制度，形成一套科学、完整的督办体系显得尤为重要，而且督查督办工作要充分结合本单位的特点分析判断，不断创新工作机制。济宁分公司通过建立以监督稽查中心负责组织与协调，其他职能部门参与，由各部门（专业线）主任负责本部门（专业线）督办工作落实的督查督办工作体系，明确划分权责，由监督稽查中心对济宁分公司的管理行为和重点工作安排进行跟踪、督促、检查、考核，同时提出督办要求与时限，使年度重点工作安排能迅速、不打折扣地落实到位，对纳入督办的每个过程跟踪问效，消除真空地带，全面覆盖各个环节，不断推动各项重点工作部署落到实处。

济宁分公司根据各专业线重点工作事项计划运行大表，建立督“过程”与督“结果”并重的工作督办机制，极大程度上强化了重点工作的执行落实，同时消除工作落实过程中的不作为、慢作为现象，提高了各项工作效率和质量，增强了员工工作执行力，确保每个岗位工作都要交上合格答卷。目前，济宁分公司全体干部员工正紧紧围绕市场化试点、新秩序市场、年度工作目标，把“规划图”变成“施工图”，把“时间表”变成“计程表”，以更加务实的作风、更加饱满的热情、更加高昂的斗志，全力投入各项工作中去，奋力实现山东销售公司发展新业绩。

善用 PDCA 循环法　保障督查工作质量

——石西油田经理现场办公会重点工作专项督查案例

胡志刚　齐天才

（中国石油天然气股份有限公司新疆油田分公司）

督查工作是有效推动重大决策部署落地落实的重要手段，是改进工作作风、提高工作效率、密切联系基层单位的重要渠道，也是发挥办公室参谋助手职能的重要方式。2018 年，石西油田作业区经理（党委）办公室按照作业区党委对督查工作的要求，深入开展经理现场办公会重点工作专项督查，运用 PDCA 循环法实现过程督查、责任督查、思想督查、作风督查，有力推动和促进了相关重点工作的有效落实。

一、提出背景

提高执行力、落实力，一直是企业高效管理的重要内容。领导口头督促、部门现场督查、年终综合考核等方式均是抓落实的重要手段，但大都是“各自为政”“自说自话”，难以做到系统全面精准地推动工作、反映落实情况，亟须探索对重点工作进行全生命周期管理、加强过程管控的有效督查途径。经理现场办公会作为石西油田作业区了解所属单位基本情况、协调解决困难问题、推动全年工作落实的重要方式，为全年工作开好头、起好步发挥了重要作用。但是“好的开始只是成功的一半”“行百里者半九十”，要真正确保会议既定事项有效落实，需要一种坚持不懈的助推手段。如何使经理现场办公会提出的问题有效解决、确保既定事项有效落实，如何加强过程督查、避免“唯结果论”（避免平时工作轻飘飘，迎检考核时加班加点整资料、说困难、讲条件等），成为督查工作值得深入思考的问题。PDCA 循环法在全面质量管理中发挥了极其重要的作用，在提升督查工作质量方面可资借鉴。

二、督查思路

按照“突出问题导向，瞄准责任主体，注重过程管控，确保督查实效”原则，运用 PDCA 循环法，全面抓好计划、实施、检查、处理全生命周期督查，实现过程督查、责任督查、思想督查、作风督查，确保经理现场办公会既定事项高效有效落实。

三、实施过程

2018 年 3 月初，石西油田作业区组织召开经理现场办公会，班子成员下沉各单位听取工作汇报、深入一线了解情况、现场协调解决问题。为抓好工作落实，结合领导指示要求，办公室综合分析后，决定探索运用 PDCA 法开展经理现场办公会重点工作专项督查。

一是分解任务，落实责任。为期两周的经理现场办公会结束后，办公室及时汇总梳理各基层单位提出的问题困难和领导相应的指示要求，分类整理出生产运行、经营管理、安全环保、党群业务、队伍建设等 5 类 24 项工作。根据领导的决策意图和机关科室职能，要求相关部门单位对 24 项工作一一进行答复，形成书面答复意见并报主管领导审核通过。办公室根据答复意见开展督查工作，对各科室、部门贯彻落实情况进行督促检查，并有权提出考核意见。

二是制定措施，落实工作。本次督查工作实行“三个明确”，即明确责任单位、明确责任人、明确完成时间。对于时间跨度长、需要长期开展的工作任务，要求责任单位制定切实可行的措施计划，明确阶段时间节点。实际工作过程中，办公室实行每两周对各项工作进展情况和完成进度进行一次督促检查，对于不能按期完成或进度滞后的，责任单位须及时书面说明原因。

三是定期通报，及时准确。办公室提前下发督查任务，明确回复时间，保证信息反馈的高效、准确。每开展一次督促检查后，对督查工作的落实情况进行总结、通报，对符合交办要求的，呈报领导阅知并进行销项处理；对当期完成进度明显滞后的责任单位或责任人，在督查回复总结中进行通报，并提出考核建议。

四是盯紧目标，办结反馈。按照“事事有结果，件件有回音”的原则，2018年共完成经理现场办公会重点工作专项督查18期，在年底的末次督促检查后，对24项工作任务完成情况全部总结反馈，最终未能按期完成的7项工作，由相关责任人一一进行书面说明原因，同时要求责任单位继续完成，纳入2019年工作督查，进入下一轮PDCA循环。

四、工作成效

运用PDCA循环法开展此次专项督查，施行计划、实施、检查、处理全生命周期督查，切实保障了领导决策的有效落地、工作安排的有效落实，切实增强了干部责任感、促进了工作加快实施，切实帮助基层单位疏通了梗阻点、解决了问题点，发挥出过程督查、责任督查、思想督查、作风督查重要作用，一定程度上有利于营造主动作为、担当干事的良好氛围。

五、几点启示

习近平总书记关于“空谈误国，实干兴邦”“在一定意义上说，没有督查就没有落实，没有督查就没有深化”等系列重要论述，深刻阐明了督促检查在推动落实中的极端重要性。督查工作关系到企业的政令畅通和管理效能，是推动石西油田作业区高质量发展的重要抓手。

（1）督查工作不能只看结果而忽略进度成效。督查过程中紧盯工作目标，坚持每两周对督查工作进行通报，严格对照初期答复意见检查完成效果，使相关责任单位、责任人绷紧“落实”这根弦，克服漂浮作风，提高督查效果，有力推动问题解决，PDCA 法在督查的过程管理中发挥作用明显。

（2）加强督查工作必须敢于较真碰硬。督查的最终目的是确保督查事项的圆满完成，督查的所有工作都是为了抓好落实。不“较真”，就是浅尝辄止、蜻蜓点水、走马观花、浪费时间，让基层员工反感；不“碰硬”，就不能担起“推动重大决策部署落地落实”之责，更不能成为“密切联系基层单位的重要渠道”。

（3）抓好督促检查必须树立工作的权威。应该让督查对象了解督查工作属领导工作范畴，办公室督查是领导授权督查，工作的权威性至关重要。领导多次在会议中明确要求各单位全力配合，加大督查工作力度，增强了办公室工作人员开展工作的底气，出现分歧或矛盾也更易化解。

以督查为抓手　提升执行力

刘　军

（中国石油天然气股份有限公司西部管道分公司）

一、公司简介

中国石油天然气股份有限公司西部管道分公司（以下简称西部管道公司）2004年8月在乌鲁木齐注册成立，是集管道运营管理、项目建设、原油销售和商业储备为一体，业务覆盖新疆、甘肃、青海三省区的大型专业化管道企业。西部管道公司负责运营管理西气东输一、二、三线西段，以及双兰线等油气管道63条，总里程1.63万千米，总库容697万立方米，设备设施31万台（套），油气周转能力1877亿吨·千米/年，用工总量3142人，天然气、原油、成品油出疆干线年输送能力分别达到770亿立方米、2000万吨、1000万吨，管输原油服务东西部7个省区市13家炼厂，管输成品油辐射13个省区市。

二、督查工作总体情况

总经理办公室与党委办公室一体运作（以下简称办公室），有档案馆、行政事务（退休管理）中心共2个附属单位，共有员工28人。其中，秘书科定员5人，设有督查管理A/B岗，1主1兼，归口管理西部管道公司督查督办工作。

近年来，集团公司坚持以供给侧结构性改革为主线，持续提升油气两条业务链价值，西部管道公司油气管输业务不断拓展，安全生产、经营管理、工程建设等各项工作更加繁重。西部管道公司领导对各部门、各单位的执行力提出了新的更高的要求:“突出重点、统筹兼顾，真抓实干、又好又快”。面对新形势新要求，办公室以督查工作为抓手，努力克服工作任务重、岗位人员少等困难，紧密围绕中心工作，依据西部管道公司年度工作会议部署和会议安排有关事项、领导批示以及集团公司下发重要文件，突出督查督办工作重点，不断创新工作思路，改进督查方法和流程，建立健全督办制度，提高了督查督办效率和质量，促进了各部门、各单位执行力的提升，为西部管道公司贯彻上级各项工作部署、推动重大决策及重要工作的落实发挥了积极作用。

三、督查工作主要做法

办公室充分发挥督促检查的重要职能，把督促检查作为推动决策落实的重要手段，抓住工作重点，定期督查督办，推动了各项决策部署、领导关注的重点问题，以及员工群众关心的热点难点问题的落实。

（一）突出督查重点，增强执行效果

围绕西部管道公司决策部署、会议安排、领导交办事项三个方面的重点工作，抓好督查督办。

（1）围绕中心工作，全力推进决策督查。办公室以西部管道公司年度工作报告为督查重点，年初制定《重点工作任务分解表》，并印发了《督查督办工作要点》，逐项明确年度工作会安排任务的责任领导、责任部门和完成时限。按照“年初建账、季度督查、年中小结、年底总结”的思路，定期督查考核各部门（单位）落实工作的措施、进度及效果，并重点加强对超期行动的分析、跟进、协调，促进了工作会议精神及重大决策部署的贯彻落实。

（2）紧盯会议安排，扎实抓好日常督查。办公室把总经理办公会、党委会、生产经营例会、党群工作例会等会议安排工作落实情况作为日常督查的重点，及

时督办并完成党委和领导决定的重大事项，以2018年会议安排事项督查为例，共编制了91期会议安排工作反馈表，重点督查了安全生产、焊缝排查治理、西四线前期工作、低老坏整治、党的建设等重点工作600余项，保证了日常工作高效有序运转。

（3）突出工作重点，切实做好专项督办。按照“及时反馈、落地有声”的要求，对集团公司、股份公司文件，上级政策落实情况，领导交办事项等重点工作急事急办、特事特办，先后对隐患治理、国际对标、管控一体化、保密等多项工作进行了专项跟踪督办，做到了件件有着落、事事有回音，推动了重点工作有效落实，为领导决策提供了优质高效服务。

（二）定期督查督办，确保执行到位

主要是通过周反馈、月督查和定期组织督查调研等措施，确保领导安排工作落实不走样，确保会议部署工作执行到位。

（1）坚持每周反馈。在每周生产例会召开的第二天，编制完成《会议纪要》，明确会议安排事项的责任领导、责任部门及完成时限，并及时下发到各部门、各单位，作为推动工作落实、督查督办的主要依据。在每周五，办公室收集反馈会议安排事项落实情况，逐一核实未完成事项原因，并进一步明确措施。办公室在此基础上，编制《生产例会安排工作落实情况反馈表》，在下一次生产例会上报给领导，闭合了会议安排事项。

（2）定期组织督查调研。坚持服务领导决策的原则，办公室对督查调研进行积极探索和实践。根据国际先进水平管道公司建设、年度工作报告、管道焊缝排查、维护稳定及防恐工作部署落实的进展情况，选择关系全局的热点问题、工作落实的难点问题，执行中出现的倾向性、苗头性问题，多次深入基层开展督查调研，畅通反馈渠道，对重点问题进行解剖分析，保证了及时准确、具体深入地了解工作动态，全面真实、喜忧兼报地反映情况，形成专题或综合报告，有针对性地提出解决问题的意见和建议，为推动决策落实提供了重要依据。

（三）规范督查督办，提升执行效率

（1）完善督查制度和程序。2017 年，西部管道公司再一次修订完善了《督查管理程序》，编制了督查工作流程图，进一步优化了督查工作流程，明晰了管理职责，建立起了上自领导、下到基层作业区（站队）员工的督查落实工作责任体系，提升了执行效率。同时，将督查结果纳入业绩考核，进行季度、半年和年终考核，做到“严考核、硬兑现”，促进了督查督办工作制度化、规范化。并根据工作实际，不断改进优化督查督办工作方法，实施“周反馈、季考核”为主要内容的日常跟踪督查工作机制，提高了督查工作的效率和质量。

（2）健全督查工作网络。按照“简化、优化、整合、配套”原则，明确了督查督办专（兼）职人员和分管领导，建立了以办公室为中心，包括 13 个职能部门、7 个分公司、4 个机关直属单位，45 名专（兼）职人员的督促检查工作网络，形成了纵向到底、横向到边的督促检查工作格局。充分发挥督查工作网络的作用，加强了与各单位督查工作负责人沟通联系，畅通督促检查工作联系渠道，推动了督促检查工作高效、有序运转。

（3）加强督查队伍建设。根据督查督办工作实际需要，一是通过采取集中学习、师带徒、结对子、案例讲解、筹备业务培训班等“请进来、走出去”相结合的方式，对各部门、各单位督查督办工作人员进行培训，紧密围绕西部管道公司改革发展稳定中心任务，着力提高把握全局的能力、调查研究的能力、组织协调的能力。二是从日常工作细节入手，牢固树立高端化、精细化理念，对督促检查工作人员的作风严格要求，养成严谨细致、雷厉风行的良好作风。三是在政治上关怀、生活上关心，积极创造条件解决督查岗位人员工作、生活中的困难和问题，促进了督查人才队伍的成长。目前初步形成一支政治敏锐性强、业务能力精、作风素质硬的督查督办人才队伍。

四、经验总结

办公室始终围绕建设国际先进水平管道公司的奋斗目标，持续对标优化，不断推进督查督办工作的规范化、精细化和科学化。回顾近年来我们督办工作的开展情况，主要有以下三点经验：

（1）督查督办工作直接影响执行结果。督查督办是推动决策落实、增强执行力、提高工作效率的有效手段。督查督办工作及时不及时、到位不到位，决定着公司的决策部署能否落实到位、执行到位。

（2）督查督办工作无小事。督查督办工作直接为领导提供服务，因此督查督办无小事。领导交办的每一件工作都非常重要，都连着公司的大局。某一项工作督办不及时、不到位，都有可能影响大局、影响领导决策。

（3）督查督办工作要讲究工作方法。在督查督办过程中，需要协调沟通各部门、各单位。督查督办工作人员只有不断改进工作方法、提高工作水平，才能保证督查督办的效果，避免引起部门间的误会和矛盾，促进各部门、各单位执行顺畅、执行到位、落实到位。

做好新形势下日常督查督办工作的实践与体会

杨　杨　余　童

（中国石油天然气股份有限公司天津销售分公司）

进入新时代，随着石油销售企业外部发展环境日益复杂，内部需求层出不尽，特别是中国石油天然气股份有限公司天津销售分公司（以下简称天津销售公司）正处于全面市场化改革及“三项制度”改革的攻坚期和深水区，还简单沿用行政命令的办法进行督查督办的方式是行不通的。这就要求办公室要统筹兼顾，建立一套“抓重点、重点抓、无遗漏”的督查督办任务体系，避免出现“仅抓大头、遗漏细节”的现象。

当前天津销售公司对重大事项的督查督办已经较为及时、严格，但在对日常工作的督查督办方面，往往因为重视程度不高，导致落实情况良莠不齐等问题。下面针对督查督办日常工作，介绍几种做法。

一、以“修身”为先，强化督办人员的能力素质

督查督办工作的质量和效果与督查督办人员的自身素质和工作能力息息相关。在实际工作中，督查督办具体人员多为年轻的办公室秘书，年轻的优势在于学习能力强，有开创性思维，但其劣势在于经验不够丰富。这就要求督查人员在工作中要注意把握“度”，既要尽职尽责又不能越俎代庖，既要积极主动工作又不能束手束脚，要加深对督查督办工作重要性的认识，认清并适应新的形势，通过参加集团公司、销售板块督查督办专项培训，在书本和文件中汲取知识以及办

公系统经验丰富的督查督办人员“言传身教”，积极探索符合实际、同决策实践结合较好的督查督办方式方法。

二、以“创新”为首，落实督查方式的实用高效

能不能发现问题、敢不敢反映问题、会不会解决问题，关键在于能否创新督查方式，提高督查效能。天津销售公司每周召开多个会议，如营销决策及价格领导小组会议、周生产经营例会、总经理办公会、党委会等，每个会议都会形成多项议定事项，这就需要办公室将所有议定事项，按照会议安排进行分解，明确到责任部门，形成待督查督办事项。对此，我们创新实行“一单四制”式督查模式：首先形成周工作任务清单，将目标任务分解到机关各部门及所属单位，明确责任人；实行台账制，根据任务清单，各部门建立周重点工作台账，一周一更新、一通报；实行销号制，责任部门在规定时限内完成交办的任务后，提出销号申请，由办公室核实后，根据核查的实际情况予以销号或延期；实行督导制，对任务清单上的相关工作，勤盯、勤抓，引起责任部门的高度重视。办公室发挥“助推剂”作用，对临期未完成的任务，与责任部门深入沟通，了解存在的问题，协调其他部门和相关领导，推动事项进展。实行通报制，如未按期完成任务或虚假落实、“花架子”行为，每月进行通报。

三、以“主动”为要，保证督查事项准确落实

办公室的工作纷繁复杂，都有一定的被动性。在被动中求主动，变被动为主动，是新形势下督查督办工作必须解决的问题。首先，紧紧围绕上级的工作部署，及时掌握领导意图，根据领导意图积极、创造性地开展工作，紧密结合工作实际调查研究，发现新问题、新情况，这样就拥有了主动性。其次，改变坐在办公室，靠通知、靠电话、靠材料、靠基层的督查督办方式，深入到各项工作

中，督查决策落实中的新情况、新问题。再次，改变只反馈决策落实中表面工作的督查方式，注重抓好落实正反两方面的典型，在做好经验总结推广的同时，把督查的着力点放在没有落实的问题上。最后，改变以反映决策落实结果为重点的督查方式，将重点放在决策落实过程中存在的相关问题，增强督查督办工作的主动性。

四、以“恒心”为轴，坚持督查工作贯穿始终

决策自始至终贯穿于企业行为之中，督查督办也必须“如影随形”。督查督办工作走上有计划、有制度的轨道，要改变过去那种一阵风的工作作风，杜绝抓一抓、紧一紧，放一放、松一松的不良现象，努力实现闭环管理，企业才能走上良性循环、不断发展的轨道。

“惟希望也，故进取；惟进取也，故日新”。管理是企业永恒的主题，督查督办作为企业管理工作的重要一环，必须予以高度重视，在不断变化的新形势下不断进取、创新，使其为企业科学发展发挥应有的作用。新形势下的督查督办工作任重而道远，我们一直在路上。

参考文献
REFERENCE

1. 中共中央《关于加强新形势下党的督促检查工作的意见》

2. 国务院第四次大督查发现的典型经验做法

3. 国务院第五次大督查发现的典型经验做法

4. 中共中央办公厅《关于统筹规范督查检查考核工作的通知》

5. 国务院国有资产监督管理委员会《关于督促检查工作实施办法》

6. 中共中国石油天然气集团公司党组《关于加强督促检查工作的实施办法》

7. 中国石油天然气集团有限公司办公厅《关于进一步加强和规范集团公司督查工作的通知》